THOMAS MATHAR

FINANCIAL WELLBEING

Für Robbie und Tilda natürlich

Wir übernehmen Verantwortung! Ökologisch und sozial!

- Verzicht auf Plastik: kein Einschweißen der Bücher in Folie
- Nachhaltige Produktion: Verwendung von Papier aus nachhaltig bewirtschafteten Wäldern, PEFC-zertifiziert
- Stärkung des Wirtschaftsstandorts Deutschland: Herstellung und Druck in Deutschland

THOMAS MATHAR

FINANCIAL WELLBEING

Die 10 Money- und Mindset-Bausteine für ein krisenfestes, glückliches und erfolgreiches Leben

Externe Links wurden bis zum Zeitpunkt der Drucklegung des Buches geprüft. Auf etwaige Änderungen zu einem späteren Zeitpunkt hat der Verlag keinen Einfluss. Eine Haftung des Verlags ist daher ausgeschlossen.

Ein Hinweis zu gendergerechter Sprache: Die Entscheidung, in welcher Form alle Geschlechter angesprochen werden, obliegt den jeweiligen Verfassenden.

Alle Meinungen in diesem Buch sind die des Autors und geben nicht die seines Arbeitgebers wieder.

Bibliografische Information der Deutschen Nationalbibliothek

Die Deutsche Nationalbibliothek verzeichnet diese Publikation in der Deutschen Nationalbibliografie; detaillierte bibliografische Daten sind im Internet über https://dnb.de abrufbar.

ISBN 978-3-96739-158-9

Lektorat: Ulrich Selich
Korrektorat: Sandra Bollenbacher | www.rotstift.art
Umschlaggestaltung: Tina Mayer-Lockhoff, Berlin
Autorenfoto: privat
Satz und Layout: Lohse Design, Heppenheim | www.lohse-design.de
Druck und Bindung: Salzland Druck, Staßfurt

Wir drucken in Deutschland.

www.gabal-verlag.de
www.gabal-magazin.de
www.facebook.com/Gabalbuecher
www.twitter.com/gabalbuecher
www.instagram.com/gabalbuecher

PEFC zertifiziert
Dieses Produkt stammt aus nachhaltig bewirtschafteten Wäldern und kontrollierten Quellen.

www.pefc.de

INHALT

EINLEITUNG

»Heute Nacht geht ein schweres Jahr zu Ende.«

OLAF SCHOLZ AM 31. 12. 2022

»Verschwenden Sie niemals eine gute Krise.«

WINSTON CHURCHILL

Können Sie eine Krise nennen, die sich in den letzten fünf Jahren ereignet hat? Irgendeine – zum Beispiel eine politische Krise, eine wirtschaftliche oder gesundheitliche?

Höchstwahrscheinlich können Sie das. Denn in den letzten Jahren schlidderten wir von einer Krise in die nächste. Angela Merkel wurde – als sie im Dezember 2021 nach 16 Jahren ihr Amt übergab – in vielen Nachrufen als »Krisenkanzlerin« oder »Kanzlerin der Krisen« beschrieben (erinnert wurde an Euro-Krise, Flüchtlingskrise, Corona und andere Ereignisse). Ihr Nachfolger Olaf Scholz war keine drei Monate im Amt, da musste er am 24. Februar erklären, dass dies ein schlimmer Tag für die Ukraine und Europa sei: Russland war da in sein Nachbarland einmarschiert. Wir sahen Bilder von Familien in den U-Bahn-Stationen Kiews. Und in Deutschland hörten wir die ukrainische Sprache häufiger in Bussen und S-Bahnen. Kurz darauf bekamen wir es alle mit Inflation und Energiekrise zu spüren.

Kein Wunder, dass sich viele Sorgen machen.

In Krisenzeiten hören wir immer von Menschen, die von der Krise betroffen sind. Im Oktober 2022 zum Beispiel sammelte das ZDF Stimmen am Nürnberger Hauptmarkt und berichtete von Händlern, denen die Kunden wegblieben: »Die Touristen kaufen nichts, und die andere Laufkundschaft bleibt einfach weg«, wird ein Händler zitiert. Eine Händlerin am Stand nebenan sieht es genauso: »Die Straßen sind voll mit Menschen, aber es kommt keiner rein.«[1]

Natürlich sind die vornehmlich finanziellen Sorgen immer objektiv berechtigt: Strom- und Gaspreise stiegen damals unbestreitbar an, die Inflation trieb die Preise in die Höhe, Mieten und Immobilienpreise wurden instabil und schwer vorherzusagen, die Märkte wurden nervös.

Aber vielleicht steckt hinter den Überschriften, die uns über diese Trends unterrichten – und in unseren Sorgen selbst –, ein naiver Optimismus. Es wird eine Welt ersehnt, in der Strom- und Gaspreise stabil bleiben, in der die Inflation nahe dem Wunschwert der EZB bleibt, in der kein Land in ein anderes einmarschiert und in der die Märkte stabil bleiben und es allen Menschen – inklusive der Einzelhändler an lokalen Märkten – gut geht.

Wir brauchen nicht weit zurückzudenken an Geschichten von unseren Eltern und Großeltern, um uns daran zu erinnern, dass solche Hoffnungen unrealistisch sind. Warum sollten Krisenzeiten nur in der Vergangenheit geschehen sein? Warum sollten sie nicht auch im Hier und Jetzt passieren? *Shit happens* – oder, wie Wirtschaftsphilosoph Gunter Dueck sagt: *Shift happens.*

In diesem Buch plädiere ich für eine neue Einstellung zu Geld. Und ich plädiere für eine Einstellung, die uns dazu bewegt, unsere Haushalte anders zu bewirtschaften. Ich behaupte nicht mit falsch verstandenem Stoizismus, dass Geld nicht wichtig ist. Im Gegenteil: Gutes Einkommen, Finanzpolster, gutes Schuldenmanagement, private Altersvorsorge und andere Kapitalarten sind sehr wichtig – vor allem, wenn man all das nicht hat. Unter anderem darüber geht es in diesem Buch.

Allerdings geht es ebenso darum, dass eine gewisse Einstellung oder Denkweise (das, was man im Englischen *Mindset* nennt) ebenso wichtig ist – allerdings unterbelichtet. Im Zusammenhang mit Money-Mindset werde ich argumentieren, dass wir uns mehr Gedanken darüber machen sollten, welche Bedürfnisse wir mit unserem Konsum versuchen zu befriedigen, dass wir uns bewusster werden sollten über die sozialen Vergleiche, die wir anstellen (und die uns häufig unzufrieden machen), dass wir versuchen sollten, eine konkrete und bedeutungsvolle Verbindung mit unserer Zukunft herzustellen, und dass wir lernen müssen, mit Krisen zu leben.

Im Zusammenhang mit Krisen – wie den Krisen, die wir gerade eine nach der anderen als Gesellschaft erleben – plädiere ich für einen konstruktiven Pessimismus. Lassen Sie mich kurz ausholen.

Wir erleben im Großen und Ganzen eigentlich einen sehr positiven Trend: Als Gruppe und statistisch gesehen werden wir immer älter und leben längere, gesündere Leben. Wissenschaftler des Max-Planck-Instituts für demografische Forschung errechneten, dass jedes Baby, das 2009 in der Bundesrepublik zur Welt kam, mit 50%iger Wahrscheinlichkeit den 100. Geburtstag erleben wird. Eine heute 50-Jährige wird im Schnitt über 88 Jahre alt. Ihren 100. Geburtstag erlebt sie mit einer Wahrscheinlichkeit von 13 %. Die Mehrheit der heute 44-Jährigen kann davon ausgehen, noch in ihrer ersten Lebenshälfte zu sein. Dies sind unglaublich positive Errungenschaften.

Natürlich bereiten Krisen uns Sorgen. Das ist verständlich und beinahe unvermeidbar. Aber bedenken Sie, dass Sie den Verlauf der Krisen nicht beeinflussen können. Dies liegt nicht in Ihrer Hand. Machen Sie sich deshalb bessere, aufschlussreichere und einfühlsamere Sorgen. Bedenken Sie hierbei Dinge, die in Ihrer Hand liegen.

Aber mit diesem positiven Trend gehen neue Probleme und Risiken einher. Deshalb der konstruktive Pessimismus: Es ist beinahe unvermeidbar, dass wir in dem längeren, gesünderen Leben, das wir leben, Krisen erleben. Viele dieser Krisen erfahren wir gerade:

- politische Krisen: Invasion der Ukraine, Aufstieg Chinas, Populismus, Klimawandel, Massenimmigration
- ökonomische Krisen: geringere Kaufkraft, Energieknappheit, Arbeitslosigkeit
- finanzielle Krisen: Unruhe an den Märkten, Inflation, Deflation

Hinzu kommen eventuell – auch nicht unwahrscheinlich, statistisch gesehen – persönliche Krisen wie Scheidung, persönlicher Bankrott oder Schuldenfalle, Krebs oder andere schwere Krankheiten.

Ein richtiges Money-Mindset erkennt das Positive und Pessimistische in diesem großen Ganzen an. Und mit einem richtigen Money-Mindset planen wir unsere Finanzen anders.

Ich möchte (und kann) Ihnen nicht nahelegen, sich über Geld keine Sorgen mehr zu machen. Ich möchte Ihnen allerdings nahelegen, sich *bessere, aufschlussreichere* und *einfühlsamere* Sorgen zu machen.

Hier ist ein Beispiel dafür, wie Sie sich *bessere* Sorgen machen. Nehmen wir an, dass aufgrund hoher Inflation oder insgesamt schwächeren Konsums Ihr Arbeitgeber in Kostendruck gerät und Ihr Arbeitsplatz gefährdet ist. Oder dass sich für Sie – sollten Sie selbstständig sein – aufgrund dieser externen Dinge die Auftragslage verschlechtert.

In so einem Fall lohnt es sich nicht, sich über die Dauer des Ukrainekonflikts, den Leitzins der EZB, die von der Koalition eingeleiteten Maßnahmen oder das Kaufverhalten der Kunden Sorgen zu machen. All diese Dinge können Sie nicht kontrollieren. Zwei Dinge allerdings schon:

1. wie Sie sich auf potenzielle Arbeitslosigkeit vorbereiten, um mit dem daraus resultierenden finanziellen Problem umzugehen, und
2. wie Sie mental mit drohender oder faktischer Arbeitslosigkeit umgehen.

Um das finanzielle Problem anzugehen, können Sie sich vorbereiten, indem Sie zum Beispiel Finanzpolster aufbauen (in Kapitel 5 rate ich zu mindestens drei Netto-Monatsgehältern an Ersparnissen). Sie können auf der Website des Arbeitsamts herausfinden, welche Formulare im Falle von Arbeitslosigkeit oder Insolvenz ausgefüllt werden müssen, damit sie schnell Arbeitslosengeld ausgezahlt bekommen. Sie können sich, um besser zu planen, erkundigen, wie lange es dauert, Sozialleistungen ausgezahlt zu bekommen, und welche Leistungen

Ihnen wie lange zustehen. Sie können schon jetzt entscheiden, welche Abos oder Policen Sie kündigen, um Geld zu sparen.

Um sich *mental* auf drohende Arbeitslosigkeit vorzubereiten, können Sie zudem einige mit dem Ereignis verbundene Emotionen normalisieren. Es ist bei drohendem Jobverlust oder drohender Insolvenz normal, Angst zu haben. Es ist normal, dem Joballtag (zum Beispiel aufgrund lieb gewonnener Kollegen) nachzutrauern. Es ist normal, den nächsten Schritt als zu große Herausforderung zu befürchten. Lesen Sie sich ein wenig in die Literatur zu den Emotionen Angst, Hoffnungslosigkeit, Verzweiflung, Trauer und Betroffenheit ein. Vielleicht auch zu Emotionen wie Scham, Peinlichkeit, Demütigung und Schuldgefühl.

Diese Emotionen zu verstehen, ist wichtig für den nächsten Schritt. Denn es gibt alle möglichen Studien, die belegen, dass es verunsicherte Menschen schwerer haben, einen neuen Job zu finden. Normalisieren Sie in diesem Schritt auch einige andere Fakten, zum Beispiel, dass vor Ihnen schon viele Menschen ohne ihr eigenes Zutun ihren Job verloren haben. Dass es in 45 Jahren Arbeitsleben als normal angesehen werden kann, ein paarmal seinen Job verloren zu haben. Dass es aufgrund neuer Technologien wie Automatisierung, künstlicher Intelligenz oder Robotisierung vielleicht häufiger vorkommen wird, dass Sie Ihren Job verlieren.

Denken Sie schließlich an Ihre Stärken: Denken Sie an die Erfahrungen, die Sie in Ihrem alten Job gesammelt haben. Denken Sie daran, wie sie Herausforderungen in der Vergangenheit gemeistert haben. Und denken Sie an die Leute im Familien- oder Bekanntenkreis, die Sie unterstützen würden.

Sie sehen: Für den richtigen Umgang mit Krisen brauchen wir mehr als finanzielle Unterstützung. Wir brauchen eine Denk- und Handlungsweise, die die mit finanziellen Engpässen oder Herausforderungen verbundenen Probleme konstruktiv angeht. Dies ist keine naiv optimistische *Du-musst-nur-dran-glauben-Philosophie*. Vielmehr ist es eine wissenschaftlich fundierte Denkweise, die im Kern sowohl pessimistisch als auch optimistisch ist. Pessimistisch, weil Krisen normalisiert und angenommen werden. Optimistisch, weil wir berechtigterweise daran glauben können, resilient genug zu sein, diese Krisen zu überwinden.

Ebenso im Kern des richtigen Money-Mindsets befindet sich eine Reflexion darüber, was wir kontrollieren können und was nicht. Dies ist ein Kernansatz der kognitiven Verhaltenstherapie (der auf die stoische Philosophie von Seneca, Epiktet und Aurel von vor ungefähr 2500 Jahren zurückgeht). In Kapitel 10 komme ich darauf zurück.

Anstatt uns darüber Sorgen zu machen, dass die Preise steigen (das können wir nicht kontrollieren), sollten wir uns fragen, ob wir Geld auf die Art und Weise ausgeben (und verdienen), die uns glücklich macht. Anstatt hohe Schulden zu beklagen (wir können ebenso wenig die Vergangenheit ändern), sollten wir überlegen, wie wir Finanzpolster aufbauen (zum Beispiel indem wir Artikel, die wir nicht brauchen, auf Kleinanzeigen oder Flohmärkten verkaufen, ein Zimmer freiräumen und gelegentlich als Handwerkerzimmer untervermieten oder indem wir bestimmtes Wissen und bestimmte Fähigkeiten in einem zweiten oder dritten Job anbieten). Und anstatt uns über Altersarmut zu sorgen (wir können weder die Zukunft im Allgemeinen noch die anzunehmenden Entwicklungen in der Rentenpolitik kontrollieren), sollten wir Onlinerechner nutzen, um unsere Rentenlücke und Möglichkeiten der privaten Altersvorsorge zu ermitteln.

Die Tipps und Hinweise in diesem Buch stammen zum Teil aus meinen eigenen verhaltenswissenschaftlichen Experimenten. Diese führte ich bei meinem Arbeitgeber Aegon UK, einem der weltweit führenden Investitions- und Finanzdienstleister, durch. Bei Aegon UK leite ich das Centre for Behavioural Research (das Zentrum für verhaltenswissenschaftliche Forschung) – eine kleine Abteilung mit ausgebildeten Psychologen und Verhaltensökonomen. Ebenso häufig wie auf meine eigenen Studien greife ich auf Ergebnisse von verhaltenswissenschaftlichen Kollegen – hauptsächlich aus den USA und aus Großbritannien – zurück.

Auch wenn alle der hier zitierten Studien mit britischen oder amerikanischen Bürgern durchgeführt wurden, gehe ich davon aus, dass die Ergebnisse meistens auch auf Deutschland zutreffen. Die Studien führender Verhaltenswissenschaftler wie Daniel Kahneman, Richard Thaler, Gerd Gigerenzer oder Dan Ariely untersuchen nur selten Unterschiede von Staatsangehörigkeit. Sie vermuten *menschliche* Gründe für bestimmte Verhaltensweisen.

Natürlich gibt es ein paar relevante Unterschiede struktureller und sozialpolitischer Art: In Großbritannien gibt es mehr *individualisierten*, in Deutschland mehr *sozialisierten* Wohlstand. Die Altersvorsorge in Deutschland und Österreich wird zum Beispiel immer noch zu einem großen Teil über den Staat geleistet. In Großbritannien ist sie eher in der Verantwortung des Einzelnen. Aber auch in Deutschland gibt es immer mehr Anzeichen dafür, dass sich der Wohlfahrtsstaat dem angloamerikanischen System anpasst – private Altersvorsorge wird auch in Deutschland immer wichtiger. Die für 2023 angekündigte Aktienrente zum Beispiel zeigt, dass ein Rentensystem, das allein auf Umlagefinanzierung basiert, der Vergangenheit angehört.

Die Perspektiven der Verhaltensökonomie oder Verhaltenswissenschaft sind in Deutschland meiner Einschätzung nach unterentwickelt. Dies hat vielleicht vor allem historische Gründe. Es gibt keinen objektiven Grund dafür, dass das bevölkerungsmäßig beinahe zehnmal so große Deutschland genauso viele verhaltenswissenschaftliche For-profit- oder Non-profit-Unternehmen und Thinktanks hat wie die Schweiz: nämlich neun. Zum Vergleich: In Großbritannien gibt es 76, in den USA 209.[2]

Die Perspektiven der Verhaltenswissenschaften wurden in Deutschland meines Wissens nur einmal auf breiter öffentlicher Basis diskutiert: Das war im November 2018 in einer im Bundestag geführten sogenannten »ergebnisoffenen Orientierungsdebatte« zur Organspende. In einem gemeinsamen Vorstoß wollten der damalige Gesundheitsminister Jens Spahn sowie andere Gesundheitspolitiker wie Prof. Dr. Karl Lauterbach die »Widerspruchsregel« einführen. Die Politiker hofften, mit dieser Regel den Anteil an Organspendern auf eine ähnliche Höhe wie im Nachbarland Österreich zu bringen.

In Österreich gab es 2021 genau 724 Organtransplantationen von verstorbenen Spendern. In Deutschland waren es 3260 – viereinhalbmal mehr als im Nachbarland.[3] Berücksichtigt man jedoch, dass Deutschland bevölkerungsmäßig mehr als neunmal so groß ist wie Österreich, kann man von fast der doppelten Anzahl österreichischer Spender ausgehen. Der Grund für mehr Organspenden in Österreich lässt sich natürlich nicht mit einer fundamental anderen Kultur, anderen Werten oder einer anderen Sprache erklären. Einer der Hauptgründe ist, dass man in Deutschland, wenn man Organspender werden will, dem *zustimmen* muss. Wohingegen man in Österreich, wenn man *nicht* Organspender sein will, dies *ablehnen* muss. Kurzum: In Österreich existiert die für Deutschland von Jens Spahn und Karl Lauterbach vorgeschlagene Widerspruchsregel. Daraus folgt, dass in Österreich der Anteil an Organspendern um ein Vielfaches höher ist – nicht weil sich die Österreicher dafür entschieden haben, Organspender zu sein, sondern weil sie sich *nicht dagegen* entschieden haben.

Bei der in Österreich geltenden Widerspruchsregel handelt es sich um ein gutes Beispiel für einen *Nudge* (zu Deutsch: Stups). Eine der bekanntesten Erkenntnisse der Verhaltenswissenschaft ist, dass wir Dinge machen, die *einfach* sind. Und dass wir die Dinge vermeiden, die uns *schwierig* erscheinen. Diese Erkenntnis klingt banal (wir schauen sie uns in Kapitel 5 genauer an), ist aber eine Herausforderung für den aufgeklärten, modernen Menschen. Denn der aufgeklärte Mensch nimmt an, dass wir Entscheidungen auf Grundlage einer Abwägung von Kosten und Nutzen treffen. Die Verhaltenswissenschaften widerlegen diese Annahme häufig.

In unserem idealen Menschenbild vermuten wir den aufgeklärten Menschen. Dieser trifft Entscheidungen auf Grundlage einer Abwägung von Kosten und Nutzen. Dieser Mensch entscheidet sich bewusst für oder gegen eine Op-tion. Die Verhaltenswissenschaften widerlegen dieses Menschenbild: Instinkte, Emotionen und Motivationen spielen eine große Rolle bei den Entscheidungen, die wir treffen. Und Umweltfaktoren – zum Beispiel wie unterschiedliche Optionen präsentiert werden – beeinflussen uns ebenso. Wir entscheiden in der Regel nicht aufgrund kluger Abwägung. Wir entscheiden meistens unbewusst oder unterbewusst.

Bestimmt kennen Sie dieses Phänomen selbst. Zum Beispiel wenn Sie mehr Süßigkeiten gekauft haben als, wie ursprünglich geplant, gesunde Lebensmittel (weil erstere meist zugänglicher an der Kasse platziert werden). Oder wenn Sie diese Woche trotz der guten Vorsätze letzten Sonntag weniger häufig im Fitnessstudio waren (weil es einfacher ist, aufs Sofa zu plumpsen und den Fernseher anzumachen). Oder wenn Sie die Nachrichtenlage auf dem Smartphone verfolgen, statt sich mit Familienmitgliedern oder Freunden zu verabreden (weil es einfacher ist, sich mit den Desastern dieser Welt zu beschäftigen als mit den vermeintlich banalen Problemchen der Nahestehenden).

Der Nudge der Widerspruchsregelung (der es einfach macht, Organspender zu werden, beziehungsweise es schwerer macht, kein Organspender zu sein) kam in Deutschland nicht gut an. Der Antrag wurde mehrheitlich abgelehnt. In der Debatte, die der Abstimmung vorausging, kritisierten Abgeordnete, dass dieser Ansatz unvereinbar sei mit dem Selbstbestimmungsrecht (Christine Aschenberg-Dugnus, FDP), dass somit die eigentlich vorhandene Spendenbereitschaft zerstört würde, wenn Menschen gezwungen würden, aktiv Nein zu sagen (Annalena Baerbock, Grüne), dass eine informierte Einwilligung durch die Widerspruchslösung verhindert werden würde (Katja Kipping, Die Linke), dass die Gefahr bestünde, dass neue Wirtschaftszweige entstehen würden (Paul Viktor Podolay, AfD).[4]

Die hinter diesen Argumenten stehende Annahme, dass die Menschen rationale und im Kern gute Wesen seien, die geschützt werden müssten vor der Wirtschaft und einem Staat, der auf den Körper zugreifen will, kenne ich aus Großbritannien nicht. Und ich vermute, dass sie mit der spezifisch deutschen Geschichte erklärt werden kann.

In den USA gilt die Widerspruchsregel bei der Organspende schon lange, und sie ist ein großer Erfolg. In Großbritannien hat man das Konzept der Widerspruchsregel auch in anderen Bereichen eingeführt: Zum Beispiel in der Altersvorsorge. Bis 2012 mussten Arbeitnehmer, die von den Leistungen der Betriebsrente Gebrauch machen wollten, hierfür einen Antrag bei ihrem Arbeitgeber einreichen (es gab also Hürden, die die Teilnahme erschwerten). Seitdem werden Arbeitnehmer *automatisch* für die Betriebsrente registriert. Nur wenn man *nicht* an der Betriebsrente teilnehmen möchte, muss man einen entsprechenden Antrag stellen (mit anderen Worten: Nichtteilnahme wurde erschwert). Der Nudge des Auto-Enrolments führte über Nacht dazu, dass Hunderttausende an der privaten Altersvorsorge teilnahmen.

In Deutschland müssen Arbeitgeber seit 2022 ebenso eine Betriebsrente anbieten. Allerdings bleiben die Details häufig noch im Ermessensspielraum der Arbeitgeber selbst. Und Arbeitnehmer müssen häufig selbst aktiv werden, wenn sie richtig von der Betriebsrente profitieren wollen. Im Gesetz gibt es Formulierungen wie »der Arbeitnehmer kann vom Arbeitgeber *verlangen*«. Mit anderen Worten: Die Regelung ähnelt der aus Großbritannien vor 2012. Kurzum: Deutschland würde es vielleicht guttun, mehr verhaltenswissenschaftliche Ansätze aus den USA, Großbritannien, aber auch aus Schweden und der Schweiz zu übernehmen. Vielleicht hätten wir ebenso über Nacht mehr Organspender und eine Entlastung der gesetzlichen Rentenversicherung.

Natürlich gibt es berechtigte Kritik an den Verhaltenswissenschaften und an deren Menschenbild. Einer der in Deutschland führenden Psychologen und Verhaltenswissenschaftler – Gerd Gigerenzer, Direktor emeritus am Max-Planck-Institut für Bildungsforschung – kritisiert zum Beispiel die Grundannahme vieler seiner Kollegen, dass Menschen im Kern irrational oder unüberlegt seien. Was viele Verhaltenswissenschaftler als Denkfehler darstellen, sieht Gigerenzer eher als clevere, über Jahrtausende angelernte Faustregeln, die uns erlauben, mit Komplexität und Unsicherheit umzugehen.

Wo Verhaltenswissenschaftler häufig Trägheit, Denkfaulheit oder Schwerfälligkeit vermuten, sieht Gigerenzer eher einen cleveren und effizienten Umgang mit der wertvollsten Fähigkeit des Menschen: der Fähigkeit, zu denken. Wir wollen, so mutmaßt Gigerenzer, diese Fähigkeit nicht auf alle Probleme und Entscheidungen, denen wir tagtäglich ausgesetzt sind, verschwenden. Vielmehr wollen und müssen wir mit dieser Fähigkeit wirtschaften. In Kapitel 7, wenn es um Altersvorsorge geht, komme ich auf die Stärken von Faustregeln zurück.

Unter anderem aufgrund der von Gigerenzer präsentierten Kritik benutze ich traditionelle Begriffe der Verhaltenswissenschaft nur spärlich: Ich zögere, von Gegenwarts-Bias, Aktions-Bias oder Besitztumseffekt zu sprechen. Allerdings glaube ich, dass es manchmal hilfreich ist, diese Konzepte anzusprechen. Sie erklären viele Verhaltensweisen, die wir kennen und häufig bereuen. Mein Kompromiss zwischen traditioneller Verhaltenswissenschaft von Kahneman und Thaler auf der einen und Gerd Gigerenzer auf der anderen Seite lautet: Ja, wir haben sehr clevere und effiziente Denkmechanismen, die uns helfen, mit Komplexität umzugehen. Aber manchmal nutzen wir diese Mechanismen im falschen Kontext.

Aus genetischer und evolutionsbiologischer Perspektive sind die Menschen von heute dieselben wie die Jäger und Sammler aus der Steinzeit. Wir haben zum großen Teil dieselben Instinkte, Emotionen, denselben Metabolismus und dieselbe genetische Ausstattung. Aber die Welt um uns herum hat sich rapide geändert. Wir leben vergleichsweise im Überfluss, wir organisieren uns in riesigen Netzwerken. Und wir werden älter als je zuvor.

Aus diesem Grund brauchen wir eine Erkenntnis darüber, wie unser Gehirn funktioniert, wozu uns Konsumkapitalismus verleitet, wieso uns Altersvorsorge schwerfällt und der Wille, uns im Hier und Jetzt zufriedenzustellen, beinahe immer überhandnimmt.

Financial Wellbeing besteht aus insgesamt zehn Bausteinen. Fünf davon sind finanzielle oder Money-Bausteine. Die anderen fünf betreffen die Art und Weise, wie wir über Geld denken und fühlen, Mindset-Bausteine. In diesem Buch besprechen wir alle zehn Bausteine.

Das von mir und meinen Kollegen bei Aegon UK entwickelte Modell definiert langfristiges Financial Wellbeing anhand von zehn Bausteinen. Fünf davon sind finanzielle Bausteine. Die anderen fünf sind Mindset-Bausteine (sprich, es geht darum, wie und ob wir über

Geld instinktiv oder bewusst denken und fühlen). In diesem Buch präsentiere ich jeden dieser Bausteine. Und ich gebe Tipps, wie Sie sich dahingehend verbessern können.

Jedes Kapitel behandelt abwechselnd einen Money- und einen Mindset-Baustein. Die ersten fünf Kapitel konzentrieren sich eher auf die Gegenwart (wie wir unsere finanzielle Situation und unser Mindset hier und jetzt verbessern). Und sie konzentrieren sich auf Ansätze aus der eher klassischen Verhaltenswissenschaft. Wir werden viel über die schon angesprochenen unterschiedlichen Denkweisen nachdenken – einerseits das intuitive, automatische und schnelle Denken (das Kahneman das System 1 nennt). Und andererseits das rationale, kalkulierende und langsame Denken (System 2). Das sind die ersten fünf Bausteine:

Money-Baustein »Einkommen«: Es gibt Menschen, die sagen, dass Geld nicht wichtig sei für ihre Lebenszufriedenheit und ihr Wohlbefinden. Diese Aussage wird in diesem Kapitel anhand von Untersuchungen über die richtige Höhe des Einkommens widerlegt. Kurzum, ein gutes Einkommen *ist* wichtig, denn zu wenig Einkommen geht meistens einher mit Stress und anderen körperlichen und psychischen Krankheiten. Es gibt Menschen, die ein immer höheres Einkommen anstreben, weil sie glauben, dass sie damit ihr Wohlbefinden stetig verbessern. Dies ist ebenso ein Irrglaube. Im ersten Kapitel rege ich Sie an, ein Einkommen anzustreben, das »gut genug« ist, und liefere einen Hinweis, was ein ausreichendes Einkommen sein könnte.

Mindset-Baustein »Soziale Vergleiche«: Es gibt diverse Studien, die belegen, dass unser objektiver Wohlstand weniger wichtig ist als unser Wohlstand *im Vergleich zum (von uns angenommenen) Wohlstand von anderen.* Zum Beispiel gibt es eine großartige Studie aus der Schweiz, die belegt, dass die Lebenszufriedenheit in den Kantonen des Landes geringer ist, in denen es eine hohe Registrierung an Porsches und Ferraris gibt. Es ist normal, zu vergleichen (Menschen tun es seit Tausenden von Jahren). Aber wir können *bessere* Vergleiche anstellen, indem wir zum Beispiel Vorbilder wählen oder indem wir uns fragen, was genau wir eigentlich am Lebensstil von anderen beneiden. Hierbei lernen wir idealerweise wichtige Dinge über uns selbst. In diesem Kapitel lernen Sie drei erprobte Techniken kennen, mit denen Sie *bessere* Vergleiche anstellen können.

Money-Baustein »Cleverer Konsum«: Ungefähr sechs Millionen Bürger in Deutschland - oder 10 % der Erwachsenen - sind überschuldet und weisen »nachhaltige Zahlungsstörungen« auf.[5] Einer der Gründe hierfür, der Jahr für Jahr an Gewicht gewinnt, lautet »unwirtschaftliche Haushaltsführung«. Ein Begriff, der oft auch synonym mit dem Begriff »irrationales Konsumverhalten« verwendet wird. In diesem Kapitel schauen wir uns an, wie bestimmte Kontextfaktoren (zum Beispiel Kredit- und Debitkarten oder vermeintliche Schnäppchen) es leichter machen, in die Schuldenfalle zu geraten, und wie Sie das verhindern. Bei »cleverem Konsum« halten Sie viele Ihrer Instinkte im Zaum, zum Beispiel mit sogenannten Wenn-dann-Plänen oder indem Sie die EC-Karte zu Hause lassen und Kartendaten im Browser löschen.

Mindset-Baustein »Klarheit über unsere Bedürfnisse«: Viele Probleme (mit unserem Einkommen, mit unserer Altersvorsorge oder mit Schulden) entstehen, weil unser Konsumverhalten unsere tieferen Bedürfnisse missachtet. Mit anderen Worten: Wir verschwenden viel und denken nicht darüber nach, wie wir unsere Belange effizienter und kostengünstiger bedienen könnten. In diesem Kapitel diskutiere ich zwei handfeste und einfach anwendbare Ansätze aus Psychologie und Verhaltenswissenschaft, die eine Introspektion dahingehend leichter machen.

Money-Baustein »Finanzpolster und Sicherungsnetze«: Wir können nicht perfekt vorhersagen und planen, was passieren wird. Wir müssen aber für ein paar denkbare Szenarien gewappnet sein. Ob für den Fall, dass der Kühlschrank kaputtgeht, dass wir eine komplexe Zahnoperation brauchen, wir unseren Job verlieren, eine längere Krankheit uns berufsunfähig macht oder, schlimmer noch, für den Fall des verfrühten Todes eines Verdieners in der Familie. In diesem Kapitel lege ich mit dem verhaltenswissenschaftlichen EAST-Modell (*Make it Easy, Make it Attractive, Make it Social, Make it Timely*) dar, wie Sie die allgemein als sinnvoll erachteten Finanzpolster und Sicherungsnetze aufbauen.

Das sind die ersten fünf Bausteine für Financial Wellbeing. Wie erwähnt, betreffen sie vor allem die Gegenwart und orientieren sich eher an den Erkenntnissen und Ansätzen der klassischen Verhaltenswissenschaften. Die weiteren fünf Bausteine betreffen die Zukunft. Sie basieren auf vielen Annahmen der klassischen Verhaltenswissenschaften, gehen jedoch über diese hinaus. Insbesondere Erkenntnisse aus der neueren Psychologie (oder der Positiven Psychologie) und der Verhaltenstherapie werden hier genutzt.

Mindset-Baustein »Empathie mit Ihrem ›zukünftigen Selbst‹«: Natürlich brauchen wir Geld für die Altersvorsorge. Aber eine Erkenntnis aus meinen und anderen Forschungen lautet: Wichtiger als Geld ist ein *langfristiger Denkhorizont*. Halten Sie es für möglich, dass Menschen auf den geringsten Einkommensstufen eher langfristige Sparer sein können als Menschen auf den höchsten Einkommensstufen? Es ist tatsächlich so. Und zwar dann, wenn diejenigen auf den geringsten Einkommensstufen eine konkrete und bedeutungsvolle Verbindung zu ihrem zukünftigen Selbst haben, während diejenigen auf den höchsten Einkommensstufen nur eine vage und diffuse Verbindung zu ihrem zukünftigen Selbst haben. Besser noch: Menschen mit einem langen Zeithorizont zeigen andere Verhaltensweisen in allen möglichen anderen Bereichen: Sie haben zum Beispiel auch weniger Schulden und höhere Finanzpolster. Empathie aufzubauen mit den intrinsischen Motivationen unseres zukünftigen Selbst (Wo werde ich in 20 Jahren leben? Mit wem werde ich dann Zeit verbringen? Was werde ich tagein, tagaus unternehmen?), ist vielleicht der beste Tipp in diesem Buch. In diesem Kapitel erfahren Sie von drei Techniken, wie Sie das angehen können.

Money-Baustein »Altersvorsorge«: So entmutigend es auch sein mag, die unausweichliche Wahrheit lautet, dass die Menschen, wenn sie länger leben, mehr Geld brauchen. Das bedeutet, entweder mehr zu sparen oder länger zu arbeiten. In diesem Kapitel geht es um die Notwendigkeit der privaten Altersvorsorge im Allgemeinen und der politisch immer expliziter gewollten kapitalgedeckten Altersvorsorge im Besonderen. Diese Art der Altersvorsorge ist in vielen anderen Ländern wie den USA und Großbritannien – aber auch der Schweiz, Schweden und Norwegen – schon länger gang und gäbe. Deshalb gibt es vor allem aus diesen Ländern diverse Erkenntnisse zu richtigen Anlagestrategien, aber auch verhaltenswissenschaftliche Befunde zur richtigen Verhaltens- und Denkweise beim langfristigen Investieren. Wir betrachten in diesem Kapitel zunächst die Überlegenheit von Faustregeln. Daraufhin lesen Sie von einigen Faustregeln für langfristigen Erfolg an den Kapitalmärkten. Welche Plattform, welche Anlagestrategie, wie viel sollte man sparen – auf all diese Fragen gibt es grobe Antworten.

Mindset-Baustein »Langfristige Lebensplanung, nicht Finanzplanung«: Wir werden immer älter. Und wir leben lange, gesunde Leben. Das ist eine tolle Konsequenz aus den wirtschaftlichen und sozialen Fortschritten der letzten 150 Jahre. Die Schattenseite davon ist, dass wir für unser langes Leben mehr Geld brauchen. In diesem Kapitel denken wir darüber nach, warum wir eine neue Vorstellung von Alter und vom Ruhestand brauchen, um einen besseren Umgang mit Langlebigkeit zu entwickeln. Jetzige Vorstellungen von der »dritten Lebensphase« beruhen auf Lebenszyklen von vor 100 Jahren – sie sind nicht mehr aktuell und setzen uns, insbesondere im mittleren Alter, unnötig unter Druck. Ich argumentiere, dass Menschen ihre Karriere und Finanzen so gestalten sollten, dass sie flexibler und anpassungsfähiger auf Veränderungen reagieren können. Dies kann bedeuten, dass man seine Karriere in kleineren Schritten und über einen längeren Zeitraum hinweg aufbaut, statt alles auf einmal zu erreichen. Es kann auch bedeuten, dass man seine Finanzen so gestaltet, dass man in der Lage ist, mehrere Karrierewechsel oder Ruhestandsphasen zu überstehen.

Money-Baustein »Kapitalarten für Langlebigkeit«: Wenn wir Wohlstand definieren, dann denken wir zumeist an die Summe unserer Einkommen, Investitionen, Immobilien und andere Bilanzaktiva. Die Soziologie lehrt uns allerdings schon seit Längerem, dass Kapital nicht nur in finanzieller Art daherkommt. Pierre Bourdieu, der einflussreiche französische Soziologe, identifizierte beispielsweise soziales Kapital (die Möglichkeiten, die durch Zugehörigkeit zu einer Gruppe entstehen) und kulturelles Kapital (zum Beispiel die produktiven Kräfte unserer Bildung) als ebenso wichtige Anlagen. In diesem Kapitel diskutieren wir die meiner Meinung nach wichtigsten finanziellen und nicht-finanziellen Anlagegüter, in die es sich zu investieren lohnt. Es wird begründet, warum Selbstwissen eines der wichtigsten Anlagegüter der Zukunft sein wird. In diesem Kapitel werde ich die Notwendigkeit dieser Fähigkeit im Zusammenhang mit dem Übergang vom bisherigen Drei-Phasen-Leben (Ausbildung, Erwerbsleben, Ruhestand) zum zukünftigen Mehr-Phasen-Leben hervorheben.

Mindset-Baustein »Krisenbewusste Gelassenheit«: Wir leben, wie eingangs erwähnt, in Krisenzeiten. Die Gefahr eines einseitigen Fokus auf die Tücken der Krisen jedoch ist, dass wir ein »Knappheits-Mindset« entwickeln. Zum Beispiel entdecken wir in Zeiten von hoher Inflation schnell den höheren Preis von Butter; wir überlegen, wie wir Gas und Elektrizität sparen können; wir haben ein Auge auf die Währungskurse, um zu erahnen, welchen Einfluss der Dollar-Kurs auf unseren Urlaub haben könnte. Dieses »Knappheits-Mindset« kann hilfreich sein, um die damit verbundenen konkreten Probleme zu bewältigen. Aber es lässt uns ein größeres Phänomen missachten: Wir werden älter und wir leben länger gesund. Es ist unvermeidlich, dass wir Krisen erleben werden. Aber die Frage ist, *wie* wir auf Krisen reagieren. Werfen uns diese Krisen aus der Bahn? Oder sind wir darauf vorbereitet? Können wir sie gar nutzen, um uns besser auf die nächsten fünf bis zehn Jahre vorzubereiten? Wir gehen in diesem Kapitel zurück bis zur Antike – zur Philosophie der Stoiker. Wir werden sehen, dass diese Lebensphilosophie diverse Gemeinsamkeiten mit einigen Grundannahmen aus den Verhaltenswissenschaften und der kognitiven Verhaltenstherapie hat. Und wir betrachten drei Techniken der Stoiker, die uns helfen, besser auf Krisen zu reagieren und auf das zu achten, was wir kontrollieren können.

Dieses Buch hat einen klaren Fokus. Hier wird es keine Investitionstipps geben – außer ein paar sehr einfachen Faustregeln. Hier werden Sie nicht über die verschiedenen Varianten der Riester-Rente aufgeklärt. Dieses Buch konkurriert nicht mit den sehr gut recherchierten Ergebnissen und Analysen der Stiftung Warentest, des Verbraucherschutzes oder der Internetseite »Finanztip«. In diesem Buch diskutiere ich Finanztipps auf eine Art und Weise, die berücksichtigt, wie unser Gehirn funktioniert. Ich hoffe, Ihnen mit diesem Buch zu helfen, unter Berücksichtigung Ihrer intrinsischen Motivationen die richtigen finanziellen Produkte und Gewohnheiten für Ihre Lebenssituation und Lebensplanung zu finden. Und ich biete Faustregeln, die Ihnen nahelegen, was im Großen und Ganzen richtig oder »gut genug« ist.

Vielleicht motiviert das Buch Sie dazu, mehr über das Investieren und Sparen zu lernen. Vielleicht interessieren Sie sich fortan für die Entwicklung an den Börsen oder neue Anlagestrategien. Das kann nicht schaden. Aber bedenken Sie, dass die besten finanziellen Entscheidungen die sind, die einmal getroffen und dann für lange Zeit vergessen werden. Mit anderen Worten: Haben Sie auch den Mut zur Lücke und akzeptieren Sie eine Lösung, die »gut genug« ist. Finanzplanung kann schnell zu einer Obsession werden – das Bessere der Feind des Guten. Die Zukunft ist zu ungewiss, als dass es den perfekten Finanzplan für die Zukunft geben könnte.

»Aufmerksamkeit richten auf« übersetzt man ins Englische mit »*to pay* attention to«. Dass man Aufmerksamkeit *zahlt*, ist sehr passend. Diese Formulierung betont, dass Aufmerksamkeit ein knappes Gut ist, mit dem wir bewusst wirtschaften müssen. Wir können uns schlecht mit unserem Partner unterhalten und dabei WhatsApp-Nachrichten lesen. Wir können nicht für die Kinder da sein und gleichzeitig eine E-Mail beantworten. Wir können kein Musikalbum genießen und gleichzeitig mit Freunden telefonieren. Aufmerksamkeit auf eine Sache zu richten, bedeutet, etwas anderes zu ignorieren.

Die hier vorgestellten zehn Bausteine für finanzielles Wohlbefinden haben das Ziel, Ihnen zu helfen, Aufmerksamkeit zu »zahlen« für die Dinge, Aktivitäten und Erlebnisse, die Ihnen heute und in Zukunft Freude machen und die Ihnen Lebenssinn geben. Sodass Sie all diese Dinge heute – und in der Zukunft – mit den Ihnen zur Verfügung stehenden finanziellen Mitteln auch bezahlen können.

1. MONEY-BAUSTEIN »EINKOMMEN«

Im Jahr 1960 wurde Uwe Seeler zu Deutschlands erstem »Fußballer des Jahres« gekürt. Im selben Jahr wurde der Mittelstürmer Deutscher Meister mit dem Hamburger Sportverein. Auch in den folgenden Jahren holte er noch viele weitere Titel für seinen HSV.

Es hätte aber auch anders kommen können: Denn 1961 erhielt Seeler ein sehr attraktives Angebot von Italiens Spitzenverein Inter Mailand. Um den Klub für Seeler interessant zu machen, traf Startrainer Helenio Herrera den Hamburger in einem Zimmer des Hotel Atlantic und präsentierte ihm dort einen Koffer mit 1,2 Millionen D-Mark in Scheinen. Eine damals unverschämt und unvorstellbar ohe Summe.[6] Seeler überlegte hin und her. Und die ganze Stadt fieberte mit ihm mit. Würde »Uns Uwe« in Hamburg bleiben? Oder würde man ihn fortan in Deutschland nur noch für die Nationalmannschaft spielen sehen und ansonsten auf internationaler Bühne verfolgen? Hamburg hoffte auf den Verbleib und freute sich auf Unterstützung des in der Öffentlichkeit bekannten Pastors und Theologen Helmut Thielicke, der Seeler in einem offenen Brief zum Verbleib in der Hansestadt aufrief. Am Ende jedoch schien der Rat des Vaters am schwersten zu wiegen. Dieser erinnerte Uwe Seeler daran, dass er es doch eigentlich sehr gut habe in Hamburg, und außerdem: »Mehr als ein Steak am Tag kann man nicht essen.«[7]

Und so verzichtete Uwe Seeler auf Mailand, eine internationale Karriere und mehr Geld. Er blieb in Hamburg, wo er es – wie er nach reiflicher Überlegung feststellte – doch »gut genug« hatte.

Im Juli 2022 starb Uwe Seeler in seiner Heimatstadt. Das »Hamburger Abendblatt« erinnerte in seinem Nachruf an die großen Erfolge des Publikumslieblings, seine Treue zum HSV im Besonderen und der Hansestadt im Allgemeinen.[8] Man brauchte nicht groß zu erklären, warum »ihn sogar Kinder verehrten, die ihn niemals spielen sahen«. Er »verkörperte all das, was an Werten im Sport gepredigt wird«, schrieb »Der Spiegel«.[9]

Vielleicht kennen Sie auch jemanden, der behauptet, mit wenig Geld im Leben klarzukommen. Oder jemanden, der sagt, dass ihm Geld für den von ihm und seinem Haushalt angestrebten Lebensstil nicht so wichtig sei.

Vielleicht stimmt es sogar in dem individuellen Fall. Aber in der Regel stimmt es höchstwahrscheinlich nicht. Geld ist wichtig! Ohne Geld ist das Leben oft schwer.

Der israelische Verhaltenswissenschaftler und Nobelpreisträger Daniel Kahneman untersuchte mit seinem Kollegen Angus Deaton die Daten von beinahe einer halben Million Menschen. Die beiden stellten fest, dass Lebenszufriedenheit und Wohlbefinden von Menschen mit mittlerem Einkommen signifikant höher sind als die von Menschen der unteren Einkommensstufen. Menschen auf unteren Stufen gaben an, mit ihrem Leben unzufriedener zu sein. Außerdem seien sie häufig traurig, müde oder gestresst und hätten andere psychische und/oder physische Schmerzen.

Was heißt eigentlich »unteres Einkommen« oder »mittleres Einkommen« in Deutschland? Laut Statistischem Bundesamt lag das Nettoeinkommen eines deutschen Haushalts im Jahr 2021 bei etwas über 43.000 Euro pro Jahr oder knapp über 3600 Euro pro Monat.[10] Die Schwelle, ab der man als armutsgefährdet gilt, variiert: Bei Alleinlebenden liegt sie bei 15.000 Euro pro Jahr (das heißt, wenn man weniger verdient, gilt man als armutsgefährdet); bei einem Haushalt mit zwei Erwachsenen und zwei Kindern unter 14 Jahren liegt die Schwelle bei 31.500 Euro.

In Deutschland sind ungefähr 13 Millionen Menschen (ungefähr 16 % der Bevölkerung) armutsgefährdet. Die sogenannte »Armutsgefährdungsquote« ist relativ gleich verteilt über die Altersgruppen – aber 65-Jährige und ältere Menschen sind stärker betroffen als jüngere Gruppen.

Forschungen des Statistischen Bundesamts geben auch Hinweise darüber, *warum* Menschen mit geringem Einkommen häufiger traurig, müde, gestresst und krank sind: Zum Beispiel konnten 2,6 Millionen Menschen im Jahr 2021 aus Geldmangel ihre Wohnung nicht angemessen heizen.[11] Daraus wiederum folgen, wie in diversen internationalen Studien belegt, viele gesundheitliche Beeinträchtigungen. Die in Deutschland forschenden Soziologinnen Nadine Reibling und Regina Jutz belegten anhand ihrer Untersuchungen, dass sich Energiearmut vor allem negativ auf die psychische Gesundheit der Betroffenen auswirkt.[12]

Es gibt viele Stimmen (unter anderem auch in Finanzratgebern), die behaupten, dass Geld nicht wichtig sei, dass alles Einstellungssache sei und dass man auch mit wenig Geld ein gutes Leben führen könne. Die hier genannten Studien belegen das Gegenteil. Geld ist wichtig! Ein gutes Einkommen ist wichtig!

Aber das heißt nicht unbedingt, dass immer *mehr* Geld oder ein immer *höheres* Einkommen wichtig sind.

Vielleicht kennen Sie auch jemanden, der stets ein Auge auf andere Arbeitgeber hat, weil er ein höheres Gehalt anstrebt. Oder jemanden, der stets die Dinge macht, die eine Beförderung wahrscheinlicher machen. Es gibt viel Beratungsliteratur zu diesem Thema: wie man die Gehaltserhöhung am besten anspricht, wann der ideale Zeitpunkt dafür ist etc. Und in der Tat kann das Streben nach mehr Geld sehr angemessen sein. Insbesondere – wie gezeigt –, wenn man auf geringeren Einkommensstufen ist. Aber es wird selten gefragt: »Ab welchem Punkt könnte dieses Streben nicht mehr sinnvoll sein?«

Geld ist wichtig. Vor allem, wenn man nicht viel davon hat, lohnt es sich, mehr anzustreben. Mehr Geld kann zu einem besseren Zugang zu materiellen Gütern, Gesundheitsversorgung und anderen Ressourcen führen. Aber ab einem gewissen Punkt hat mehr Geld keinen signifikanten Einfluss mehr auf das emotionale Wohlbefinden. Das erklärt auch, warum Menschen mit höherem Einkommen nicht unbedingt glücklicher oder zufriedener sind.

Daniel Kahneman und Angus Deaton stellten in ihrer Untersuchung von Tausenden von Fällen fest, dass Lebenszufriedenheit und Wohlbefinden steigen, sobald Menschen von unteren auf mittlere Gehaltsstufen kommen. Sie stellen aber ebenso fest, dass sich dieser Trend *nicht* konstant fortsetzt. Es scheint, dass der Nutzen von mehr Geld abnimmt, wenn Grundbedürfnisse der Maslowschen Bedürfnishierarchie (wie Wasser, Nahrung, Witterungsschutz) und körperliche und seelische Grundsicherheit (Arbeit, Wohnung, Familie, Gesundheit) erfüllt sind.

Differenzierter ausgedrückt: Die Lebenszufriedenheit *steigt weiter*. Aber das *Wohlbefinden* stagniert, nimmt in der Tendenz vielleicht sogar leicht ab.

Der Unterschied zwischen der Messung von Lebenszufriedenheit und Wohlbefinden verdeutlicht die Perspektive der Verhaltensforschung: Die Verhaltensforschung vermutet, dass Menschen die Antworten auf wichtige Fragen häufig gar nicht kennen.

Messungen zur Lebenszufriedenheit untersuchen, als wie zufrieden oder unzufrieden Menschen *sich selbst einschätzen*. Messungen zum Wohlbefinden untersuchen, wie häufig bestimmte Dinge, die einigermaßen objektiv zu gutem Leben beitragen (zum Beispiel Gesundheit, Unterkunft und Sicherheit, soziale Kontakte), vorkommen.

Es lohnt sich ein kurzer Blick in die Methoden der Verhaltensforschung. Denn Fakten entstehen nie einfach nur in den Köpfen der Wissenschaftler. Sie werden – wie zum Beispiel die sozial- und kulturwissenschaftliche Wissenschafts- und Technikforschung zeigt – aktiv generiert mithilfe von für die jeweiligen Disziplinen typischen Werkzeugen, finanziellen Mitteln wie staatlichen Förderungen sowie etablierten Fragestellungen und vielem mehr.

Sie haben vielleicht selbst schon einmal an Marktforschungsumfragen oder Sozialforschungen teilgenommen. Hierfür haben sich professionelle Fragebogenschreiber gute, meist geschlossene Fragen ausgedacht (also Fragen, auf die man nicht *offen* antworten, sondern bei denen man nur eine von mehreren vorgegebenen Antworten auswählen kann). Eine typische Frage der Marktforschung lautet zum Beispiel: »Würden Sie eher das Produkt X oder das Produkt Y kaufen?« Oder: »Wie viel würden Sie für ein Produkt zahlen, das jene Eigenschaft Z besitzt?« Ergebnisse solcher Marktforschungen bestimmen die Produktentwicklung der meisten Großunternehmen.

Die Verhaltensforschung nimmt jedoch an, dass die etablierten Fragen der Marktforschung selten Ergebnisse produzieren werden, die die Realität widerspiegeln.

In seinem Hauptwerk »Schnelles Denken, langsames Denken«, in dem Kahneman die diversen Ergebnisse der Forschungen mit seinem längsten akademischen Weggefährten Amos Tversky zusammenfasste, illustriert er, dass Menschen zwei Denksysteme haben. Er nennt sie System 1 und System 2. System 1 denkt schnell, automatisch und unüberlegt. System 2 strengt sich an, ist langsam und rational.

In diversen Forschungen zeigen Kahneman und Tversky, dass Menschen in der großen Mehrzahl der Fälle ihr System 1 – das schnelle und automatische Denksystem – benutzen. Und dass Menschen versuchen, die Benutzung von System 2 eher zu verhindern. Ich habe das vor wenigen Minuten selbst erfahren: Als ich ausrechnen wollte, wie viel ein durchschnittliches Jahresgehalt von 43.000 Euro für das Einkommen *pro Monat* bedeutet, benutzte ich instinktiv einen Taschenrechner. (Die richtige Antwort lautet 3583 Euro, aber zur besseren Lesbarkeit brauche ich nur einen gerundeten Betrag.) Natürlich wäre ich auf »etwa 3600 Euro« selbst gekommen, wenn ich System 2 benutzt und mich ein wenig angestrengt hätte. Aber zum Taschenrechner zu greifen und die Zahlen schnell einzutippen, ist die Gewohnheit, weniger anstrengend und geht zehn Sekunden schneller.

Die Kritik der Verhaltensforschung an Methoden der Marktforschung lautet, dass die cleveren und wohlüberlegten Fragen aus ihren Fragebögen an das System 2 – den rationalen und kritisch denkenden Teil des Gehirns – appellieren. Diese Fragebögen missachten allerdings, dass wir die meisten Entscheidungen mit System 1 – dem schnell denkenden Teil des Gehirns – treffen. Ob wir wirklich Produkt X oder Produkt Y kaufen würden, hängt meistens stark von unvorhersehbaren Kontextfaktoren ab. Wir wissen in der Regel nicht, wie viel wir für Eigenschaft Z eines Produktes tatsächlich zahlen würden. Wahrscheinlich würden wir Kosten und Nutzen dieser Eigenschaften im Supermarkt (vielleicht mit genervten Kindern im Gang oder einer schon gesichteten langen Schlange an der Kasse) nicht genauso rational abwägen, wie wir es im Kontext einer Online- oder Telefonumfrage machen würden.

Im Zusammenhang mit der Bedeutung von Einkommen ist diese Perspektive der Verhaltensforschung hilfreich. Wie schon erwähnt, wird die *Lebenszufriedenheit* anhand der Selbsteinschätzung bei der Beantwortung von Fragen gemessen. Hierzu beantworten Menschen wie Sie und ich Fragen wie »Wie zufrieden oder unzufrieden sind Sie mit Ihrem Leben auf einer Skala von 1 bis 10?«. Diese Frage lädt uns ein, uns selbst zu *evaluieren*.

Bei der Messung des *Wohlbefindens* hingegen wird auf Dinge geachtet, die wir *erlebt* haben. »Wie häufig hatten Sie Kopfschmerzen in der letzten Woche?« Oder: »Wie häufig konnten Sie im letzten Monat Ihre Wohnung ausreichend heizen?« Oder: »Wie viel Zeit verbrachten Sie im letzten Monat mit Ihren Kindern, Freunden und Verwandten?« Natürlich können diese Fragen ebenso unabsichtlich inkorrekt beantwortet werden. In der Masse jedoch – und wenn nach den Ereignissen und Erlebnissen gefragt wird, die sich als Haupteinflussfaktoren für gutes Leben erwiesen haben – werden die Fragen nach dem, *was eigentlich passiert ist,* ein besseres Bild über das Wohl der Menschen abgeben.

Warum also nimmt Lebenszufriedenheit mit höherem Einkommen zu? Und warum nimmt das Wohlbefinden mit höherem Einkommen in der Tendenz ab?

Kurzum, die Lebenszufriedenheit nimmt zu, weil im Kontext einer Untersuchung zu Einkommen die Besserverdiener *glauben, wegen ihrer höheren Einkommen* zufriedener zu sein. Vielleicht wurden sie gerade in demselben Fragebogen an ihr Jahreseinkommen erinnert, etwa so:

Wie hoch ist Ihr Jahreseinkommen?

a) unter 15.000 Euro
b) 15.000 – 25.000 Euro
c) 25.000 – 50.000 Euro
d) 50.000 – 75.000 Euro
e) 75.000 – 100.000 Euro
f) über 100.000 Euro

Wie zufrieden sind Sie mit Ihrem Leben auf einer Skala von 1 bis 10?

Sollte man in der ersten Frage als Antwort d), e) oder f) gewählt haben und gerade daran erinnert worden sein, dass es auch geringere Einkommensstufen gibt, ist man vielleicht eher geneigt, in der zweiten Frage näher dem rechten Extrem zu antworten.

Es ist unwahrscheinlich, dass die Fragen genau so gestaltet wurden – das wäre eine ziemlich offensichtliche Schwachstelle in der Umfrage. Es ist aber denkbar, dass derselbe Effekt eher subtil funktioniert: Zum Beispiel könnte jemand bei der Beantwortung der Frage von der schönen, großen Küche, in der er sitzt, oder von dem teuren neuen Telefon, mit dem er an der Umfrage teilnimmt, beeinflusst worden sein.

In einer anderen Studie belegte wiederum Kahneman den sogenannten *Framing*-Effekt (also Rahmungseffekt) von Fragen zur Lebenszufriedenheit. Er fragte Studenten einer Universität im US-Bundesstaat Michigan und Studenten einer Universität in Kalifornien nach ihrer allgemeinen Lebenszufriedenheit. Es gab kaum Unterschiede. Als er jedoch fragte, wo die Befragten glaubten, dass die Menschen zufriedener seien – ob in Michigan oder Kalifornien –, war es wahrscheinlich, dass die Studenten fälschlicherweise glaubten, die Lebenszufriedenheit in Kalifornien sei höher. Vielleicht geht es Ihnen genauso: Wenn man »Kalifornien« hört, denkt man beinahe instinktiv – mit System 1 – an die Sonne, schöne, lange Strände und die diversen Freizeitangebote, die sich entsprechend anbieten. Tatsächlich jedoch spielen Klima und Zugang zum Meer für tagtägliches Wohlbefinden kaum eine Rolle.

Der Framing-Effekt ist weniger ausgeprägt bei Fragen nach dem Wohlbefinden, welche in Untersuchungen eher so gestaltet werden:

Wie hoch ist Ihr Jahreseinkommen?

a) unter 15.000 Euro
b) 15.000 – 25.000 Euro
c) 25.000 – 50.000 Euro
d) 50.000 – 75.000 Euro
e) 75.000 – 100.000 Euro
f) über 100.000 Euro

Wie hoch oder gering war Ihr Stresslevel gestern?

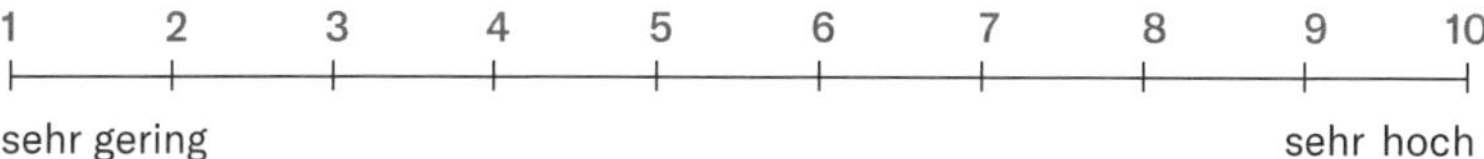

Wie viel Zeit konnten Sie letzte Woche mit Freunden oder Familie verbringen?

a) keine Zeit
a) weniger als 2 Stunden
a) 2 – 10 Stunden
a) 10 – 20 Stunden
a) mehr als 20 Stunden

In den Untersuchungen zum Effekt von Einkommen nimmt das *Wohlbefinden* tendenziell ab, weil die Besserverdienenden häufiger angeben, dass sie mehr physische und psychische Schmerzen haben oder weniger Zeit mit Freunden und Familie verbringen als Durchschnittsverdiener. (Übrigens, solche Aussagen treffen natürlich immer nur auf eine Gruppe zu – hier Besserverdienende – nicht auf Individuen. Es gibt bestimmt viele »Besserverdiener«, die ein höheres

Wohlbefinden haben als Durchschnittsverdiener. Im Schnitt jedoch geht die Tendenz leicht nach unten.)

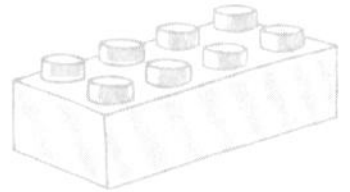

Wenn wir darüber nachdenken, wie viel wir verdienen müssen (oder stellvertretend: wie viel Geld wir brauchen), sollten wir zwei Faustregeln beachten:

1. Achten Sie nicht darauf, wie Sie Ihren Alltag einschätzen oder bewerten. Achten Sie darauf, wie Sie ihn *erleben*.
2. Streben Sie eine Situation an, die »gut genug« ist.

Urteile über unsere Lebenszufriedenheit beruhen auf Selbsteinschätzung. Hierfür folgen wir häufig unhinterfragten Annahmen. Diese Annahmen lauten zum Beispiel:

- Natürlich ist es gut, eine Gehaltserhöhung zu bekommen.
- Menschen mit mehr Geld haben es einfacher im Leben.
- Wenn ich nur mehr Geld hätte, dann könnte ich X, Y, Z machen.

Annahmen dieser Art werden über verschiedene Wege vermittelt. Und sie treffen nicht nur auf Geld zu, sondern auch auf die Wohnung oder das Haus, in dem man lebt, den Beruf oder den Arbeitgeber, die Partnerschaft, die Familie etc. Die zugrunde liegende Annahme lautet häufig, dass wir es besser haben könnten. Zum Beispiel:

- Es wäre besser, wenn der Balkon nach Süden ausgerichtet wäre, dann könnte man mehr draußen sitzen oder buntere Pflanzen züchten.
- Wenn mein Partner nur nicht so kleinlich wäre, könnten wir bessere Urlaube machen oder mal ins Restaurant gehen.
- Wenn meine Chefin nicht so unfreundlich wäre, dann wäre meine Arbeit perfekt.

Es ist sicherlich sinnvoll, Ziele zu haben. Aber es gibt einen Punkt, der »gut genug« ist und an dem man nicht versuchen muss, sich weiter zu verbessern.

Im Fall der Untersuchung der Bedeutung von Einkommen wird angenommen, dass wir weniger auf unsere Selbsteinschätzung achten sollten – oder wie wir die Dinge *evaluieren* –, sondern eher darauf, was wir tagtäglich *erleben*. In Kapitel 4 schauen wir uns an, wie man dies über sich feststellen kann.

Das Konzept von »gut genug« geht zurück auf die aus den 1950er-Jahren stammenden Forschungen des Sozial- und Verhaltenswissenschaftlers Herbert Simon. Er entwarf den Unterschied von »Maximierung« und »Satisficing« – Letzteres ist ein nur schwer übersetzbares Wort, das eine Mischung aus *satisfying* (befriedigend) und *suffice* (genügend) ist. Kurzum: Da Menschen niemals perfekt rationale Entscheidungen treffen können, genügt es, Entscheidungen zu treffen, die »gut genug« sind – und nicht perfekt.

Der britische Psychoanalytiker Donald Winnicott nutzte ebenfalls in den 1950ern den Begriff »gut genug«, und zwar im Zusammenhang mit Kindererziehung. In seiner Praxis diskutierte er häufig den seiner Meinung nach kontraproduktiven Perfektionismus von Eltern: Eltern, die dachten, dass sie ihre Kinder nicht optimal auf das Leben vorbereitet hätten, weil diese zu unordentlich, zu unfreundlich, zu schlecht in der Schule, zu sozial inkompetent etc. seien. Und Eltern, die dachten, dass sie entsprechend mehr Wert hätten legen sollen auf all die Dinge, die sie jetzt als Fehleigenschaften in ihren Kindern beobachten. Winnicott – ähnlich wie Simon – legte den Eltern nahe, dass sie nicht anstreben sollten, perfekt zu sein. Es ist nicht möglich, alles perfekt zu machen. Wir können nicht mit perfekter Exaktheit vorhersagen, was alles schieflaufen könnte. Es gehe nur darum, als Eltern »gut genug« zu sein.

ÜBUNG

Sind Sie eher ein Maximiser (suchen Sie nach der perfekten Option) oder eher ein Satisfycer (zufrieden mit dem, was »gut genug« ist)? Hier sind ein paar Fragen, mit denen Sie sich selbst einschätzen können:

	stimme gar nicht zu	stimme eher nicht zu	neutral	stimme eher zu	stimme voll zu
Ich fantasiere häufig, wie es wäre, ein komplett anderes Leben zu führen.					
Ich bin zufrieden mit meinem Job, aber ich suche auch stets nach besseren Optionen.					
Ich recherchiere lange, bevor ich ein Produkt kaufe.					
Für den richtigen Urlaub berücksichtige ich eine lange Liste an Merkmalen.					
Ich sage meinem Lebenspartner häufig, was er/sie besser machen könnte. (Falls auf Partnersuche: Ich suche lieber den perfekten Partner als mich voreilig mit jemandem zufriedenzugeben.)					
Die zweitbeste Lösung ist mir nicht gut genug.					

Wenn Sie den Aussagen eher zugestimmt haben, dann sind Sie höchstwahrscheinlich ein Maximierer. Überlegen Sie, ob Ihre jetzige Situation vielleicht »gut genug« sein könnte. Und ob das weitere Suchen nach der perfekten Lösung auf Kosten Ihres Wohlbefindens gehen könnte.

Sollten Sie es schwer finden festzustellen, ob Ihre Situation »gut genug« ist, versuchen Sie, die Fragen, auf die Sie gerade Antworten suchen, nicht aus Ihrer Perspektive zu beantworten, sondern aus der Perspektive einer Person mit Ihrem Profil.

Zum Beispiel folgendes Szenario:

Sie haben ein Stellenangebot, das Ihnen ein 10.000 Euro höheres Jahresgehalt einbringen würde. Mit der Position verbunden sind mehr Teamführungs- und Budgetplanungsverantwortungen. Aufgaben, die Ihnen nicht besonders liegen und gewöhnlich Stress bereiten. Würden Sie das Jobangebot
a) annehmen
b) ablehnen?

Anstatt über Ihre eigene Situation nachzudenken, denken Sie über Ihr Szenario eher aus der Perspektive einer fiktiven Person mit ähnlichem Profil. Oder einer Freundin oder eines Bekannten.

Eine Freundin von Ihnen hat ein Stellenangebot, das ihr ein 10.000 Euro höheres Jahresgehalt einbringen würde. Mit dieser Position verbunden sind mehr Teamführungs- und Budgetplanungsverantwortungen. Diese Bereiche liegen Ihrer Freundin nicht besonders. Sie befürchtet, dass ihr der Job Stress und schlaflose Nächte bereiten könnte. Würden Sie Ihrer Freundin raten, das Jobangebot
a) anzunehmen
b) abzulehnen?

Wir finden es häufig einfacher, die Option, die »gut genug« ist, bei anderen zu identifizieren als bei uns selbst.

Aber wie hoch ist ein Einkommen, das »gut genug« ist?

Die wenig zufriedenstellende Antwort ist: Es kommt darauf an.

Und natürlich kommt es darauf an. Es kommt darauf an, ob Sie in einer teuren Großstadt leben oder auf dem Land, ob Sie Kinder haben oder nicht, ob die Kinder auf finanzielle Unterstützung angewiesen sind oder nicht, ob Sie zur Miete wohnen oder einen Wohnungs- oder Hauskredit abbezahlen oder schon abbezahlt haben, ob Sie selbstständig sind und privat vorsorgen müssen oder auf eine staatliche Altersvorsorge bauen können, ob Sie noch arbeiten oder schon im Ruhestand sind.

Faustregeln berücksichtigen wenige dieser Varianten, bieten nur einen Ansatzpunkt, der im Großen und Ganzen »gut genug« ist.

Ihr Einkommen könnte »gut genug« sein, wenn die folgende Rechnung …

$$\frac{\text{Summe der Nettoeinkommen im Haushalt} \atop \text{(z. B. Ihr Einkommen + Einkommen des Partners, falls zutreffend)}}{\text{Haushaltsgröße (siehe Gewichtung)}} > 30.000 \text{ Euro}$$

… ungefähr 30.000 Euro ergibt.

Sollten Sie signifikant darunter liegen, ist es eventuell ratsam, mehr anzustreben (zum Beispiel, indem Sie mehr Stunden arbeiten, eine Gehaltserhöhung fordern oder zu einem besser zahlenden Arbeitgeber wechseln). Sollten Sie weit darüber liegen, dann überlegen Sie, ob mit Ihrer Arbeit Erlebnisse einhergehen, die Ihr *Wohlbefinden* (nicht die *Lebenszufriedenheit*) beeinträchtigen.

Zur Berechnung der Haushaltsgröße berücksichtige ich die folgende Gewichtung (aus den Äquivalenzskalen der OECD[13]):

- 1 Punkt für den hauptverdienenden Erwachsenen
- 0,5 Punkte für jede weitere Person ab 14 Jahren
- 0,3 Punkte für jedes Kind unter 14 Jahren

Beispiel 1: *Als alleinstehende Person haben Sie ein Nettoeinkommen von 34.000 Euro. Ihre Haushaltsgröße ist entsprechend 1.*
34.000 Euro / 1 = 34.000 Euro.
Heißt: Ihr Gehalt ist höher als 30.000 Euro und könnte »gut genug« sein.

Beispiel 2: *In Ihrem Haushalt verdienen Sie ein Nettoeinkommen von 34.000 Euro. Ihr Partner verdient nur den Hartz-4-Regelsatz – also 449 Euro pro Monat oder ungefähr 5400 Euro pro Jahr. Ihr Haushaltseinkommen ist entsprechend 39.400 Euro. Ihre Haushaltsgröße ist 1 (für den Hauptverdiener) + 0,5 (für dessen Partner) = 1,5.*
Und 39.400 Euro / 1,5 = 26.200 Euro. Heißt: Ihr Einkommen ist geringer als 30.000 Euro und wahrscheinlich nicht »gut genug«.

Beispiel 3: *In Ihrem Haushalt sind Sie Hauptverdiener. Sie haben einen Partner und ein Kind unter 14. Ihr Nettoeinkommen beträgt 34.300 Euro, Ihr Partner verdient 10.000 netto im Jahr aus geringer Beschäftigung. Darüber hinaus gibt es 2500 Euro Kindergeld. Alles zusammen macht das 46.800 Euro. Ihre Haushaltsgröße ist 1 (für den Hauptverdiener) + 0,5 (für den zweiten Erwachsenen) + 0,3 (für das Kind) = 1,8. Und 46.800 / 1,8 = 26.000. Ihr Einkommen ist wahrscheinlich nicht »gut genug«.*

Ein Grund für den Wert von 30.000 Euro besteht darin, dass das durchschnittliche Nettoäquivalenzeinkommen im Jahr 2021 (also das Durchschnittseinkommen, das aber jene OECD-Gewichtungen berücksichtigt) in Deutschland bei knapp unter diesem Wert lag.[14] Und das *durchschnittliche* Einkommen ist ungefähr 13 % höher als das *Median*-Nettoäquivalenzeinkommen (der Median liegt bei 26.000 Euro, das heißt, für 50 % der Deutschen ist das Nettoäquivalenzeinkommen geringer als 26.000 Euro, für 50 % ist es höher). Kurzum, mit einem Nettoäquivalenzeinkommen von ungefähr 30.000 Euro verdienen Sie etwas mehr als etwa 50 % der Deutschen. Es ist also plausibel, zu sagen: Dieser Betrag sollte es dem Durchschnittsmenschen ermöglichen, die elementaren Grundbedürfnisse zu befriedigen, mehr finanzielle Sicherheit heute und in der Zukunft zu haben und sich darüber hinaus das ein oder andere Freizeitangebot zu erlauben. Um den negativen Effekten von sozialen Vergleichen zuvorzukommen, halte ich es ebenso für sinnvoll, etwas mehr als 50 % der Mitbürger verdienen zu wollen.

Die 30.000-Euro-Marke ist, wie gesagt, problematisch. Vielleicht leben Sie in einer teuren Stadt oder brauchen ein höheres Gehalt, um Schulden zu bedienen. Vielleicht bauen Sie Finanzpolster auf oder nutzen große Teile ihres Gehalts für die Altersvorsorge. Vielleicht brauchen Sie zum Lebensglück tatsächlich ein Pferd, ein Haus am See oder die Befriedigung eines anderen teuren Wunschs. Aber vielleicht vermuten Sie es nur und erzählen sich, dass Sie dies (und deshalb mehr Geld) brauchen, doch dann stellen Sie – bei tieferer Selbstreflexion – fest, dass es eigentlich gar nicht so ist.

Häufig denken wir, dass wir zum besseren Leben etwas ganz Bestimmtes – zum Beispiel ein größeres Auto, größeres Haus oder besseres Mobiltelefon – brauchen. Und wenn wir das endlich haben, sind wir kurzfristig glücklich – fallen dann aber relativ schnell wieder auf unser vorheriges Glücksniveau zurück. Das ist die hedonistische Tretmühle.

Es gibt tatsächlich Ausgaben, mit denen wir mehr Glück und Lebensfreude kaufen. Zum Beispiel wenn wir Erlebnisse anstelle von materiellen Gegenständen kaufen. Oder wenn wir Geld ausgeben für etwas, das uns später hilft, Zeit zu sparen.

Die sogenannte »hedonistische Tretmühle« ist ein gut erforschtes und verstandenes Phänomen. Häufig denken wir, dass wir für das bessere Leben einen bestimmten materiellen Gegenstand (und deshalb mehr Geld) brauchen: etwa ein größeres Auto, ein schnelleres Mobiltelefon oder eine neue Küche. In der Regel jedoch fallen wir nach dem Erwerb des vermeintlich Besseren schnell wieder auf unser vorheriges Glücksniveau zurück. Viele Menschen träumen zum Beispiel davon, sich eine eigene Immobilie zu kaufen. Eine Langzeitstudie aus Deutschland zeigt jedoch, dass die Menschen systematisch die mit dem Hauskauf assoziierte langfristige Lebenszufriedenheit überschätzen.[15]

Es gibt aber auch Ausgaben, mit denen tatsächlich mehr Glück und Lebensfreude gekauft werden. Allerdings muss das Geld für bestimmte Zwecke und auf bestimmte Art und Weise ausgegeben werden,[16] zum Beispiel für Erlebnisse anstelle von materiellen Gegenständen, für zeiteinsparende Dinge und für wohltätige Zwecke.

Es gibt diverse Bücher, Podcasts, Blogs und anderes, die darauf hinweisen, dass wir besser Erlebnisse anstelle von materiellen Dingen kaufen sollten. Die Beweislage ist tatsächlich eindeutig. Im Vergleich zu materiellen Gütern schaffen Erlebnisse Erinnerungen. Jedes Mal, wenn wir ein Konzert besuchen, ein Fußballspiel live erleben oder zum großen Spielplatz in der Stadt fahren (Erlebnisse müssen nicht teuer sein), erleben wir Sehenswürdigkeiten, Geräusche und Gerüche, die unsere Sinne stimulieren und unsere Erinnerungen prägen. Freunde und Familienmitglieder, die an dem Erlebnis teilnehmen, tragen dazu bei, die Erinnerung noch tiefer zu verankern und unser Zugehörigkeitsgefühl zu stärken – wir sind soziale Wesen. Ein materielles Objekt hat selten einen solch hohen Einfluss.

Elizabeth Dunn und Michael Norton empfehlen, bei jeder Kaufentscheidung darüber nachzudenken, was dieses Produkt mit Ihrer Zeit machen wird. Ein Swimmingpool im Vorgarten klingt vielleicht erst mal großartig. Aber überlegen Sie, wie viel Zeit Sie damit verbringen, im Swimmingpool zu sitzen und zu baden. Und wie viel Zeit Sie damit verbringen werden, das Ding sauber zu halten. Mit Geld können Sie sich mehr Zeit kaufen und so den Aktivitäten nachgehen, die Ihnen wichtig sind. Sie könnten beispielsweise für Hausarbeiten Reinigungshilfen einstellen oder Saugroboter anschaffen, damit Sie nicht selbst saugen und wischen müssen. Sicherlich kostet dies recht viel Geld – aber hinsichtlich der von Ihnen erkauften Zeit könnte es eine sinnvolle Investition sein. Ebenso: Immer mehr Supermärkte wie Edeka, Rewe oder Netto ermöglichen es Ihnen, Lebensmittel online zu kaufen. Für die Lieferung von Waren unter einem bestimmten Betrag müssen Sie zwar zahlen, aber bedenken Sie die vielen Stunden, die Sie sparen, wenn Sie nicht mehr selbst einkaufen gehen müssen.

Wir konzentrieren uns beinahe instinktiv darauf, unseren eigenen Wohlstand zu verbessern. Dabei gibt es in uns ein tiefes Bedürfnis, andere Menschen zu beschenken. Dieses Bedürfnis zu befriedigen, macht uns glücklich. Eine Studie unter amerikanischen Studenten zeigte, dass es mehr Glück schafft, einen Schal für die Mutter zu kaufen, als das Geld für sich selbst auszugeben. Dasselbe Gefühl erlebt eine ugandische Frau, die lebensrettende Malariamedikamente für einen Freund kauft. Denn das Glück anderer Menschen ist ansteckend: Wenn wir das Lächeln von jemandem sehen, dem wir gerade ein Geschenk gemacht haben, fühlen wir uns auch glücklich – es vertieft unsere Verbindung zu dieser Person. Bill Gates und Warren Buffett, zwei der reichsten Menschen der Welt, haben versprochen, den größten Teil ihres Vermögens für wohltätige Zwecke zu spenden. Und nachdem er dies öffentlich bekundet hatte, sagte Buffett, er könnte mit seiner Entscheidung nicht zufriedener sein. Überlegen Sie, ein Kind in Afrika zu unterstützen. Oder spenden Sie überflüssige und ausgemusterte (aber gut erhaltene Dinge) an Hilfsorganisationen wie Oxfam.

Ein Tipp, der in diesen Kontext passt: Brauchen Sie eine Geschenkidee für einen guten Freund oder ein Familienmitglied? Schenken Sie doch den Gutschein von Seite 41.

Dieser Gutschein ermöglicht es seinem Besitzer oder seiner Besitzerin, etwas zu erleben, wofür er oder sie gewöhnlicherweise nicht die Zeit hat (zum Beispiel ein Abendessen mit dem Partner). Und es erlaubt Ihnen, etwas zu schenken, für das Sie noch nicht einmal einen Cent ausgeben. Vielleicht amortisiert sich für Sie allein durch diesen Tipp der Kauf dieses Buchs.

»Er ist der wohl größte Fußballer, den das Vereinigte Königreich je herausbrachte«, schrieb das »11 Freunde«-Magazin im Mai 2022 über den Nordiren George Best.[17] Das Magazin beschreibt ihn als »ein Genie, das den Ball beherrschte, aber am Leben scheiterte«.

George Best ist zehn Jahre jünger als Uwe Seeler – ungefähr dieselbe Generation. Und ungefähr ähnlich erfolgreich und beliebt. Aber nur einer von beiden dient als wahres Vorbild – der andere eher als Mahnung.

GESCHENK-GUTSCHEIN

Dieser Gutschein berechtigt seinen Inhaber zur Inanspruchnahme von:

____

(Tragen Sie etwas ein wie: Babysitten, Wohnung sauber machen, Umzugshilfe, Möbelmontage, Elektroarbeiten etc.)

____

Unterschrift

TEILNAHMEBEDINGUNGEN

Gültigkeitsdauer: Gutscheine sind für den Zeitraum dieser Freundschaft gültig.

Mindestwert: Bitte beachten Sie,

dass Sie __________________________________

(z. B. »für die richtige Nutzung dieses Gutscheins mindestens drei Stunden Babysitting in Anspruch nehmen müssen«).

Garantie: Der Inhaber dieses Gutscheins wird eine tolle Zeit haben, wenn dieser Gutschein in Anspruch genommen wird.

Das wahrscheinlich bekannteste Zitat von George Best stammt aus einer Antwort auf die Frage, warum er trotz seines als Manchester-United-Spieler gewonnenen Reichtums die Privatinsolvenz anmelden musste: »Ich habe viel von meinem Geld für Alkohol, Frauen und schnelle Autos ausgegeben«, erklärte er. »Den Rest habe ich sinnlos verprasst.«

Die Karriere von Best war ruhmreich, aber auch kurz und unterhaltsam aus den falschen Gründen. Seine sechs sehr erfolgreichen Jahre bei Manchester United waren letztlich nur der Vorbote von Alkoholismus und anderen Irrtümern. George Best starb 2005 an Multiorganversagen im Alter von nur 59 Jahren. Wir können vielleicht instinktiv erkennen, warum ihm jenes Schicksal widerfahren ist, und ihn wegen der Schattenseiten des schnellen Erfolgs bemitleiden. Gleichzeitig verstehen wir ebenso instinktiv die Vorzüge der von Uwe Seeler gezeigten Tugenden der Loyalität und Bescheidenheit.

Es ist nicht einfach, den Punkt festzustellen, ab dem das Einkommen »gut genug« ist. Aber die hier zitierten Studien legen nahe, dass der Punkt weitaus niedriger sein könnte, als Sie dachten – vielleicht reicht die von mir genannte Faustregel.

Im Alltag lohnt sich die Frage: Wofür brauchen Sie eigentlich mehr Geld, wenn Ihre Instinkte sagen, Sie möchten mehr davon? Geld erleichtert uns vieles. Und Geld – richtig ausgegeben – kann uns tatsächlich mehr Glück kaufen. Aber häufig können wir, so wie Uwe Seeler in seinen Überlegungen hinsichtlich eines Transfers nach Mailand, bestimmt feststellen, dass wir es doch hier und jetzt eigentlich »gut genug« haben.

2. MINDSET-BAUSTEIN »VERGLEICHE«

Im Oktober 2022, mitten in der Herbstferienzeit, wurde ungefähr die Hälfte der Eurowings-Flüge gestrichen: Die Piloten streikten. Ihre Pilotengewerkschaft Vereinigung Cockpit wollte ihnen helfen, maximale Flugzeiten zu reduzieren und Ruhezeiten hochzufahren. Aber all dem zugrunde lag höchstwahrscheinlich das Unbehagen darüber, dass der Lufthansa-Konzern das Geschäft der Kernmarke auf die Billigfluglinie Eurowings verlagern wollte.

Mit 59.000 Euro pro Jahr liegt das Einstiegsgehalt eines Eurowings Piloten ungefähr 10.000 Euro unter dem eines Lufthansa-Piloten. Und ein Kapitän bei Eurowings verdient »nur« bis zu 167.000 Euro – stolze 100.000 Euro weniger als bei Lufthansa.[18]

»Trotz zweier anstehender Gehaltserhöhungen in den nächsten vier Monaten von deutlich mehr als 10 % fordert die Vereinigung Cockpit 14 zusätzliche freie Tage im Jahr sowie eine Absenkung der maximalen Wochenarbeitszeit um fünf Stunden«, beschwerte sich Eurowings-Finanz- und Personalchef Kai Duve.

Aber Herr Duve übersah eine sehr menschliche Haltung: Wie viel wir verdienen oder besitzen, ist häufig weniger wichtig, als wie viel wir *im Vergleich zu anderen* verdienen oder besitzen. Die Piloten der Eurowings vergleichen sich nicht mit Taxi- oder Busfahrern. Sie vergleichen sich ebenso wenig mit irgendwelchen anderen Piloten – zum Beispiel mit Piloten von Ryanair, Aeroflot oder Congo Airways. Sie vergleichen sich einzig und allein mit der Situation der Piloten im Mutterkonzern Lufthansa.

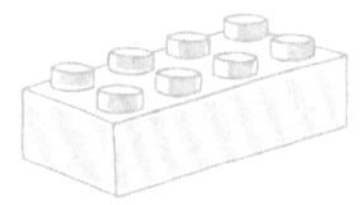

Die Forderungen der Vereinigung Cockpit waren vielleicht tatsächlich »maßlos«. Aber sie sind vor allem menschlich.

Wie würden Sie sich fühlen, wenn Sie eine Gehaltserhöhung von 300 Euro pro Monat bekämen? Wahrscheinlich würden Sie sich erst mal freuen. Aber wie lange würde diese Freude anhalten, wenn Sie erführen, dass Ihre Kollegin, die in derselben Position für dieselbe Zeit und mit ähnlichem Erfolg arbeitet, eine Gehaltserhöhung von 500 Euro bekommt?

Der Sozialpsychologe Leon Festinger hielt in seiner Theorie des sozialen Vergleichs[19] fest, dass Menschen nach einer objektiven Art suchen, die eigenen Fähigkeiten und Meinungen einzuschätzen oder zu bewerten. Diese Einschätzung kann allerdings nicht unabhängig von anderen unternommen werden. Für die richtige Einschätzung *brauchen* wir den Vergleich zu anderen.

Für all die folgenden Fragen brauchen wir zum Beispiel den Vergleich: Habe ich eine gute Ausbildung? Bin ich ein guter Kollege? Sorge ich gut für meine Familie? Bin ich ein guter Partner? Habe ich gute Beziehungen zu Freunden? Bin ich gut verankert in meiner Nachbarschaft? Bin ich gesund? Ernähre ich mich gut? Und so weiter …

Die neuere Forschung zu sozialen Vergleichen stellte fest, dass das, was für Individuen gilt, ebenso auf soziale Gruppen zutrifft. Der amerikanisch-indische Anthropologe Arjun Appadurai dokumentierte,[20] dass das, was wir in einer Gruppe als gut oder schlecht erachten, was wir für möglich, unmöglich oder erstrebenswert halten, oder wie wir unsere Identität, Bräuche oder Traditionen erklären, nie das Ergebnis von intrinsischen Überlegungen ist. Es ist das Ergebnis von Beobachtungen des Verhaltens anderer.

Noch vor 50 Jahren war es nicht üblich, mehr als ein Fernsehgerät zu Hause zu haben; es war nicht üblich, Ferien in einem anderen Land zu machen; es war ebenso nicht üblich, täglich warm zu duschen oder ein ganzes Haus im Winter warm zu halten. Heute allerdings beobachten wir im Verhalten anderer, dass all diese Dinge üblich sind und als erstrebenswert gelten. Natürlich wollen wir es dann auch haben.

Wenn die Evolution bestimmte Fähigkeiten, Handlungs- oder Denkweisen nicht abgeschafft hat, dann ist es vielleicht ratsam, davon auszugehen, dass es einen positiven Grund für diese gibt. Und tatsächlich ist die Tendenz, zu vergleichen und unsere eigene Situation verbessern zu wollen, nicht per se schlecht. In der Entwicklung des Menschen hatten die Ergebnisse von sozialen Vergleichen viele produktive Effekte: So haben wir über Vergleiche festgestellt, dass man auf der anderen Seite der Bergkette ebenso Land bebauen kann. Wir konnten im Auge behalten, ob in der eventuell feindlichen Gemeinschaft nebenan mehr Kinder geboren wurden. Oder was wir lernen können von deren Art zu bauen, zu jagen oder sich zu verteidigen.

Ohne das Verhalten von Menschen zu vergleichen, gäbe es auch keine sozialen Normen (weil normabweichendes Verhalten gar nicht erst festgestellt werden würde). Dies wiederum würde gemeinschaftliches Denken und Handeln unmöglich machen oder zumindest stark erschweren.

Heutzutage kommen viele progressive Tendenzen durch Vergleiche zustande. Dies belegen einige Studien aus den sich entwickelnden Ländern.

Die Entwicklungsökonomin Lori Beaman und ihre Co-Autorinnen zeigten in ihrer Studie[21], dass weibliche Führungskräfte die Karriereziele und den Bildungsstand jugendlicher Mädchen beeinflussen. Anhand von Tausenden Umfragen unter Jugendlichen und ihren Eltern in beinahe 500 Dörfern in Indien stellten die Forscherinnen fest, dass die Führungsambitionen um 32 % bei den Mädchen zunehmen, wenn deren Dörfern eine Leiterin für Wahlkreise zugewiesen wurde. In diesen Gegenden wurde die Schere zwischen Mann und Frau im Hinblick auf das Bildungsniveau von Jugendlichen fast vollkommen beseitigt und Mädchen verbrachten weniger Zeit mit Hausarbeiten.

Die Entwicklungsökonomin Eliana La Ferrara und ihr Kollege Alberto Chang[22] untersuchten in einer Studie den potenziell positiven Einfluss einer populären brasilianischen Telenovela auf die Geschlechtergleichheit im Land. Rede Globo ist das größte brasilianische und lateinamerikanische TV-Netzwerk. Seine Soap-Operas (oder Novelas, wie sie in Brasilien genannt werden) genießen seit Jahrzehnten Rekordeinschaltquoten. Die Geschichten und Szenen der Novelas kritisieren implizit traditionelle Werte und verbreiten moderne Ideen wie Emanzipation und Geschlechtergleichheit sowohl im Arbeits- als auch im Privatleben. Trennung und Scheidung sind – wie wohl in allen Soap-Operas – an der Tagesordnung. Die Forscher untersuchten Bevölkerungsstatistiken von über drei Jahrzehnten und stellten fest, dass in den Gegenden, in denen die Novelas von Rede Globo ausgestrahlt wurden, signifikant höhere Trennungs- und Scheidungsraten auftraten. In einer ähnlichen Studie stellte La Ferrara[23] fest, dass die Darstellung der kleineren Familieneinheiten, wie sie in den Novelas porträtiert wurden, einen Einfluss auf die Geburtenrate des Landes gehabt hat – insbesondere bei Frauen aus sozial schwächeren Niveaus.

Ein sehr ähnlicher Effekt wurde im ländlichen Indien nach der Einführung von Kabelfernsehen festgestellt. Die Entwicklungsökonomen Robert Jensen und Emily Oyster[24] stellten in ihrer Untersuchung von riesigen Datensätzen fest, dass die Einführung des Kabelfernsehens mit einer Verbesserung der Stellung der Frau verbunden war. Immer mehr Frauen berichteten von einem selbstbestimmten Leben, die Akzeptanz von Gewalt gegen Frauen nahm ab, ebenso die Bevorzugung von Söhnen gegenüber Töchtern. Die Forscher konnten auch einen Anstieg der Einschulungsrate von Mädchen und eine Abnahme der Geburtenrate feststellen. Die Auswirkungen des Kabelfernsehens waren so groß, dass die geschlechtsspezifischen Einstellungen in ländlichen Gebieten viel näher an die von städtischen Gebieten heranrückten. Mit anderen Worten: Durch Vergleiche mit im Fernsehen gesehenen Szenen verringerten sich die Vorurteile gegenüber Frauen.

Es ist ein populärer Rat: Hör auf, dich immer mit anderen zu vergleichen. Der Rat ist gut gemeint. In der Tat können soziale Vergleiche negative Effekte haben. Aber zu vergleichen ist menschlich. Wir können es nicht nicht tun. Und die Praxis des Vergleichens hat viele positive und produktive Seiten. Wir können es nutzen!

Kurzum, wir können nicht einfach dazu raten, *nicht* mehr zu vergleichen. Zu vergleichen ist menschlich. Und zu vergleichen hat viele positive und produktive Seiten.

Das Problem jedoch ist, dass zu viele Vergleiche oder bestimmte soziale Vergleiche dazu führen, dass wir uns schlecht fühlen wegen unserer eigenen Situation. Das trifft vor allem bei aufwärts gerichteten Vergleichen zu.

Der Schweizer Ökonom Rainer Winkelmann untersuchte für eine Studie Daten zu Haushaltseinkommen (also objektives Einkommen), Einkommenszufriedenheit (also subjektive Zufriedenheit mit dem Einkommen) und Lebenszufriedenheit.[25] Mit diesen Daten könnte er Kahneman und Deaton mit ihrer im ersten Kapitel besprochenen Studie zum Teil widerlegen oder bestätigen. Winkelmann ging jedoch in eine andere Richtung und berücksichtigte darüber hinaus Daten von KFZ-Zulassungsstellen. In seiner Analyse stellte er drei Dinge fest:

Erstens stellte er fest, dass die Einkommenszufriedenheit mit höherem Haushaltseinkommen steigt. Das ist nicht überraschend: Selbst dann, wenn wir den emotional unerträglichsten Job hätten, wären wir mit dem Einkommen zufrieden, wenn es denn ein gut bezahlter Job ist.

Winkelmann stellte zweitens fest, dass die *Lebenszufriedenheit* (nicht das Wohlbefinden) mit dem Haushaltseinkommen ebenso steigt, dass die Korrelation allerdings nicht so stark ausgeprägt ist wie bei Einkommenszufriedenheit. Dies ist ebenso wenig überraschend und bestätigt wohl teilweise die Ergebnisse von Kahneman und Deaton. Denn zur Einschätzung von Lebenszufriedenheit berücksichtigen einige sicherlich ihr Einkommen (insbesondere dann, wenn sie in derselben Umfrage nach ihrem Einkommen befragt wurden), sie berücksichtigen aber auch andere Dinge.

Für die dritte Erkenntnis kommen die Daten von KFZ-Zulassungsstellen ins Spiel: Winkelmann stellte fest, dass die Einkommenszufriedenheit und Lebenszufriedenheit (wenngleich letztere zu einem geringeren Grad) in den Kantonen und Gemeinden *geringer* waren, in denen es eine höhere Registrierungsquote von Porsches und Ferraris gab. Kurzum: Wenn Statussymbole wie Luxusautos häufiger vor Ort vorkamen, hatte dies einen erheblichen Einfluss auf Einkommens- und Lebenszufriedenheit. Oder mit anderen Worten: Wir beurteilen unsere Einkommens- und Lebenszufriedenheit nicht anhand unserer objektiven Situation. Wir beurteilen sie anhand *des Vergleichs zu anderen*. Und zu wohlhabende Leute um uns herum machen uns unglücklich.

Ein ähnlicher Effekt wurde in einer anderen Studie aus Nordamerika festgestellt.[26] Die Forscher korrelierten Daten zu Privatinsolvenzen mit den Daten von Lottogewinnern. Sie errechneten, dass in den zwei Jahren nach dem Lottogewinn die Nachbarn des Gewinners mit höherer Wahrscheinlichkeit eine Privatinsolvenz beantragen. Und je höher der Lottogewinn, desto höher die Wahrscheinlichkeit, dass Nachbarn, die in der Nähe des Lottogewinners wohnen, in die Privatinsolvenz gehen müssen. Als Grund hierfür stellen die Autoren fest, dass höhere Gewinne mit einer höheren Möglichkeit einhergehen, sichtbare Statussymbole zu erwerben (ein renoviertes Haus, ein zweites oder besseres Auto oder Motorrad). Die Nachbarn des Lottogewinners werden so dazu verführt, ebenso Geld für diese oder ähnliche Dinge auszugeben. Geld, das sie allerdings nicht haben.

Es sind übrigens nicht nur Menschen mit mittleren oder unteren Einkommen, die sich mit besser situierten Menschen vergleichen. Meine eigenen Forschungen (sowie die von Sarah Newcomb[27] beim Finanzinformations- und Analyseunternehmen Morningstar) belegen, dass selbst Spitzenverdiener immer noch wahrscheinlicher nach oben als nach unten schielen, um ihre Situation zu evaluieren. Die eingangs erwähnten streikenden Eurowings-Piloten sind ein gutes Beispiel hierfür.

In der klassischen Ökonomie gilt die Nutzentheorie (oder Erwartungsnutzentheorie). Diese vermutet, dass die Grundlage für den Wert oder Preis eines Gutes dessen Nutzen ist. Kahneman und Tversky entwarfen als Gegenmodell zur herkömmlichen Nutzentheorie die Prospekt-Theorie (oder Neue Erwartungstheorie).

Hier ist ein Beispiel für den Unterschied von Nutzentheorie und Prospekt-Theorie[28]:

ÜBUNG

Situation A: Stellen Sie sich vor, Ihnen werden 1000 Euro gegeben. Ihnen werden jetzt zusätzlich diese Optionen angeboten: eine 50%ige Chance, weitere 1000 Euro zu gewinnen, ODER eine Garantie auf weitere 500 Euro.

Situation B: Stellen Sie sich vor, Ihnen werden 2000 Euro gegeben. Ihnen werden jetzt zusätzlich diese Optionen angeboten: eine 50%ige Chance, 1000 Euro zu *verlieren* ODER eine Garantie auf den Verlust von 500 Euro.

Welche Option würden Sie in Situation A bevorzugen? Und welche Option in Situation B?

Wenn Sie wie die meisten Menschen sind, dann bevorzugen Sie die zweite Option in Situation A. Und die erste Option in Situation B.

Sie brauchen die Situationen A und B allerdings nicht lange miteinander zu vergleichen, um festzustellen, dass Ihnen hinsichtlich des *Nutzens* dasselbe angeboten wird. In beiden Fällen können Sie entweder garantiert 1500 Euro bekommen. Oder Sie haben eine 50%ige Chance auf entweder 1000 Euro oder 2000 Euro. Mit anderen Worten, Ihre Präferenz sollte laut herkömmlicher Nutzentheorie in beiden Fällen dieselbe sein.

Wenn Sie aber wie die meisten Menschen sind, dann bevorzugen Sie in Situation A *die Garantie* auf weitere 500 Euro (das heißt, Sie wollen kein Risiko eingehen). Und in Situation B bevorzugen Sie das Glücksspiel (das heißt, Sie gehen ein Risiko ein).

Warum ist das so? Laut Kahneman und Tversky ignoriert die herkömmliche Nutzentheorie den sogenannten *Referenzpunkt*: Der Referenzpunkt ist der Zustand, mit dem eine Option hinsichtlich ihres Nutzens oder Verlusts verglichen wird. Im ersten Fall ist der Referenzpunkt 1000 Euro. In dem Fall wertschätzen wir die Option, 500 Euro dazuzubekommen. Im zweiten Fall ist der Referenzpunkt 2000 Euro. Hier missbilligen wir die Option, 500 Euro zu verlieren, und gehen lieber ein Glücksspiel ein, um den Verlust zu verhindern.

Kahneman und Tversky nennen dieses Phänomen Verlustaversion (*loss aversion* auf Englisch). Die Erkenntnis aus diesen und anderen Studien lautet, dass wir Verluste stärker fühlen als einen gleich hohen Gewinn. Einfach ausgedrückt: Sollten Sie einmal 50 Euro verlieren (zum Beispiel, weil Sie ein unnötiges Produkt gekauft haben), dann müssen Sie mehr als 50 Euro gewinnen (zum Beispiel durch eine unerwartete Dividendenzahlung), um sich wieder gut zu fühlen.

Viele Verhaltensforscher haben dieses Phänomen auch im Zusammenhang mit Wohlstand und Wohlbefinden untersucht. Hier sind zwei Beispiele:

ÜBUNG

Wären Sie in den folgenden Fällen lieber in Situation A oder Situation B?
Situation A: Sie verdienen 50.000 Euro im Jahr und jeder um sie herum verdient 40.000 Euro.
Situation B: Sie verdienen 100.000 Euro im Jahr und jeder um sie herum verdient 150.000 Euro.

Oder im zweiten Fall:
Situation A: Sie stehen in einer Schlange vor dem Kino. Eine Mitarbeiterin des Kinos kommt auf Sie zu und gibt Ihnen einen 100-Euro-Gutschein dafür, dass Sie der einmillionste Kunde des Kinos sind.
Situation B: Sie stehen in einer Schlange vor dem Kino. Eine Mitarbeiterin des Kinos gibt der Person direkt vor Ihnen sagenhafte 1 Million Euro dafür, dass sie der einmillionste Zuschauer des Kinos ist. Sie selbst bekommen als Trostpreis 200 Euro.

Für den »herkömmlichen Ökonomen«, der allein auf den Nutzwert achtet, ist die Antwort einfach. Situation B ist in beiden Fällen das bessere Szenario. Im ersten Fall verdienen Sie in Situation B doppelt so viel wie in Situation A. Und im zweiten Fall bekommen Sie in Situation B einen doppelt so hohen Preis wie in Situation A.

Solche Studien von Verhaltensökonomen allerdings belegen, dass die meisten Menschen Situation A bevorzugen. Der vermeintlich höhere Nutzwert wird *im Kontext von Situation B* als weniger wertvoll erachtet. Dies liegt daran, dass in Situation A der Referenzpunkt ein Gehalt von 40.000 Euro oder kein Gewinn ist – und unsere Position mit 50.000 und einem kleinen Gewinn verglichen mit dem Referenzpunkt somit *besser* ist. In Situation B hingegen ist der Referenzpunkt 150.000 Euro und 1 Million Euro – und unsere Position mit einem Gehalt von 100.000 Euro und einem Gewinn von 200 Euro ist verglichen mit dem Referenzpunkt *schlechter*. Anders ausgedrückt: In der Entwicklung von A nach B verlieren wir unsere *relativ* bessere Situation. Und Verluste versuchen wir, wie gesagt, zu vermeiden.

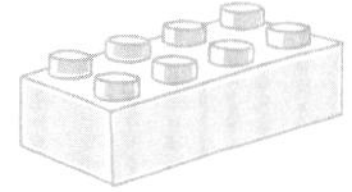

Bislang konnten Sie Folgendes lernen: Erstens, es ist normal, zu vergleichen. Wir können uns nicht einfach vornehmen, es nicht zu tun. Zweitens, soziale Vergleiche haben positive oder produktive Seiten – wie gesehen am Beispiel der zunehmenden Geschlechtergleichheit in Indien und Brasilien. Sie haben aber auch negative oder unproduktive Seiten – wie gesehen an Privatinsolvenzen von Nachbarn von Lottogewinnern. Es ist ein wenig wie Yin und Yang. Drittens lernen wir von der Prospekt-Theorie, dass die für Vergleiche herangezogenen Referenzpunkte nicht statisch sind – sie ändern sich permanent. Und schließlich, viertens, dass wir uns schlecht fühlen, wenn wir Verluste zu Referenzpunkten erleben.

Die Emotionen bei Verlust im Allgemeinen können vielfältig sein: Angst, Trauer, Resignation, Aggression und vieles mehr. Emotionen bei Verlust im materiellen Bereich (verloren geglaubtes Einkommen, verloren geglaubte Statussymbole oder verloren geglaubte Gewinne) sind vor allem Neid, Eifersucht oder Bedauern.

Wie können wir mit all dem besser umgehen?

Im Folgenden biete ich Strategien an. Wie in der Einleitung festgehalten, können wir unsere Emotionen nicht unterdrücken. Aber wir können kontrollieren, *worauf wir unsere Aufmerksamkeit richten*. Und wir können unsere Emotionen anerkennen oder normalisieren.

Beginnen wir mit der Normalisierung der negativen Emotionen von Vergleichen. Vergleiche, wie Brené Brown[29] festhält, sind der widersprüchliche, aber unvermeidbare Wille, gleichzeitig ähnlich und besser zu sein als andere. Entsprechend ist es ein einfacher Instinkt, diejenigen, denen es besser geht als uns, zu beneiden (die mehr verdienen, die mehr Stunden pro Woche im Fitnessstudio schaffen, die mehr Freizeit haben, deren Kinder weniger nörgelnd erscheinen etc.).

Anstelle sich den mit dem Instinkt einhergehenden Emotionen wie Abneigung oder Missgunst hinzugeben, fangen Sie diese Emotionen ein und sagen zu sich: »Aha – da sind sie wieder: Neid und Eifersucht, nur weil Person X wieder Y macht/hat.« Normalisieren Sie sodann die Emotion, indem Sie sich sagen: »Das ist okay. Es ist normal, neidisch zu sein.« Zuletzt lenken Sie den Gedanken weiter: »Ich wünsche Person X alles Gute.«

Zum Beispiel könnten die Eurowings-Piloten so reagieren, wenn sie zu einem Piloten der Lufthansa ins Cockpit schauen: »Aha – da ist wieder ein Lufthansa-Pilot, den ich um sein besseres Gehalt und seine besseren Arbeitsbedingungen beneide. Es ist normal, dass ich ebenso gern dieses Gehalt hätte. Aber ich wünsche Ihnen einen guten Flug, Herr Kollege / Frau Kollegin!« So erkennen Sie den Instinkt an und normalisieren die Emotion (und wir finden es einfacher, eine Emotion zu akzeptieren, wenn wir berücksichtigen, dass alle Menschen genauso reagieren würden). Sie bleiben zuletzt aber nicht an der negativen Emotion haften, sondern transferieren sie in ein positives Gefühl.

Ein weiterer Ansatz beim Umgang mit Neid beschäftigt sich genauer mit den von uns herangezogenen Referenzpunkten. Hier erforschen wir uns selbst, indem wir fragen: Was genau beneide ich? Gehen mit der Eigenschaft, die ich beneide, andere Eigenschaften einher, die ich nicht beneide? Ist es unter meinen Umständen sinnvoll, diese Eigenschaften zu beneiden? Oder ist meine Situation vielleicht »gut genug«? Hierfür lernen wir idealerweise hilfreiche Dinge über uns selbst. Sie können dies in tabellarischer Form machen – so wie im folgenden Beispiel:

Wen beneide ich?	**Was ist der Referenzpunkt?**	**Gibt es Dinge, die ich an ihrer Situation nicht beneide?**	**Wenn ich Schattenseiten und Referenzpunkte abwäge, ist meine Situation vielleicht »gut genug«?**
die Lufthansa-Piloten	ein viel höheres Gehalt für dieselbe Arbeit	Lufthansa-Piloten leben eher in Frankfurt oder München – meine Familie aber lebt in Düsseldorf. Lufthansa-Piloten machen eher Langstreckenflüge und übernachten weniger zu Hause.	Ja, ich kann zufrieden sein. Ich verdiene zwar weniger, aber immer noch »gut genug«. Und ich kann abends immer bei meiner Familie sein.
Meine Nachbarin Ellen	Sie hat viel mehr Freizeit, weil sie sich als Selbstständige die Arbeit einteilen und Aufträge ablehnen kann, wenn sie mehr Zeit mit den Kindern verbringen möchte.	Sie lebt relativ prekär. Mit diesem Lebensstil wird ihre Zukunft unsicher.	Ja, ich habe eigentlich genug Zeit mit der Familie. Vielleicht muss ich mir die Zeit aber besser einteilen. Der Gewinn an mehr Freizeit ist mir die prekäre Situation nicht wert.
Mein Cousin Armin	Als Wissenschaftler arbeitet er an Themen, die ihn sehr interessieren. Er kann sich aussuchen, mit welchen Themen er sich beschäftigt.	Er scheint sich viel mit Administration und Gremien herumzuschlagen. Außerdem muss er ständig neue Förderungen beantragen.	Ich sollte überlegen, meine Fähigkeiten in einem anderen Sektor einzubringen. Mich interessieren die Ziele meines Arbeitgebers nicht mehr.

Neid ist nicht per se negativ. Wir sollten (und können auch gar nicht) weder Instinkt noch Emotion unterdrücken. Wir sollten damit arbeiten. Unsere Umwelt regt uns immer dazu an, mehr zu wollen – häufig Dinge, die wir eigentlich gar nicht brauchen. Entsprechend brauchen wir Gelegenheiten zur Pause und Reflexion. Und Momente, in denen wir Neid empfinden, bieten solche Gelegenheiten.

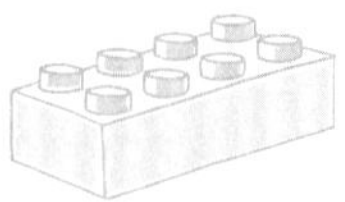

Zu guter Letzt bieten sich *Vorbilder* für einen besseren Umgang mit Vergleichen an. Wir haben ein Beispiel für Vorbilder im ersten Kapitel gesehen: Uwe Seeler war ein gutes Vorbild für den Umgang mit Geld. George Best war ein schlechtes Vorbild.

Die anfangs in diesem Kapitel genannten Forschungen aus der Entwicklungsökonomie zeigten, dass Vergleiche mit Vorbildern bessere Denk- und Verhaltensweisen fördern: Zum Beispiel konnten wir sehen, dass weibliche Jugendliche eher Bildungs- und Karriereambitionen entwickeln, wenn sie Frauen in Führungspositionen sehen. In Kapitel 6, wenn wir darüber nachdenken, wie wir zukunftsorientiertes Verhalten lernen können, zeige ich mit einer Studie aus dem ländlichen Äthiopien, dass die Bereitschaft von Bauern, ihre Kinder zur Schule zu schicken und Guthaben aufzubauen, dann anstieg, wenn sie von anderen Bauern hörten, die genau dies machten. (Und die Referenz solcher Vorbilder war wirkungsvoller als Bildungsprogramme von NGOs.)

Wie gesagt: Wir können nicht den Instinkt verhindern, dass wir vergleichen. Aber wir können uns strategisch aussuchen, *mit wem* wir uns vergleichen wollen. Vorbilder sind idealerweise aus unserer Nachbarschaft, in unserem Alter oder haben einen ähnlichen Lebensstil wie wir. Oder wir suchen uns populäre Beispiele für eine bestimmte Eigenschaft aus: Es ist zum Beispiel höchstwahrscheinlich demotivierend, sich mit Uwe Seelers sportlichen Erfolgen vergleichen zu wollen. Aber es ist sinnvoll, seine Tugenden und seine Einstellung zu Geld als nachahmenswert auszuwählen.

Hier ist ein persönliches Beispiel: Um die Ecke von uns wohnen Richard und Ellie. Sie sind ungefähr im selben Alter wie meine Frau und ich. Ihre Kinder gehen auf dieselbe Schule wie unsere. Richard ist selbstständiger Fotograf und fotografiert hauptsächlich zum Verkauf stehende Immobilien. Ellie ist selbstständige Beraterin für Wohltätigkeitsorganisationen. Beide haben lange Zeit in festen Anstellungsverhältnissen gearbeitet – er im Einzelhandel und sie im öffentlichen Sektor. Beiden gefiel ihre Arbeit jedoch irgendwann nicht mehr und so wagten sie sich in die Selbstständigkeit mit Themen, die ihnen Spaß machen. Sie leben sehr bescheiden. Der Junge teilt sich mit seiner älteren Schwester ein Zimmer. Im Wohnzimmer findet alles Gemeinschaftliche statt: Es ist Spielzimmer, Esszimmer, Fernsehzimmer, Musikzimmer und vieles mehr. Auch sonst leben sie sehr bescheiden: Die Literatur zur Unterhaltung der Kinder kommt aus der öffentlichen Bücherei und Urlaube werden nur im Umland von Edinburgh gemacht – häufig in einem Wohnmobil. Die Familie scheint immer munter und wohlauf.

Neulich sprachen wir am Schuleingang über die wirtschaftliche Lage der Nation und wie sie sich auf sie auswirken könnte. Richard erzählte, dass die Auftragslage bestimmt schlechter werde, aber er mutmaßte, dass er sich mit anderen Jobs über Wasser halten könne (er kann zum Beispiel auch Videos produzieren und muss nicht nur Immobilien fotografieren). Ellie putze Klinken und hoffe auf neue Aufträge von ehemaligen Kunden. Die beiden seien optimistisch. Und so oder so, sagten sie, sei ihre jetzige Arbeit viel besser als das, was sie vorher gemacht haben. Da sie nicht viel brauchen und Ersparnisse haben, kommen sie gut über die Runden.

Ich denke an Richard und Ellie, wenn ich zum Beispiel vor einer Kaufentscheidung stehe oder wenn es um eine Urlaubsplanung geht. Sie motivieren mich dazu, zu hinterfragen, ob ich oder die Familie einen bestimmten Gegenstand wirklich brauchen. Und ob ich das dem zugrunde liegende Bedürfnis nicht auch kostengünstiger befriedigen könnte. Die beiden sind ein tagtägliches Beispiel für gelebte Bescheidenheit und dafür, warum es sich lohnt, seine Bedürfnisse gut zu kennen.

Stellen Sie auch manchmal fest, dass Sie nur so lange mit ihrer finanziellen Situation zufrieden sind, bis Sie sich mit der finanziellen Situation von anderen vergleichen? Sie sind nicht allein. Diese Gedanken sind normal.

Soziale Medien verstärken den negativen Effekt von Vergleichen um ein Vielfaches. Tatsächlich berichten regelmäßige und vielfache Nutzer von sozialen Medien häufiger von schlechter psychischer Gesundheit wie Angst- und Depressionssymptomen. Man muss nicht lange nachdenken, um festzustellen, warum das so ist. Soziale Medien ermöglichen es Ihnen, die sorgfältig ausgewählten Teile des Lebens aller anderen zu sehen – all die tollen Momente auf Partys und in Urlauben sowie die lustigen Momente mit Kindern, Katzen und Hunden. Und diese Erlebnisse der anderen regen Sie dann dazu an, sie mit den negativen aus Ihrem eigenen Leben zu vergleichen (die nur Sie sehen). Sich mit anderen Menschen zu vergleichen, kann ein sicherer Weg zu Angst und Unglück sein, und soziale Medien haben dieses Vergleichen viel einfacher gemacht. Aber es muss kein Weg zu Angst und Unglück sein.

Überlegen Sie, was genau Sie an der Situation der anderen eigentlich beneiden. Und gibt es Dinge in der Situation der anderen, die weniger beneidenswert sind? Suchen Sie darüber hinaus nach lokalen und gleichaltrigen Vorbildern, die Ihrer Meinung nach gutes Finanzverhalten demonstrieren (und klammern Sie die schlechten Beispiele aus, indem Sie sie zum Beispiel bei Ihren sozialen Netzwerken »verstecken« – die Funktion gibt es). Fragen Sie sich außerdem: Wie würden Ihre Vorbilder bestimmte Entscheidungen treffen?

Sie hören somit nicht auf, sich zu vergleichen. Sie machen *bessere Vergleiche.*

3. MONEY-BAUSTEIN »CLEVERER KONSUM«

Die 20-jährige Julia lebt allein mit ihren Katzen. Ihre Wohnung ist voll mit Dingen, die sie irgendwann mal auf Amazon gekauft hat. Die weihnachtliche Einrichtung erklärt Julia der Reporterin des Content-Netzwerks »Funk« wie folgt:

»Dieses Jahr habe ich auf Amazon einen weißen Christbaum entdeckt, und den musste ich einfach haben. Und später habe ich mir ganz viele schwarze Christbaumkugeln und Baumbehang dazu bestellt.« Sie wusste, dass sie das eigentlich nicht hätte kaufen sollen, aber »ich war da in so einer Art Kaufrausch und habe einfach unüberlegt alles Mögliche bestellt, das mir eben gerade in dem Moment gefallen hat«.

Sie rekonstruiert weiter, dass es »meistens bei mir so [ist], dass ich sage: ›Oh, das ist toll‹, und dann klicke ich einfach ›jetzt kaufen‹. Dann sehe ich kurz darauf vielleicht noch mal dasselbe Ding, und dann gehe ich gleich wieder auf ›jetzt kaufen‹.« Wiederum recht selbstreflektiert sagt sie daraufhin: »Ich habe dann einfach nicht die Fähigkeit, dass ich noch mal hinterfrage, ob ich das wirklich brauche.« Sie verharmlost jedes Mal die Entscheidung mit dem Mantra »Es sind ja nur 5 Euro«. Aber sie weiß auch, dass sie in der Summe nach einer Stunde wieder an die 100 Euro ausgegeben haben wird.

Heute gerät sie glücklicherweise nicht mehr ins Minus. Zu Lehrlingszeiten allerdings häufte sie des Öfteren Schulden an.

Als Julia der Reporterin ihre teilweise noch originalverpackte Sammlung an Bastelbedarf zeigt, reflektiert sie weiter: »Es ist so ein gemischtes Gefühl, weil auf der einen Seite denke ich mir: ›Gut, dass ich es habe‹, aber auf der anderen Seite weiß ich einfach, wie viel Geld ich sparen könnte, wenn ich mir das nicht alles kaufen würde.«[30]

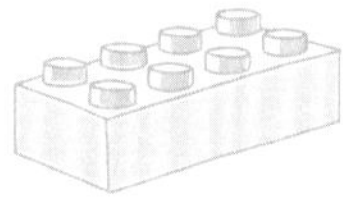

Viele meiner Leser werden dieses Verhalten von Julia nachvollziehen können. Beinahe sechs Millionen Deutsche über 18 – also etwas unter 10 % der Bevölkerung – gelten als überschuldet.[31] Und die sogenannte »unwirtschaftliche Haushaltsführung« ist einer der am schnellsten wachsenden Gründe für Überschuldung.

Die wahren Zahlen sind wahrscheinlich noch viel höher. Denn diese Daten des Statistischen Bundesamts basieren auf den Angaben von Menschen, die eine Schuldnerberatung aufgesucht haben. Hierbei handelt es sich um eine Unterstützungsform, die nicht niedrigschwellig ist. Leider sind die Schuldenberge häufig schon schwindelerregend hoch, und ein Insolvenzverfahren ist unvermeidlich, wenn eine Schuldnerberatung aufgesucht wird. Wie viele eigentlich betroffen sind, ist schwer zu ermitteln. Aber vielleicht ist ein Ergebnis aus Österreich näher an der Realität: Die Bundesarbeitskammer des Landes vermutete in einem Bericht aus dem Jahr 2017,[32] dass ein Viertel der Bevölkerung kaufsuchtgefährdet ist.

Das an Julia beschriebene Muster ist typisch: Häufig *wissen* die Menschen, dass sie die Waren, die sie in den virtuellen oder physischen Einkaufswagen legen, eigentlich gar nicht brauchen. Aber das hindert sie nicht daran, es dennoch zu tun.

Wir haben im ersten Kapitel gesehen, dass die Verhaltenswissenschaftler Kahneman und Tversky den Unterschied zwischen System 1 und System 2 ausmachten. Wir denken in der Regel nicht allzu reflektiert nach (mit System 2). Wir machen es vielmehr automatisch (mit System 1). Haben wir beim Verlassen des Hauses heute Morgen wirklich die Tür abgeschlossen? Haben wir die E-Mail mit einem freundlichen Satz beendet? Haben wir die Blumen gegossen? Diese Dinge passieren häufig so unreflektiert und schnell, dass wir relativ viel Energie aufbringen müssten, wenn wir uns dessen zu vergewissern versuchten. Es ist ein Mix aus Intuition, Gewohnheiten und Emotion, der dieses automatische Verhalten treibt. Bei Julia zum Beispiel beruht das Einkaufsverhalten vor allem auf Gewohnheit.

Das heißt noch lange nicht, dass unser Denken und Verhalten die meiste Zeit dumm oder irrational sind. Unsere Trägheit ist in den meisten Fällen ein cleverer Umgang mit einer wertvollen Ressource. Stellen Sie sich vor, Sie würden immerzu versuchen, alles zu durchdenken. Das ist unmöglich. Wir würden schnell ermüden und wären unfähig, irgendetwas zu tun. Wir würden eventuell sogar Schaden davontragen.

Hier ist ein Beispiel aus eigener Erfahrung: Ich war im Tunnel zum Bahnsteig des S-Bahnhofs Schönhauser Allee in Berlin, als ich eine Menge Menschen auf mich zu rennen sah. Als zwei oder drei an mir vorbeirannten und weitere Menschen auf mich zu rannten, drehte ich ebenso kurzerhand um und rannte mit ihnen. Oben auf der Hauptstraße angekommen, machten wir für die Nachkommenden Platz. Und als keiner mehr nachkam, geschah: nichts. Und keiner wusste, warum wir überhaupt gerannt waren (es gab ein Gerücht von einem Schuss, aber das wurde eher ungläubig zitiert, als mit Gewissheit behauptet). Fremde gratulierten sich bald darauf ironisch und in typisch Berlinerischer Schroffheit zu ihrer Dummheit, bevor alle nach und nach wieder zum Bahnsteig zurückkehrten.

Aber was wäre die Alternative gewesen? Ich hätte System 2 einschalten können, indem ich im Tunnel stehen geblieben wäre und systematisch im Gedrängel nach Indikatoren für eine gefährliche Situation gesucht hätte. Diese Alternative hätte aber potenziell hohen Schaden mit sich bringen können. Daher verließ ich mich in diesem Moment – wie wohl jeder andere in dieser ungewissen Situation – auf eine einfache Heuristik oder Faustregel: Mach das, was die anderen machen.

Die Details in einer Situation wie in diesem S-Bahn-Tunnel sind wichtig. Sie bestimmen, welche Faustregeln wir abrufen und wie wir entsprechend in solchen Situationen reagieren. Die Verhaltenswissenschaftler sprechen von *choice architecture* – wie Entscheidungsmöglichkeiten präsentiert werden, hat einen Einfluss darauf, welche Entscheidung wir treffen. Zum Beispiel wird Julias Kaufsucht immer dann angeregt, wenn sie ein in ihr Facebook-Konto eingespeistes

Cookie an ein gestern angesehenes Produkt erinnert. Und ihr Wille, etwas zu kaufen, wird dann getriggert, wenn ein Produkt als Schnäppchen oder stark herabgesetzt präsentiert wird.

»Unwirtschaftliche Haushaltsführung« wird häufig synonym verwendet mit dem Begriff »irrationaler Konsum«. Diese Bezeichnung ist unfair und irreführend oder schlichtweg falsch. Die Bezeichnung suggeriert, dass Konsum entweder rational oder irrational ist. Tatsächlich jedoch werden fast all unsere Konsumentscheidungen von Instinkten, Emotionen, kognitiven Fähigkeiten, Gewohnheiten und Umweltfaktoren beeinflusst. Für welches Produkt wir uns entscheiden, ist selten rational. Deshalb ist der Begriff »irrationaler Konsum« irreführend oder falsch. Er ist darüber hinaus ein unfairer Begriff, weil er abwertend urteilt über die Situation von Menschen wie Julia. Dabei hätte jede Person mit demselben Cocktail aus Emotionen, Instinkten, Gewohnheiten und Umweltfaktoren genauso oder zumindest ähnlich reagiert.

Verhaltenswissenschaftler argumentieren, dass wir zunächst einmal verstehen sollten, wie unser Gehirn in bestimmten Situationen funktioniert. Denn die Art und Weise, wie wir handeln und denken, ist in vielen Fällen vorhersagbar. Mit anderen Worten: Man kann unser Verhalten systematisch untersuchen, dokumentieren und die Ergebnisse für bessere Interventionen anwenden.

Wir benutzen in unserem Alltag eine Vielzahl an Faustregeln. Diese machen uns das Leben einfacher und sind meistens auch hilfreich. Aber sie haben Schattenseiten, wenn sie im falschen Kontext angewandt werden. Hier sind einige Beispiele:

Gegenwarts-Bias: Wir würdigen eher die Kosten und den Nutzen einer Entscheidung in der konkreten Gegenwart als die Konsequenzen dieser Entscheidung in der vagen Zukunft. Sport machen oder Buch lesen? Einen Apfel essen

oder lieber süßsaure Apfelringe? Mehr Geld in einem ETF-Sparplan anlegen oder in einen längeren Urlaub investieren? Meistens gewinnt unser gegenwärtiges Selbst über unser zukünftiges Selbst. Wie Homer Simpson sagte: »Das ist ein Problem für den Homer der Zukunft. Mann, den Kerl beneide ich nicht!«

Gegenwarts-Bias: Wir würdigen eher die Kosten und den Nutzen einer Entscheidung in der konkreten Gegenwart als die Konsequenzen dieser Entscheidung in der vagen Zukunft. Wir kennen alle dieses Phänomen: Wir wissen, dass wir auf zu viel Süßes oder Salziges verzichten sollten, weil dies unserem Stoffwechsel langfristig schaden wird. Wir wissen ebenso, dass regelmäßiger Sport das Risiko von Herz- und Gefäßkrankheiten vermindert. Aber wenn wir vor der Wahl stehen, unserem gegenwärtigen Selbst oder unserem zukünftigen Selbst einen Gefallen zu tun, dann sorgt unser System 1 dafür, dass unser Selbst im Hier und Jetzt gewinnt.

Status-quo-Bias: Wir machen eher das Gewohnte (den Status quo), auch wenn wir rational wissen, dass dies zu unserem Nachteil sein könnte. Der Status quo könnte zum Beispiel der Einkauf in dem immer gleichen Supermarkt sein, obwohl wir wissen, dass dieser Supermarkt etwas teurer ist als nähere Alternativen. Denn dieser etablierte Supermarkt funktioniert als Referenzpunkt. Und eine Abweichung von diesem Referenzpunkt würden wir als Verlust empfinden. Zum Beispiel wertschätzen wir vielleicht den netteren Spaziergang zu dem etablierten Supermarkt, wir wissen, wo alles steht, oder haben ein nettes Gespräch mit den Mitarbeitern, die wir kennen. All diese vermeintlich irrationalen Dinge wiegen schwer, wenn wir abwägen, vielleicht den günstigeren Supermarkt zu benutzen.

Nachträgliche Begründungstendenz: Wir finden gute, scheinbar rationale Gründe für unsere Entscheidungen, wenn wir eigentlich die falsche Entscheidung getroffen haben. Natürlich erwirbt jeder manchmal unnötige, fehlerhafte oder überteuerte Dinge. Um den damit assoziierten Kummer zu vermeiden, schreibt unser System 1 diesem Fehlkauf eine höhere Bedeutung oder Qualität zu, sodass wir von der Richtigkeit des Erwerbs überzeugt werden. Am Beispiel von Julia haben wir gesehen, dass sie es immer noch irgendwie gut und nützlich fand, die zum Teil originalverpackten Bastelwaren zu besitzen. Das Gefühl oder die Erkenntnis, ein unnützes Produkt gekauft zu haben, wird somit abgeschwächt oder sogar negiert.

Der Trugschluss der versunkenen Kosten: Wir tendieren dazu, bei dem zu bleiben, in das wir bereits Zeit, Geld oder andere Ressourcen investiert haben. Es ist zum Beispiel wahrscheinlicher, dass wir ein in den Warenkorb gelegtes Produkt kaufen, weil wir sonst zugeben müssten, dass unser Abwägen zu Kosten und Nutzen dieses Produkts verschwendete Zeit war. Oder es ist unwahrscheinlich, dass wir ein eigentlich unnötiges Produkt wieder zurückgeben, weil wir uns sagen: »Jetzt hab ich's ja schon gekauft.« Investoren kennen dieses Phänomen: Sie hören immer wieder, dass sie eine Anlage lieber verkaufen sollten, weil sie nur Verluste eintreiben wird. Aber viele bleiben doch lieber bei ihrer ursprünglichen Entscheidung, begründen dies mit von ihnen vorhergesagten besseren Aussichten, als dass sie den Kurs ändern und versunkene Kosten akzeptieren.

Mentale Buchführung: Wir teilen finanzielle Transaktionen in *mentale Konten* ein und behandeln Kosten deshalb je nach Konto unterschiedlich. Wir halten uns etwa erfolgreich davon ab, einen Kaffee beim Bäcker für 2 Euro zu kaufen, weil dieser Kauf aus dem mentalen Konto »Alltagskosten« stammt. Aber wir akzeptieren ein Upgrade auf einen Flug mit Kaffeeausschank am Sitzplatz für 15 Euro mehr, weil diese Ausgabe aus dem mentalen Konto »Urlaubskasse« kommt.

Mentale Buchführung verhindert, dass wir unsere tatsächlichen Einnahmen und Ausgaben richtig im Blick behalten. Selbst wenn wir uns unseres Budgets bewusst sind, behalten wir es oft nur gedanklich und nicht systematisch im Blick. Dies kann dazu führen, dass wir das große Ganze aus den Augen verlieren. Zum Beispiel können wir unser Budget mental in Konten für Lebensmittel, Kleidung, Miete usw. aufteilen. Wenn wir etwas kaufen – zum Beispiel ein teures Kleidungsstück – rechtfertigen wir den Aufwand nur anhand des Betrags, der auf dem jeweiligen mentalen Konto verbleibt. Dabei versäumen wir es jedoch, die Möglichkeitskosten jedes einzelnen Kaufs zu betrachten. Wir haben zwar unser mentales Budget für Kleidung nicht überschritten, aber wir haben die Möglichkeit verloren, dringend benötigte Rücklagen zu bilden. Wir übersehen das Große und Ganze, wenn wir Budgetierung nur im Kopf durchführen.

Besitztumseffekt: Wir tendieren dazu, ein Gut als wertvoller einzuschätzen, wenn wir es (tatsächlich oder vorgestellt) schon besitzen. Vielleicht haben Sie schon seit Monaten ein Sofa im Auge und warten nur darauf, dass der Preis für dieses Sofa fällt. Im Geiste steht dieses Sofa schon im Wohnzimmer. Sie wissen bereits, welche Kissen Sie dazu kaufen werden und welcher Beistelltisch ebenso passen würde. Aufgrund des Besitztumseffekt sind wir bereit, einen höheren Preis für genau dieses Sofa zu zahlen, als nach günstigeren Alternativen zu suchen oder auf das Produkt eventuell ganz und gar zu verzichten.

Beim Verkauf von aussortierten Waren – zum Beispiel auf Kleinanzeigen oder Inseratzetteln im nächsten Supermarkt – verlangen wir häufig höhere Preise, als Käufer bereit sind zu zahlen. Nur weil ein Produkt – tatsächlich oder vorgestellt – in unserem Besitz ist, ist es lange nicht so wertvoll, wie wir denken.

Viele Banken, Schuldnerberatungen und Verbraucherportale legen uns nahe, wie wir unsere unwirtschaftliche Haushaltsführung in den Griff bekommen könnten. Die von ihnen präsentierten Tipps und Tricks vermuten jedoch, dass »irrationaler Konsum« in einem Mangel an Wissen und rechnerischen Fähigkeiten begründet liegt. Sie berücksichtigen weniger die Funktionsweisen unseres Systems 1, das mit schnellen Schlüssen unsere rationalen Analysefähigkeiten überschreibt.

Ebenso wenig berücksichtigen deren Tipps – zum Beispiel zur Haushaltsführung, systematischen Kontrastierung von Einnahmen und Ausgaben und Identifikation von Einsparmöglichkeiten – die Kontexte, in denen Menschen leben und die die rational richtige

Verhaltensweise ermöglichen oder verhindern. Wie bereits erwähnt: Unsere Umwelt beeinflusst unsere Entscheidungen und unser Verhalten massiv.

Schließlich werden tiefere Emotionen und selbst erlernte sinnstiftende Narrative nicht berücksichtigt. Es gibt jüngere Forschungen, die zeigen, wie Emotionen wie Scham und Schuld[33] schlechte finanzielle Entscheidungen nur vervielfachen. Und es gibt diverse Forschungen darüber, wie internalisierte Überzeugungen oder Volksglaube (zum Beispiel: »Über Geld redet man nicht, Geld hat man.«) bessere finanzielle Entscheidungen verhindern.

Lassen Sie uns die etablierten Lösungsansätze zum Problem »unwirtschaftliche Haushaltsführung« genauer unter die Lupe nehmen.

Beinahe alle Verbraucherportale raten dazu, bei Überschuldung, Mangel an Rücklagen oder Geldsorgen unsere finanzielle Situation genau zu überprüfen. Dies ist technisch recht einfach: Wir erfassen schlicht alle monatlichen regelmäßigen Einnahmen (aus Gehältern, Rentenbescheiden, Sozialleistungen) und unregelmäßigen Einnahmen (aus Trinkgeld, Krankengeld, Rückzahlungen bei Steuern oder Betriebskostenabrechnungen). Und wir stellen diese Einnahmen den Ausgaben gegenüber. Hierbei berücksichtigen wir monatliche Ausgaben (für Miete, Ernährung, Mobilität, Internet etc.), jährliche Ausgaben (für Versicherungen, Mitgliedschaften, Abos) und unregelmäßige Ausgaben (für Kleidung, Freizeiterlebnisse oder Urlaube).

Dieser Tipp ist mit Blick auf die Fakten sicherlich richtig, aber er berücksichtigt nicht, wie unser Gehirn funktioniert. Wir wissen häufig, was wir tun sollten, aber wir vergessen es im Alltag immer wieder. Oft mangelt es an der notwendigen Aufmerksamkeitsspanne. Nach langen Arbeitstagen mit Elternpflichten – Alleinerziehende sind statistisch betrachtet viel stärker von der Schuldenfalle betroffen – fehlt es an mentaler Energie, Einnahmen und Ausgaben zu entschlüsseln und aufzuschreiben.

Oder es gibt besondere körperliche Beschwerden. Menschen mit Sehschwächen zum Beispiel werden es wohl schwerer finden, klein gedruckte Auflistungen von Einnahmen und Kosten zu lesen. Vielleicht erschweren Muskel- oder Gelenkschmerzen es, einen Stift zu halten, oder die Tastatur eines Computers wurde noch nie bedient.

Ein weiterer Tipp lautet, dass wir Einsparmöglichkeiten im Alltag identifizieren müssen. Wir sollten weniger oder günstigere Artikel kaufen, die Heizung früher herunterfahren oder später hochfahren, auf öffentliche Verkehrsmittel umsteigen und vieles mehr. Auch dies ist sicherlich faktisch richtig. Aber automatische, reflexhafte Verhaltensweisen wie zum Beispiel Status-quo-Bias oder Gegenwarts-Bias können uns daran hindern, dies auszuführen.

Gewohnheiten werden in der Regel deshalb nicht erkannt, weil sie gar nicht erst hinterfragt werden. Es ist vielleicht schon immer normal gewesen, gleich nach dem Aufstehen die Heizung anzuschalten – wir machen es automatisch, ohne es zu registrieren. Oder es ist schon immer so gewesen, dass die Kinder die teureren Cornflakes einer Markenfirma bekommen. Entsprechend wird nicht gesehen, dass es sich hierbei um ein Verhalten mit Einsparpotenzial handelt.

Vielleicht glauben wir auch nicht an die positiven Konsequenzen. Vielleicht hat jemand schon mal überlegt, wie es wäre, auf den Bus umzusteigen, um so aufs Auto verzichten zu können. Aber dann hören wir immer wieder von Bekannten, dass der Bus häufig verspätet ist oder oft viel zu voll ist, und so halten wir das teurere Auto vorschnell für die bessere Lösung.

Man nimmt an, dass nachhaltige Zahlungsschwierigkeiten ein offensichtlich so großes Problem sind, dass sie eine Priorität darstellen müssen. Aber vielleicht gibt es gerade andere Baustellen – zum Beispiel im Familienleben oder im Beruf –, sodass die verschuldete Person gerade andere größere Probleme hat, als sich um die Schulden zu kümmern.

Schließlich heißt ein weiterer faktisch richtiger Tipp, dass alle eintreffenden Rechnungen immer umgehend, mindestens jedoch fristgerecht beglichen werden sollten. Hierfür können wir nicht, wie häufig getan, eingehende Briefe einfach ungeöffnet zur Seite legen und das Problem so ignorieren oder verschieben. Wir sollten die Briefe gleich öffnen und idealerweise nach Forderungen oder Absender sortieren. Nur so können wir die ganze Geschichte von Forderungen im Überblick behalten und rekonstruieren, wie sie zusammenhängen.

Aber vielleicht hält uns unsere physische oder soziale Umwelt von solchem Verhalten ab. Vielleicht würde jemand gern anfangen, den Stapel an Briefen zu öffnen und zu sortieren, aber zu Hause fehlt der Platz, um mit der Menge an Briefen umzugehen.

Vielleicht fehlt objektiv die Zeit, wenn nach der Arbeit gleich die Kinder abgeholt werden müssen. Und nachdem sie ins Bett gebracht worden sind, muss aufgeräumt und die Tasche für morgen gepackt werden. Der Tag beginnt früh genug. Noch früher aufzustehen, würde alles noch schwerer machen.

Oder es fehlen die Vorbilder, die uns das richtige Verhalten vorleben. Vielleicht zeigen alle in der Familie oder im sozialen Umkreis einen ähnlichen Umgang mit Geld im Allgemeinen und Schulden im Besonderen, sodass wir das vermeintlich richtige Verhalten als vollkommen unnormal oder unüblich erachten.

All dies mag banal klingen. Aber es ist extrem unrealistisch, ein besseres Verhalten zu erwarten, wenn man allein dazu rät, Spontankäufe zu vermeiden, Preise zu vergleichen, Schuldenrückzahlungen aktiv anzugehen, keine neuen Kredite aufzunehmen, Zahlungsrückstände zu vermeiden, Gläubiger rechtzeitig zu informieren oder bei Zahlungsunfähigkeit eine Schuldnerberatung aufzusuchen. All diese Tipps ignorieren diverse Facetten des chaotischen Alltagslebens, unsere sozialen Kontexte, unsere weiteren Probleme und tatsächlichen Denkweisen. Wir sind keine rationalen Wesen, die ihr Verhalten nachhaltig ändern, wenn sie eine neue Information bekommen. Wir brauchen zunächst andere Tipps, die all diese subtilen Faktoren berücksichtigen und ernst nehmen.

Wenn diese Tipps beherzigt werden würden, würden wir komplett andere Finanztipps geben. Die Tipps würden berücksichtigen, wie wir denken und unsere Entscheidungen für oder gegen ein Angebot beeinflusst werden.

Wir würden eventuell die »Schuldnerberatungsstellen« umbenennen. Es gibt Forschungen, die belegen, dass wir das Wort »Schulden« vollkommen vermeiden sollten, wenn wir Menschen davon überzeugen wollen, eine Schuldnerberatung aufzusuchen.[34] Die Wörter und die Sprache, die wir verwenden, haben einen starken Einfluss darauf, wie Menschen unbewusst denken und handeln. Das Wort »Schulden« hat für viele Menschen sehr negative Assoziationen – im deutschsprachigen Raum ist dies vielleicht sogar noch stärker ausgeprägt wegen der Ähnlichkeit zwischen den Worten »Schulden« und »Schuld«.

Mit Schulden verbunden ist eine gesellschaftliche Annahme, vielleicht sogar ein Werturteil zum sozialen Abstieg einer Person. Während eine Person objektiv (mit System 2) erkennen könnte, dass sie Schulden hat, *sieht sie sich* vielleicht nicht als tatsächlich »verschuldet«, weil dies nicht zu ihrer Selbstidentität passt oder dazu, wie sie von anderen wahrgenommen werden möchte. Besser als »Schulden« sind die Worte »Geldsorgen« oder »finanzielle Probleme«.

Wie lauten diese verhaltenswissenschaftlichen Tipps? Ich werde in diesem Kapitel nur einige wenige darlegen. In Kapitel 5, in dem es um Rücklagen geht, gebe ich Ihnen allerdings mithilfe des EAST-Modells noch ein paar weitere zur Hand. Schauen wir zuerst darauf, wie unsere Umwelt unser Kaufverhalten beeinflusst und wie wir das verhindern können.

Wir müssen erkennen lernen, dass viele Angebote eigentlich keine guten Angebote sind. Viele vermeintlich gute Angebote sind allein auf System 1 zugeschnitten. Sie sorgen dafür, dass wir etwas kaufen, weil systematisch an einige herkömmliche Bias – zum Beispiel das Gegenwarts-Bias oder den Besitztumseffekt – appelliert wird.

Es ist in unserer physischen und virtuellen Umwelt extrem schwierig, die permanenten Kaufangebote zu ignorieren. In den Schaufenstern versuchen immer größere Bildschirme, mit immer schnelleren Bildern und helleren Lichtern unsere Aufmerksamkeit zu ergattern. Supermärkte platzieren beliebte Produkte meistens im hinteren Abschnitt des Ladens. Somit müssen die Kunden an vielen anderen

Artikeln vorbeilaufen, um zu ihnen zu gelangen. Rabattschilder und Schnäppchenangebote hängen hoch, sodass man sie von Weitem erkennen kann. Sie sind rot, weil diese Warnfarbe einen hohen Aufmerksamkeitsgrad garantiert.

Im Internet hat Google den Unterschied zwischen Suchergebnissen und Werbeanzeigen inzwischen so unkenntlich gemacht, dass eine Mehrheit den Unterschied gar nicht mehr erkennt.[35] Anzeigen erscheinen im Facebook-Feed zwischen den Updates von Freunden und Familienangehörigen. Sie sind in kostenlosen Apps manchmal nur schwer wegzuklicken. Bei Amazon heißt der Button nicht »kaufen«, sondern »jetzt kaufen«.

Diese fünf Techniken helfen gegen Sofortkäufe:

1. **Angebote durchschauen lernen**
2. **EC-Karte oder Kreditkarte zu Hause lassen**
3. **am Computer hinterlegte Geldkartendaten löschen**
4. **Bedenkzeit erlauben, anstatt sich mit einem harten »Nein« zu konfrontieren**
5. **sich mit »Wenn-dann-Plänen« auf Verführungen vorbereiten**

In all diesen Fällen müssen wir einen »cleveren Konsum« an den Tag legen – nicht einen »rationalen«: »Rationaler Konsum« würde suggerieren, dass wir Kaufentscheidungen auf der Grundlage von Fakten und Argumenten treffen sollten und ohne Emotionen oder Vorurteile. Aber so funktioniert unser System 1 nicht, das die meisten Entscheidungen überhaupt erst bestimmt. »Cleverer Konsum« hingegen bezieht sich auf die Fähigkeit, Kaufentscheidungen erfolgreich zu lösen oder geschickt zu handhaben.

Folgendes sind Merkmale von cleverem Konsum:
Wir erkennen die zweideutigen Intentionen von Kaufangeboten. Hierfür achten wir darauf, was Angebote im virtuellen und physischen Raum mit uns machen. Insbesondere müssen wir uns stets fragen, ob uns eine Produktplatzierung, ein Angebot, eine vom

Verkäufer freundlich klingende Frage, etwas, das rechts oben blinkt, dazu verleiten könnte, etwas zu kaufen, das wir eigentlich nicht brauchen oder haben wollen. Fangen Sie den Gedanken ein, wenn er erscheint, und sagen Sie sich: »Ich weiß, dass dieses Angebot hier platziert wurde. Das ist okay. Aber diesmal falle ich nicht darauf herein.«

Bei cleverem Konsum sind wir besser auf die Tücken des Konsumkapitalismus vorbereitet, indem wir die automatischen Reaktionen auf Kaufangebote präventiv verhindern. Dies tun wir zum Beispiel, indem wir die EC-Karte oder Kreditkarte zu Hause lassen, wenn wir ausgehen. Wir können ebenso nur einen bestimmten Betrag in bar mitnehmen, um zu verhindern, dass wir mehr ausgeben. (Die Tatsache, dass immer mehr Geschäfte auf Kartenzahlung bestehen, macht einerseits vieles einfacher. Es hat andererseits auch negative Konsequenzen, weil wir wahrscheinlich mit Karte mehr kaufen als mit Bargeld.[36])

Ein weiteres Kennzeichen von cleveren Konsumenten ist, dass sie alle auf dem Smartphone und dem Computer automatisch hinterlegten Geldkartendaten gelöscht haben. Ebenso können sie die Apps von Amazon, Otto oder Zalando von Ihrem Handy löschen. Sollten wir wirklich etwas kaufen wollen oder müssen, dann können wir dies immer noch machen. Ohne hinterlegte Daten und ohne die App ist das Kauferlebnis vielleicht etwas schwerfälliger. Aber genau diese Schwerfälligkeit wollen Sie sich einrichten, denn diese kleinen Hürden machen unsere so schädlichen Spontankäufe weniger wahrscheinlich.

Clevere Konsumenten erlauben sich Bedenkzeiten. Anstatt sich selbst bei einer Kaufentscheidung mit einem harten Nein zu konfrontieren, könnten Sie sich sagen: »Ja, ich kaufe es. Aber erst in drei Tagen.« Und wenn Sie nach Ablauf der Bedenkzeit das Produkt immer noch für gut und nützlich empfinden, können Sie es sich ja tatsächlich besorgen.

Zuletzt können wir uns mit cleverem Konsum mit »Wenn-dann-Plänen« besser auf tückische Momente vorbereiten. Hierfür rekonstruieren wir alle Details, die uns das letzte Mal zu einem hinterher bereuten Kauf verführt haben. Daraus formulieren wir dann Umsetzungsabsichten wie:

- »Wenn ich das nächste Mal beim Bäcker ein Brot kaufe, verzichte ich auf den mir angebotenen Kaffee.«
- »Wenn ich in der U-Bahn sitze und gelangweilt bin, vermeide ich ab jetzt Onlineshopping.«
- »Wenn ich mal wieder kein Essen zu Hause habe, gehe ich mir Pasta und Pesto kaufen, anstatt mir eine Pizza zu bestellen.«
- »Wenn alle vom Sommerurlaub im Süden Europas sprechen, dann erzähle ich stolz, dass wir uns auf den Urlaub mit Freunden im Harz freuen.«

Es ist leider so: Um unwirtschaftliche Haushaltsführung, Schulden oder Mangel an Rücklagen in den Griff zu bekommen, sind die von den Verbraucherportalen nahegelegten Tipps faktisch die richtigen: Einnahmen und Ausgaben erfassen, Haushaltsbuch führen, Einsparmöglichkeiten identifizieren, Rechnungen sofort begleichen und vieles mehr. Aber weitere Tipps sind notwendig, damit wir dies auch wirklich machen. Durch kleine Eingriffe können wir es uns leichter machen, diese Dinge auch tatsächlich umzusetzen und so cleverer zu konsumieren.

Eine Erfassung von Einnahmen und Ausgaben muss heutzutage nicht mehr in einem dafür angeschafften Heft oder Buch unternommen werden. Viele Banken und Sparkassen bieten diese Funktion in ihrer App an. Es lohnt sich, diese Funktion zu benutzen und regelmäßig im Blick zu behalten. Die meisten Ausgaben werden automatisch kategorisiert (zum Beispiel wird eine Rechnung bei der Tankstelle oder eine Ticketbuchung beim lokalen Verkehrsverbund gleich als »Transport« verbucht), sodass Sie relativ schnell ein Gefühl dafür bekommen, wofür Sie wie viel Geld ausgeben. Viele Dinge werden allerdings auch falsch gebucht oder können nicht erfasst werden, weil sie bar bezahlt wurden. Hierfür lohnt es sich, alle zwei Tage manuell festzuhalten, wofür das Geld ausgegeben wurde. Dies sollte nicht mehr als 15 Minuten dauern. Halten Sie sich einen »Wenn-dann-Plan« bereit – zum Beispiel: »Wenn ich am Donnerstag von der Arbeit nach Hause komme, dann aktualisiere ich noch vor dem Abendessen die Ausgaben der letzten zwei Tage.« Darüber hinaus können Sie Reminder (Erinnerungsstützen) in Ihrem Smartphone anlegen.

Sollte Ihre Bank diese Funktion nicht anbieten, überlegen Sie, Ihren Anbieter zu wechseln. Tun Sie dies allerdings nicht vorschnell, denn damit das Tool auch aussagekräftige Informationen anbieten kann, braucht es natürlich eine Chronik der Einnahmen und Ausgaben. Diese Chronik existiert nicht ab dem ersten Tag, sondern frühestens nach einem Monat. Eine Alternative zum Wechsel könnten daher separate Apps sein. Erkundigen Sie sich nach den besten Haushaltsbuch-Apps.

Vielleicht haben Sie sich all dies schon häufig vorgenommen, das Vorhaben jedoch vergessen, Ihre Aufnahmefähigkeit oder Ihr Energielevel als zu gering empfunden, oder Sie haben schlichtweg nicht die Muße gehabt. Gestalten Sie Ihre Umwelt so, dass Sie sich regelmäßig an Ihr gutes Vorhaben erinnern.

Platzieren Sie zum Beispiel an verschiedenen Orten in Ihrer Wohnung (auf dem Nachttisch, neben dem Wasserkocher, im Kühlschrank, in Ihrer Hosentasche usw.) eine 1-Cent-Münze. Diese dient als physische Erinnerung für Ihre guten Intentionen. Platzieren Sie jede Münze bewusst an diesen Orten und sagen Sie sich jedes Mal: »Wenn ich diese Münze sehe, dann frage ich mich, ob es mehr als zwei Tage her ist, dass ich das letzte Mal meine Einnahmen und Ausgaben festgehalten habe.« Oder: »Wenn ich diese Münze sehe und es mehr als zwei Tage her ist, dass ich meine Finanzen überprüft habe, dann lasse ich alles stehen und liegen und setze mich zehn Minuten hin, um meine Übersicht zu aktualisieren.«

Überlegen Sie sich genau, wo Sie die Haushaltsbuchführung machen. Idealerweise gibt es einen Platz in Ihrer Wohnung, an dem Sie vor Ablenkungen geschützt sind – vielleicht müssen Sie ihn erst einrichten, zum Beispiel den Küchen- oder Schreibtisch freiräumen. Sollten Sie den Platz zu Hause nicht haben, überlegen Sie sich, ob es andere Orte – zum Beispiel an Ihrem Arbeitsplatz oder in der nächsten Filiale der Stadtbücherei – geben könnte.

Halten Sie eine Person im Blick, die eine gute Haushaltsbuchführung betreibt – *oder betreiben könnte*. Das Problem ist, dass es sich bei der Budgetierung oder der Dokumentation von Einnahmen und Ausgaben um eine Tätigkeit handelt, über die wir selten mit anderen reden oder die wir selten bei anderen beobachten. Daher reicht es unter Umständen, an eine Person zu denken, die *in unserer Vorstellung* diese Praxis betreibt. Sollte eine solche Person in Ihrem Bekanntenkreis nicht existieren, dann suchen Sie bei YouTube nach Erfahrungsberichten. Sie finden dort viele Leute, die mitteilen, wie sie ihre Haushaltsbuchführung im Alltag betreiben.

Tragen Sie etwas mit sich, das Sie an Ihre guten Absichten erinnert. Verschiedene Gegenstände könnten sich hierfür eignen. Zum Beispiel ein Foto Ihrer Kinder, die Quittung eines Produkts, dessen Kauf Sie besonders bereuen, oder einen Zettel mit dem Datum, an dem Sie sich dieses Vorhaben fest vorgenommen haben. Legen Sie es entweder an die vorderste Stelle des Sichtfensters Ihres Portemonnaies oder lassen Sie es aus einem der Kartenfächer hervorstechen. So erinnern Sie sich stets an Ihr gutes Vorhaben.

Sowie Sie einen Überblick über Ihre Einnahmen und Ausgaben haben, können Sie beginnen, Einsparmöglichkeiten zu identifizieren. Hierbei handelt es sich um eine Aufgabe, die wir gern auf die lange Bank schieben. Wo soll ich anfangen? Wie lange soll das dauern? Lohnt sich das überhaupt? All diese Fragen drückt System 1 Ihnen auf, um die Aufgabe bloß nicht anfangen zu müssen.

Beim »temptation bundling« verknüpfen wir das Ungewollte mit etwas, das wir heimlich, still und leise begehren. Haushaltsbuchführung gehört sicherlich nicht zu den Aufgaben, die wir gern machen. Aber mit einer Tüte Chips oder Keksen – die wir uns währenddessen dreist erlauben – wird es bestimmt erträglicher.

Eine Technik, um dieses Problem zu bewältigen, heißt »temptation bundling« (auf Deutsch etwa: Versuchungsbündelung). Hier motivieren wir uns dazu, das Ungewollte anzugehen, indem wir es mit etwas verbinden, das wir uns selten oder sonst gar nicht erlauben. Vielleicht gibt es einen Kuchen, der Sie immer wieder anlächelt, den Sie jedoch für zu teuer, kalorienreich oder dekadent halten. Im »temptation bundling« gönnen Sie sich *ausnahmsweise* diesen Leckerbissen, weil Sie ihn mit der ungewollten Arbeit der Budgetierung oder Identifikation von Einsparmöglichkeiten verbinden.

Erinnern Sie sich noch an die Idee von »gut genug« aus dem ersten Kapitel? Wir können im Umgang mit unserer Haushaltsbuchführung eine ähnliche Leichtigkeit entwickeln. Denn das richtige Verhalten für die richtige Denkweise an den Tag zu legen, ist gar nicht so einfach.

In jener eingangs erwähnten Reportage sieht man, wie schwer es Julia fällt, die Amazon-App von ihrem Telefon zu löschen. Sie braucht sogar den moralischen Beistand ihrer Freundin, um den vermeintlich einfachen Klick tatsächlich auszuführen. Als sie ein paar Tage später die Amazon-App immer noch nicht wieder auf dem Handy hat, ist sie sichtlich stolz.

Viele der Tipps in diesem Kapitel sind, so banal sie klingen, in der Praxis manchmal extrem schwer umzusetzen. Gehen Sie nicht zu hart mit sich selbst ins Gericht. Es stimmt: Eine richtige Buchführung registriert alle Einnahmen und Ausgaben in exakter Genauigkeit. Streben Sie deshalb eher eine Haushaltsbuchführung an, die »gut genug« ist. Es muss nicht auf den Cent oder Euro genau erfasst werden, Perfektion ist nicht das Ziel.

Am wichtigsten ist, dass Sie einen Überblick über Ihre Einnahmen und ein sehr gutes Verständnis Ihrer essenziellen Ausgaben – Unterkunft, Nebenkosten (Strom, Gas, Internet sowie Telefon), Lebensmittel und Transportkosten – und ein ausreichendes Verständnis aller zusätzlichen Ausgaben haben. Üben Sie, im Rahmen Ihrer Möglichkeiten zu bleiben, sodass essenzielle und zusätzliche Ausgaben in der Summe immer geringer sind als das Einkommen. Für die ausreichend gute Haushaltsbuchführung ist dieser Beginn mehr als akzeptabel.

4. MINDSET-BAUSTEIN »SELBSTWISSEN«

Laut dem Tourismusbüro ist die Kölner Neumarkt-Galerie »dank direktem Zugang zur Schildergasse ein perfekter Ausgangspunkt für eine Shoppingtour durch die Kölner Innenstadt«. Das Einkaufszentrum »präsentiert auf zwei Etagen bekannte Marken wie TK Maxx, Rituals und Only. Primark ist mit einem großen Flagshipstore vertreten, und in der Mayerschen Buchhandlung können sich Literaturfans ihre Auszeit nehmen«[37].

Auf dem Dach des Eingangs zur Neumarkt-Galerie befindet sich allerdings eine seltsame Skulptur: Es handelt sich um eine acht Tonnen schwere und gigantisch große »Pop-Art-Eistüte«. Sie sieht so aus, als sei sie gerade vom Himmel gefallen und unglücklich kopfüber an der Ecke des Dachs hängengeblieben. Nur an den Rändern ist das Eis leicht geschmolzen. Es läuft cremig weiß von der Fassade über die Fenster herab.

Jeder Kölner kennt sie. Viele rätseln über den Zweck der Installation.

Die Künstler hinter der Eistüte – Claes Oldenburg und Coosje van Bruggen – präsentierten die »Pop-Art-Eistüte« als ein Werk, das Vergänglichkeit, aber auch den Überfluss des Konsumdenkens symbolisiert.

Die am Dach des Gebäudes klebende riesige Eistüte ist vielleicht vor allem lustig. Aber sie lädt uns auch ein, über eine Lebenshaltung nachzudenken, die darauf ausgerichtet ist, das Bedürfnis nach neuen Konsumgütern stets zu befriedigen.

Diese Einleitung soll nicht nach emotionaler Konsumkritik klingen. »Der gefühlsbetonte Antikapitalismus der Deutschen«, den Theodor Heuss seinen Landsleuten in seiner Biografie des liberalen Politikers Friedrich Naumann nachsagte, liegt mir fern. Wenn in Deutschland von der »unsichtbaren Hand des Marktes« gesprochen wird, dann häufig im Zusammenhang mit negativen Trends oder Exzessen wie immerzu steigenden Mieten, dem wachsenden Niedriglohnsektor oder sinnloser Umweltverschmutzung.

Dabei hatte Adam Smith, der schottische Moralphilosoph und liberale Aufklärer, auf den die Formulierung zurückgeht, ein viel hoffnungsvolleres Anliegen: Konsumkapitalismus sah er einerseits als einen Weg zum Wohlstand für alle (wenn alle Menschen in den Produktionsketten beteiligt werden), aber nicht unbedingt als Pfad zum glücklicheren Leben. Auch Smith erkannte an, dass viele der im Kapitalismus produzierten Dinge im Kern nutzlos, belanglos oder albern sind. Er hatte allerdings die Hoffnung, dass der Kapitalismus der Zukunft die wahren, zu Wohlbefinden beitragenden Tugenden wie Gerechtigkeit, Wohltätigkeit und Besonnenheit berücksichtigt. Smith hoffte zum Beispiel, dass der Konsumkapitalismus der Zukunft unser Bedürfnis nach Bildung, nach Selbstverwirklichung, nach schönen Städten und nach einem lohnenden sozialen Leben befriedigen würde.[38]

Selbst einige Begründer des modernen Kapitalismus – wie zum Beispiel Adam Smith – sahen, dass viele der in dem System produzierten Angebote nutzlos, belanglos und albern sind. Aber deshalb waren sie keine Gegner des Systems. Sie wollten einen *besseren* Kapitalismus. Und sie hatten große Hoffnungen für die Möglichkeiten zukünftiger Generationen, ein schönes Leben zu leben.

Natürlich ist Konsum nicht per se falsch. Sogar extreme Selbstversorger können kaum auf die Güter oder Dienstleistungen anderer verzichten. Und wir müssen tatsächlich anerkennen, dass die kapitalistische Konsumgesellschaft Millionen von Menschen geholfen hat, ein Leben auf niedrigstem Niveau hinter sich zu lassen und Wohlstand zu erarbeiten.

Aber verschwenderischer und sinnloser Konsum *ist* falsch. Wir haben dies am Beispiel von Julia in der Einleitung zum dritten Kapitel gesehen. Julia kaufte, ohne darüber nachzudenken, immer mehr Bastelartikel auf Amazon. Zeitweilig geriet sie so in eine Schuldenlage. Tausenden von Menschen geht es ähnlich, auch wenn die offizielle Statistik dies nicht gut erfassen kann.

Ab wann wird Konsum verschwenderisch und sinnlos? Wenn wir mit dem Kauf von Dingen und/oder Leistungen langfristig keine Bedürfnisse befriedigen oder sie ineffektiv befriedigen. Aber kann man deshalb sagen, welche Produkte verschwenderisch sind? Nein, kann man nicht. Denn dasselbe Produkt kann je nach Umständen verschwenderisch oder sinnvoll sein. Hier ist ein Beispiel:

In der Werbung zu Sparprodukten lesen wir immer wieder, dass wir überraschend hohe Summen pro Jahr sparen könnten, wenn wir nur auf den gelegentlichen Latte Macchiato oder Cappuccino verzichten würden. Aber handelt es sich hierbei wirklich um sinnlose Ausgaben? Es kommt drauf an: Wenn es allein um den Nutzwert von Koffein geht, dann könnte man an dieses sicherlich kostengünstiger kommen, indem man sich einen Kaffee zu Hause macht. Und wenn man allein aus Gewohnheit bei einem Spaziergang nach dem Mittagessen oder auf dem Weg zur Arbeit das Heißgetränk beim Bäcker kauft, dann handelt es sich ebenso um eine Ausgabe, die man sich vielleicht besser einspart.

Aber vielleicht geht es um etwas ganz anderes: Vielleicht kaufen wir den Kaffee, weil wir die soziale Interaktion und den kurzen Schnack mit dem Barista genießen. Oder vielleicht macht es uns Freude, ein unabhängiges Geschäft zu unterstützen. Vielleicht haben wir festgestellt, dass die Reflexion über den Tag besser beim Beobachten von Passanten vom Fenster eines Cafés aus funktioniert.

Mit einer rein ökonomischen Perspektive kann man schnell Einsparpotenzial in persönlichen Haushaltskassen identifizieren. Wir brauchen jedoch auch eine psychologische oder menschliche Perspektive bei der Untersuchung unseres Konsumverhaltens.

Die amerikanische Finanzpsychologin Sarah Newcomb regt uns an, über *Bedürfnisse* und *Strategien* nachzudenken.[39] Ähnlich wie der amerikanische Psychologe Abraham Maslow geht sie davon aus, dass jeder Mensch im Kern dieselben Bedürfnisse hat. Maslow illustrierte seinen Ansatz in der bekannten Bedürfnispyramide und unterscheidet darin zwischen »essenziellen« Bedürfnissen (wie Atmung, Wasser und Schlaf als physische Grund- oder Existenzbedürfnisse oder Arbeit, Wohnung und Familie als Sicherheitsbedürfnisse) und Wachstumsbedürfnissen (wie das Bedürfnis, Talente, Potenziale und Kreativität zu entfalten).

Newcomb unterscheidet sich allerdings von Maslow, der diese Bedürfnisse als hierarchisch angelegt betrachtet. In Wahrheit, so vermutet Sarah Newcomb, navigieren wir diverse Bedürfnisse zur selben Zeit.

Wenn wir beispielsweise einen Abend mit Freunden verbringen, dabei viel essen, trinken und Geld ausgeben, dann triumphiert unser Bedürfnis nach Unterhaltung und Freundschaft über Grundbedürfnisse wie Schlaf und Gesundheit. Wenn wir beim Auto- oder Fahrradfahren eine Textnachricht schreiben, dann wiegt unser Bedürfnis nach sozialem Kontakt schwerer als das Bedürfnis nach Sicherheit.

Newcombs Hauptanliegen besteht darin, dass wir uns darüber klar werden, welche tieferen Bedürfnisse wir eigentlich haben. Erst dann können wir bessere Haushaltsentscheidungen treffen. Dieser Punkt kann gut anhand meiner Begegnung mit Peter illustriert werden.

Ich kam mit Peter am Flughafen ins Gespräch, wo er mit seiner Frau und zwei Töchtern auf die Ankündigung seines Gates für den Flug nach Palma de Mallorca wartete. Peter ist Personal Trainer, das heißt, er macht Einzeltraining in Fitnessstudios. Es dauerte nicht lange, bis Peter die finanziell harten Zeiten ansprach. Er erzählte mir, dass er sich wirklich Sorgen mache wegen der Zeit auf Mallorca. Schon jetzt habe er gesehen, dass alles viel teurer geworden sei: Auf dem Weg zum Flughafen habe der traditionelle Stopp bei McDonald's schon mehr gekostet als sonst – obwohl sie immer dasselbe nehmen. Er habe auch festgestellt, dass das Bordbistro bei

Easyjet teurer geworden sei. Er befürchtete, dass das Unterhaltungsprogramm in ihrem Resort nicht ausreichen würde und die Kinder mehr verlangen würden. Auf der einen Seite werde alles teurer. Auf der anderen Seite habe er geringere Einnahmen, weil immer mehr seiner Kunden ihre Zeiten verkürzten oder ganz absprangen. Sie konnten sich ihr Personal Training bei Peter nicht mehr leisten.

Es ist denkbar, dass Peter seinen Weg zum finanziellen Ruin mit dieser Reise beschleunigte. Ohne weitere Daten seiner finanziellen Situation zu kennen, würde ich vermuten, dass er diese Reise – die wohl insgesamt 3000 Euro gekostet hat – vielleicht besser nicht hätte unternommen sollen. Aber wie wahrscheinlich ist es, dass er auf die Familienferien auf Mallorca aus finanziellen Gründen verzichtet? Wahrscheinlich muss seine persönliche Lage noch schlechter werden, bevor er es wirklich tut. Hoffentlich bleibt ihm dies erspart.

Es würde sicherlich helfen, wenn Peter sich darüber Gedanken machen würde, welche Bedürfnisse er mit der Reise nach Mallorca zu befriedigen versucht. Ist es ein Bedürfnis nach Spaß und Unterhaltung? Ist es ein Bedürfnis nach Sonne oder Strand? Ist es ein Bedürfnis nach einer schönen Zeit mit der Familie? Ein Bedürfnis nach anderem Essen oder ein Bedürfnis, bedient zu werden? Ein Bedürfnis nach sozialer Anerkennung?

Mit mehr Klarheit über die Bedürfnisse, die wir zu befriedigen versuchen, können wir bessere finanzielle Entscheidungen treffen. Für ein Bedürfnis nach Strand und Sonne brauchen wir nicht nach Mallorca zu fliegen, vielleicht reichen Tagesausflüge zum nächstgelegenen Strand. Für Spaß und Unterhaltung mit Kindern reichen oft bescheidenere Erlebnisse (häufig solche, die gar nichts kosten). Für das Bedürfnis, bedient zu werden, und nach einem besonderen Vergnügen mit der Familie wäre es vielleicht angemessen, 80 Euro für eine Taxifahrt zum Eiscafé zu bezahlen, wenn man dafür 200 Euro pro Nacht in einem Hotel im Süden sparen kann. Peter könnte vielleicht alle Bedürfnisse mit einem Budget von 600 Euro befriedigen. Ein Einsparpotenzial von 80 %!

Sarah Newcomb würde behaupten, dass Peter den Mallorca-Urlaub höchstwahrscheinlich nicht braucht. Er braucht andere Dinge, die er zurzeit auf Mallorca befriedigt. Mit anderen Worten: Mallorca ist seine *Strategie,* bestimmte tiefere Bedürfnisse zu befriedigen.

ÜBUNG

Denken Sie über einige Dinge nach, von denen Sie sagen würden, dass Sie sie brauchen. Dann fragen Sie sich, ob diese Dinge nicht vielleicht eher Strategien für andere Bedürfnisse sind. Zum Beispiel:

- Brauchen Sie wirklich ein Auto? Vielleicht brauchen Sie lediglich eine Transportmöglichkeit, und das Auto ist die *Strategie*, mit der Sie dieses Bedürfnis nach Transport befriedigen. Andere Taktiken lauten: das Fahrrad, Carsharing, öffentliche Verkehrsmittel, laufen.
- Brauchen Sie wirklich einen Fernseher mit einer Bildschirmdiagonale von 165 Zentimetern und einer Bildwiederholfrequenz von 120 Hertz. Sie haben vielleicht einfach nur ein Bedürfnis nach Unterhaltung. Andere *Strategien,* dieses Bedürfnis zu befriedigen, sind Bücher, Musik, ein altes Fernsehgerät oder das Mobiltelefon.
- Brauchen Sie einen wöchentlichen Besuch im Restaurant? Vielleicht brauchen Sie einfach nur eine qualitativ wertvolle Zeit mit Freunden oder Ihrem Partner. Der Restaurantbesuch ist die *Strategie,* wie Sie dieses Bedürfnis befriedigen. Sie könnten sich ebenso bei jemandem zu Hause oder zum Picknick im Park treffen. Sie könnten auch zuerst zu Hause essen und dann gemeinsam in die Bar gehen.

Ausgabe	**Strategie**	**Bedürfnis**

Newcomb rät dazu, entlang verschiedener Kategorien zu denken: Sie haben zum Beispiel Überlebensbedürfnisse (Lebensmittel, Bewegung, Ruhe, Unterkunft, Transport), Sicherheitsbedürfnisse (Ordnung, Frieden, Sicherheit, Stabilität), emotionale Bedürfnisse (Abenteuer, Zugehörigkeit, Kommunikation, Spaß, Intimität, Freundschaft) und vielleicht noch weitere Bedürfnisse nach Anerkennung, Respekt, Unabhängigkeit, Kreativität. Denken Sie darüber nach, was Ihnen wichtig ist. Und fragen Sie sich, wie Sie diese Bedürfnisse zurzeit befriedigen.

Normalerweise beruhen Spartipps auf einer Untersuchung von Ausgaben. Die üblichen Spartipps lauten deshalb: Finden Sie günstigere Tarife für Mobiltelefon, Strom und Internet; identifizieren Sie unnötige Versicherungen oder finden Sie günstigere Angebote; kündigen oder überprüfen Sie diverse Abos (Amazon Prime, Netflix, Spotify) oder finden Sie günstigere Alternativen.

Natürlich kann man mit diesem Ansatz Geld sparen. Aber erstens können wir potenziell viel mehr sparen, wenn wir große Ausgaben (wie Peters Reise nach Mallorca) auf ihren tieferen Sinn hin überprüfen. Hierfür brauchen wir keine Geldtipps, wir brauchen Introspektion. Und zweitens ist es unwahrscheinlich, dass Spartipps der rationalen/ökonomischen Art langfristig Erfolg haben, wenn sie gar nicht erst die tieferen Bedürfnisse berücksichtigen, die wir damit zu befriedigen versuchen. Natürlich sparen Sie objektiv etwa 10 Euro pro Monat, wenn Sie auf Spotify verzichten. Aber wenn Sie so auf Ihr Bedürfnis nach Musik und Unterhaltung verzichten, ist das kein ratsamer Tipp – denn so werden Sie unglücklich.

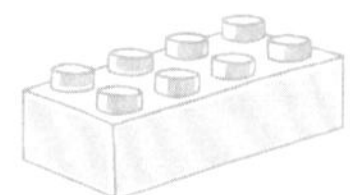

Wie finden wir also heraus, was wir wirklich brauchen? Was macht uns glücklich? Dies sind tiefgründige Fragen, über die sich Philosophen, Psychologen und andere Denker seit Jahrhunderten Gedanken machen.

Im zweiten Kapitel zu sozialen Vergleichen haben wir einen ersten Ansatz gesehen, wie man tiefere Bedürfnisse erkennen kann: in den Dingen, die wir an anderen beneiden. Wir sollten bei einem Anflug von Neid unbedingt zuhören, was uns unsere Instinkte zu sagen haben. Wir sollten es ernst nehmen und kreativ damit umgehen.

Hier ist ein persönliches Beispiel: Während der coronabedingten Lockdowns sind zwei mit uns befreundete Familien aus unserer Nachbarschaft in Edinburgh nach North Berwick gezogen. North Berwick ist eine sehr charmante, alte Küstenstadt mit knapp 10.000 Einwohnern ungefähr 35 Zugminuten östlich von Edinburgh. Im

Sommer pilgern die Städter dorthin, um die kilometerlangen weißen Strände zu genießen, Golf zu spielen, eins der zwei beeindruckenden Schlösser zu besuchen (besuchen Sie Tantallon Castle bei einem Schottlandbesuch!), segeln zu gehen oder einfach nur die Aussicht auf die imposanten unbewohnten Felseninseln zu genießen. Im Vergleich zu Edinburgh ist North Berwick ruhig, gemütlich, nachbarschaftlich und langsam.

Unsere Nachbarn haben uns vorgemacht, welchen Lebensstil wir auch leben könnten, wenn wir ihnen nachziehen würden. Und würden wir es nicht auch toll finden, morgens vor der Arbeit im Meer schwimmen zu gehen, abends lange Spaziergänge zu machen und weniger beeinträchtigt zu sein von Baustellen und Staus? Dies sind keine schlechten Gedanken. Sie berücksichtigen vieles von dem, was für meine Familie und mich wichtig ist. Entsprechend sollte man solche Gedanken nicht gleich zurückweisen oder unterdrücken. Vielmehr sollte man von ihnen lernen und mit ihnen arbeiten.

Wir haben uns gegen den Umzug nach North Berwick entschieden, aber sind nun froh, jetzt noch mehr Gründe zu haben, dorthin zu fahren. Aufgrund der Vergleiche mit unseren ehemaligen Nachbarn haben wir festgestellt, dass wir manchmal das Bedürfnis nach Ruhe und Gelassenheit haben.

Um es zu befriedigen, haben wir uns drei Bilder gekauft, auf die wir vom Wohnzimmersofa aus blicken: Eins zeigt Menschen im Schatten eines an einem Badesee angelegten Pavillons. Das zweite zeigt zwei Frauen beim Picknick im Berliner Mauerpark und das dritte eine Sommernacht in den Tropen. Manchmal sitzen wir auf dem Sofa, lesen oder hören Musik und blicken immer wieder auf die Bilder, die uns an unser tieferes Bedürfnis erinnern. (Übrigens haben wir für die Bilder sicherlich mehr Geld ausgegeben, als viele andere für Bilder ausgeben würden. Aber die Bilder zu kaufen, ist auf der anderen Seite eine viel günstigere Strategie gewesen, um dieses Bedürfnis nach Ruhe zu erfüllen, als es ein Umzug nach North Berwick gewesen wäre.)

Wenn Sie die Wahl gehabt hätten, wären Sie nach North Berwick gezogen? Der Ort klingt toll, oder?

Eine weitere gute und praktische Antwort auf die Frage »Was macht uns glücklich?« kommt vom britischen Verhaltenswissenschaftler Paul Dolan. Er plädiert in seinem Ansatz zunächst dafür, dass wir unser *evaluierendes Selbst* von unserem *erlebenden Selbst* unterscheiden.[40]

Wir haben diesen Unterschied im ersten Kapitel im Zusammenhang von Kahnemans Kontrast zwischen Lebenszufriedenheit und Wohlbefinden kennengelernt. Zur Erinnerung: Lebenszufriedenheit basiert darauf, wie wir unser Leben selbst einschätzen. Wohlbefinden basiert darauf, wie wir es tagein, tagaus erfahren. Wenn wir uns fragen, wie zufrieden wir mit unserem Leben sind, dann berücksichtigen wir automatisch alle möglichen Eckdaten unserer Biografie (Familienstand, Einkommen, Wohnort etc.). Zur Einschätzung unseres Wohlbefindens berücksichtigen wir dagegen, wie häufig wir krank sind, wie viel Zeit wir mit Familienmitgliedern und Freunden verbringen können, wie viel Spaß wir mit uns Nahestehenden und im Beruf haben etc.

Dolan argumentiert, dass wir das evaluierende Selbst stummer schalten sollten. Und dass wir mehr Aufmerksamkeit auf unser erlebendes Selbst richten sollten. Der Grund: Außer dann, wenn wir mit Freunden oder Familienmitgliedern zusammen sind, oder in seltenen Momenten der Introspektion denken wir kaum darüber nach, wie zufrieden wir mit unserem Leben im Allgemeinen sind. Aber im Alltag denken wir viel und automatisch darüber nach, wie wir uns fühlen, wenn wir etwas erleben.

Hier sind ein paar Beispiele:
Wir sagen unseren Eltern und Freunden vielleicht, wie toll es ist, Kinder zu haben (Evaluation). Aber im Alltag erleben wir häufig die lästigen Routinearbeiten – Essen zubereiten, Wäsche waschen, Hausaufgabenbetreuung etc. –, die damit einhergehen (Erlebnis).

Wir sagen uns in evaluierenden Momenten, dass wir unseren Beruf (an der Uni – bei der bekannten Beratungsfirma – bei Google) gern ausüben (weil wir nun mal Wissenschaftler sind – die von internationalen Kunden herangetragenen Herausforderungen lieben – es der Traum eines jeden Informatikers ist, dort zu arbeiten). Tagein, tagaus jedoch *erleben* wir die Schattenseiten dieses Berufs (Druck zur Drittmitteleintreibung und Veröffentlichung – Vielfliegerei und selten Zeit mit der Familie – Konkurrenzdruck, lange Arbeitswege und hohe Anwesenheitszeiten).

Wir sagen, »es ist nun mal Liebe«, wenn wir von unseren Partnern erzählen (evaluierendes Selbst), aber wir haben uns eigentlich nichts mehr zu sagen, nerven uns gegenseitig oder gehen uns vielleicht eher sogar aus dem Weg (erlebendes Selbst).

Übrigens war für meine Familie und mich die Reflexion über Evaluation und Erlebnis schnell der Grund für die Entscheidung gegen den Umzug nach North Berwick: Es *klingt* toll, jeden Tag von Sonnenaufgang bis Sonnenuntergang am Meer sein zu können, die langen Sandstrände, die Ruhe und Gelassenheit. Aber das *Erlebnis* ist sicherlich nicht mehr so toll, wenn man berücksichtigt, dass die Wege zur Schule und zum Arbeitsplatz länger sind (früher aufstehen), dass wir uns vielleicht in der Auswahl potenzieller Arbeitgeber einschränken müssen (weil wir uns auf Arbeitgeber in Edinburgh in Bahnhofsnähe beschränken müssen), dass die Ladenöffnungszeiten kürzer sind (keine Möglichkeit, spontan einzukaufen bzw. Frust, wenn man nicht richtig geplant hat), die Abhängigkeit vom Auto größer ist (in der Innenstadt können wir immer den Bus nehmen) und so weiter.

Häufig sind wir unglücklich, weil wir allein darauf achten, wie eine bestimmte Situation klingt – nicht, wie wir sie erleben. Einen Arbeitsplatz bei einem angesehenen Arbeitgeber zu haben, *klingt* erst mal toll. Aber das alltägliche Erlebnis des Arbeitsplatzes ist vielleicht furchtbar. Für ein glückliches Leben müssen wir mehr Aufmerksamkeit darauf richten, wie wir Dinge im Alltag erleben. Konkreter: Wir müssen darauf achten, wie viel Freude und Lebenssinn wir in diesen Erlebnissen erfahren.

Paul Dolan zufolge sind wir häufig unglücklich im Leben, weil wir nie ein Verständnis dafür entwickelt haben, was uns glücklich macht. Um dieses Verständnis zu entwickeln, müssen wir viel mehr Aufmerksamkeit auf die diversen Erlebnisse unseres Alltags richten. Konkreter: Wir müssen unsere Alltagserlebnisse daraufhin untersuchen, ob sie uns Freude geben (ob sie uns fröhlich machen oder uns Erfüllung, Genugtuung, Erholung oder Befriedigung geben). Und ob sie uns Lebenssinn geben (ob die Erlebnisse uns das Gefühl vermitteln, dass das, was wir tagein, tagaus machen, nützlich und wertvoll ist; ob wir uns kompetent und fähig fühlen, wenn wir etwas machen).

Dolan zufolge sollten wir eine Balance an Freude und Lebenssinnmomenten anstreben. Zu viel Freude (nur mit Freunden ausgehen, nur am Computer spielen, lesen oder TV schauen, nur reisen oder nur Zeit in Spas oder Saunalandschaften verbringen) macht uns nicht glücklich, auch wenn wir uns das manchmal sagen. Zu viel Lebenssinn (nur Wohltätigkeitsarbeiten, den Haushalt oder die Kinder versorgen, Freunden zur Seite stehen oder Arbeit) macht uns ebenso wenig glücklich. Aber ein ungefähres Gleichgewicht aus beidem macht uns glücklich.

Also müssen wir laut Dolan ein Verständnis entwickeln für die Dinge, Erfahrungen und Aktivitäten, die uns Lebenssinn geben und Freude machen. Wenn wir uns über einen längeren Zeitraum fragen, was hat mir heute Freude gemacht, was hat mich heute mit Sinn erfüllt, dann finden wir unseren eigenen individuellen Weg zum glücklichen Leben.

Sie können mit einfachen Fragen anfangen, zum Beispiel in folgender Übung:

ÜBUNG

Wann hat Sie in den letzten fünf Jahren etwas richtig glücklich gemacht?
Was hat Ihnen Freude gemacht, oder was hat Sie erfüllt? Identifizieren Sie eine Situation und halten Sie ein paar Kontextfaktoren (mit wem Sie zusammen waren, wo Sie waren und was Sie erlebt haben) fest.

Wann haben Sie sich in den letzten fünf Jahren richtig nützlich gefühlt?
Was hat Ihnen Lebenssinn gegeben oder das Gefühl, kompetent zu sein? Wo waren Sie? Mit wem? Was haben Sie seinerzeit sonst tagein, tagaus gemacht?

In einem nächsten Schritt können Sie untersuchen, wie Sie heute in der Regel Ihre Zeit verbringen. Und ob Sie hierbei eine einigermaßen gleich große Anzahl an Glücks- und Sinnmomenten erleben. Fragen Sie sich zunächst, womit Sie an einem gewöhnlichen Wochentag viel Zeit verbringen. Denken Sie hierbei nicht zu großteilig (zum Beispiel: Arbeit), sondern kleinteiliger (zum Beispiel: Präsentationen vorbereiten, Mitarbeiterbesprechung, Monatsabrechnung). Oder denken Sie daran, was Sie eigentlich gemacht haben: Wenn Sie zum Beispiel viel Zeit mit der Familie verbringen, dann trennen Sie dies in einzelne Bereiche wie zum Beispiel »Geschichten vorlesen«, »Frühstück/ Abendessen zubereiten«, »zur Schule bringen/abholen« etc.

ÜBUNG

Aktivitäten an einem typischen Wochentag	Freude	Lebenssinn
Frühstück mit den Kindern (45 Minuten)	1 2 3 4 5	1 2 3 4 5
Zur Arbeit fahren (1 Stunde)	1 2 3 4 5	1 2 3 4 5
Lagebesprechung mit Team (45 Minuten)	1 2 3 4 5	1 2 3 4 5
	1 2 3 4 5	1 2 3 4 5
	1 2 3 4 5	1 2 3 4 5
	1 2 3 4 5	1 2 3 4 5
	1 2 3 4 5	1 2 3 4 5
	1 2 3 4 5	1 2 3 4 5
	1 2 3 4 5	1 2 3 4 5
	1 2 3 4 5	1 2 3 4 5
Summe		

Kommt in der Summe eine ungefähr gleich hohe Punktzahl für die Spalten Lebenssinn und Freude zustande? Oder überwiegt eins von beiden? Sollte zum Beispiel Lebenssinn mehr Punkte eingefahren haben als Freude, würde ein typisches Wochenende die Balance wieder ausgleichen? Wenn nicht, dann überlegen Sie, wie Sie mehr Glücksmomente in Ihren Alltag integrieren können. Ist es mehr Zeit mit der Familie oder mit Freunden? Oder sollten Sie ein altes Hobby wieder aufnehmen? Brauchen Sie eventuell nur mehr Zeit vorm Fernseher zum Entspannen?

Oder umgekehrt, wenn es an Lebenssinn mangelt, dann überlegen Sie, welche Dinge, Aktivitäten und Erfahrungen Ihnen mehr Lebenssinn geben könnten. Lohnt sich die aktive Teilnahme am Elternrat in der Schule? Oder mehr Sport? Lohnt es sich, mit einer Wohltätigkeitsorganisation Kontakt aufzunehmen? Oder brauchen Sie einen neuen Job?

Sie können, wenn Sie diese Übung beibehalten, langfristig ein immer besseres Verständnis dafür entwickeln, was Sie im Alltag glücklich macht. Die Lösung besteht nicht darin, sich zu fragen, ob wir im Großen und Ganzen mit unserem Leben zufrieden sind. Sie besteht aus der Summe der Glücks- und Lebenssinnerlebnisse. Mit einem immer besseren Verständnis dafür können wir unsere Alltage und Umwelten so umgestalten, dass wir das, was uns Freude und Lebenssinn gibt, automatisch häufiger machen (und das, was sie uns nicht gibt, immer bewusster meiden).

Paul Dolan selbst hat in einem Interview verdeutlicht, wie er diese Erkenntnis in seinem Alltag anwendet. Als an der London School of Economics zu einem populären Thema forschender Professor für Verhaltenswissenschaften und Vater von zwei Kindern hatte er lange keine Zeit für sein großes Hobby: Bodybuilding. Um dieses Erlebnis, das ihm persönlich viel Lebenssinn gibt, besser in seinen Alltag zu integrieren, hat er sein Büro in der Londoner Innenstadt mit diversen Hanteln und Gewichten vollgestellt. Er erinnert sich somit in der von ihm für sich selbst eingerichteten Umwelt daran, was er gern macht, und das ermöglicht es ihm, seinem Hobby nachzugehen.

Moderner Konsumkapitalismus regt uns leider nicht zu dieser Art von Introspektion an. Die üblichen Techniken des Marketings appellieren an unser System 1 – das schnell und automatisch denkende System. Und das System 1 braucht andere Dinge. Hier sind ein paar Beispiele:

Die »letzte Chance, zeitlich limitierte Aktionspreise« zu nutzen, suggeriert eine falsche Knappheit. Unser System 1 möchte schnell die Dinge kaufen, die essenziell und knapp erscheinen.

Ein von 300 Euro auf 200 Euro heruntergesetzter Preis verankert den teuren Preis als Referenzpunkt. Unser System 1 möchte etwas Besseres haben als den Referenzpunkt (auch wenn dieser für unseren Alltag vielleicht vollkommen irrelevant ist).

Eine »kostenlose Lieferung ab 100 Euro« sagt uns, dass wir unbedingt so viel ausgeben wollen, damit wir etwas umsonst bekommen.

Informationen über »Marken, die andere Kunden häufig einkaufen«, oder Produkte, die »von Kunden häufig angesehen« wurden, suggerieren soziale Normen. Unser System 1 will mit dem Strom gehen – es möchte nicht als anders oder komisch herausstechen.

Hinweise darauf, dass dieses Angebot auch im Fernsehen und Radio gezeigt wurde, präsentieren eine vermeintlich legitime und glaubhafte Autorität, die natürlich gar nicht existiert.

Und »0 % Finanzierung« appelliert an die Bedürfnisse unseres konkreten Selbst hier in der Gegenwart. Es geht auf Kosten unseres vagen zukünftigen Selbst.

Das ist natürlich noch nicht die komplette Trickkiste von Marketingexperten. Zeitgenössische Werbeleute wissen auch, dass wir tiefere Motivationen haben, und versuchen, uns an diese zu erinnern: Brillen von Prada sollen uns helfen, Selbstsicherheit und Wohlstand zu vermitteln. Uhren von Patek Philippe suggerieren eine Fürsorge und Hingabe von Vätern an ihre Kinder und Enkelkinder. Stereoanlagen von Braun erscheinen wie geschaffen für Leute mit einem Sinn für Schönheit, Technik und Stil. Hosen von Levi's suggerieren Freiheit und Stabilität.

Mit den Produkten verbunden werden also unsere Hoffnungen und Ziele für uns selbst (wie Wohlstand, Selbstsicherheit, Unabhängigkeit) und für Werte, die von der Gesellschaft geschätzt werden und in Wirklichkeit schwer zu erreichen sind (Harmonie in der Familie, Stabilität, Ästhetik).

Die Werbung erzählt uns nicht nur, wie viel etwas kostet und wo wir es kaufen können, sie appelliert mit verhaltenswissenschaftlich erforschten Nudges (Stupsern) an unser System 1, damit wir es auch tatsächlich kaufen. Darüber hinaus verknüpfen moderne Werbeagenturen das Produkt mit tieferen intrinsischen Motivationen, damit wir es als langfristig sinnvoll, legitim und positiv erachten, diese Produkte gekauft zu haben.

Bevor wir einkaufen gehen, in die Stadt fahren, im Urlaub die Strandpromenade entlanglaufen, Facebook nutzen oder online einkaufen, sollten wir mental vorbereitet sein auf die Flut von Angeboten, die an unser System 1 appellieren wird. Wir sollten wissen, was wir wollen, damit wir das, was uns aufgedrängt wird, lächelnd ignorieren können.

Im zweiten Kapitel plädierte ich für »bessere Vergleiche«. Und eingangs plädierte ich für »bessere Sorgen«. Damit möchte ich zum Ausdruck bringen, dass es höchstwahrscheinlich unmöglich ist, sich über Geld keine Sorgen zu machen. In meinen eigenen Forschungen sehe ich, dass sich sogar Menschen auf den höchsten Einkommensstufen um ihr Geld sorgen. Häufig halten uns diese Sorgen davon ab, finanziell bessere Entscheidungen zu treffen. Wir denken, dass wir keine Schulden abbauen können, dass wir nicht genug Kapazitäten haben, Rücklagen zu bilden, und dass wir höhere Einkommen brauchen, um private Altersvorsorge betreiben zu können.

Es ist normal, sich um Geld Sorgen zu machen. Wir machen uns aber *bessere* Sorgen, wenn wir uns fragen, wofür wir das Geld eigentlich brauchen. Mit viel Geld und der falschen Einstellung kommt man schon recht weit. Aber mit weniger Geld und der richtigen Einstellung kommt man noch weiter.

Der Reflex ist, bei finanziellen Problemen finanzielle Lösungen finden zu wollen: mehr Einkommen, bessere Haushaltsführung, Identifikation von Einsparmöglichkeiten etc. Das ist auch nicht per se falsch. Aber wir machen uns *bessere* Sorgen, wenn wir uns zunächst fragen, was wir eigentlich brauchen. Das ist keine finanzielle Lösung. Es ist eine Kopfsache. Mit viel Geld und der falschen Einstellung kommt man vielleicht schon recht weit. Aber mit wenig Geld und der richtigen Einstellung kommt man weiter.

Wenn Sie das nächste Mal in der Einkaufsstraße sind und befürchten, zum Kauf von unnötigen Gegenständen angeregt zu werden, dann achten Sie auf andere Dinge, die ebenso präsent sind. Achten Sie auf die auf der Bank sitzenden Menschen, die einfach nur Flanierende beobachten oder mit Freunden quatschen. Amüsieren Sie sich über gelangweilte oder nörgelnde Kinder. Oder denken Sie einfach über den Sinn von Dingen nach, die Sie nicht zum Einkaufen anregen – wie zum Beispiel der Rieseneistüte auf dem Dach.

5. MONEY-BAUSTEIN »FINANZPOLSTER«

Sparclubs erfreuten sich in Deutschland seit der Zeit des Kaiserreichs besonderer Popularität: Die meisten gab es in Hamburg und Bremen, wo Seeleute und Hafenarbeiter ihr Geld an einem bestimmten Tag zu einem Kassierer tragen konnten, um es für einen Notfall bereitzuhalten.

Anfang des 20. Jahrhunderts kamen dann die Sparschränke in Kneipen und Bars auf. Aufgrund der Popularität unter Seeleuten gab es im Hamburger Stadtteil St. Pauli besonders viele davon. Nach jeder Runde oder am Ende eines Abends am Stammtisch konnten Gäste der Bar ein paar übrig gebliebene Münzen in ihren Schlitz werfen und so einen Notfallgroschen ansparen. Die Wirte bekamen die Sparschränke von den Sparkassen gestellt. Sowohl ihnen als auch den Sparern selbst boten sie gute Tarife.

In den 1960er-Jahren begann diese Tradition jedoch auszusterben. Die Zinsen wurden geringer. Sparen in Sparclubs war kaum noch ökonomisch sinnvoll.

Aber jüngst erleben die Sparschränke eine neue Blütezeit. Auf St. Pauli stehen Sparern wieder Möglichkeiten zur Verfügung, einem Sparclub beizutreten. Die Zinsen sind immer noch gering, aber das gemeinsame Kneipensparen macht vielen Spaß. »Was soll mein Geld auf der Bank?«, zitiert der Stern[41] einen Gast des kukuun in der Hopfenstraße, zwei Blöcke neben der Reeperbahn. Zinsen gebe es zwar nicht, aber die biete die Bank ja auch nicht mehr.

Heute ist dieses Sparen im Sparclub eher heitere Praxis und nicht, wie zu Zeiten des Kaiserreichs, ökonomisch sinnvolle Vorsorge – denn damals wurde aus den Einnahmen auch die Notversorgung für Kranke und Witwen finanziert. Aber dennoch sammeln sich über die Wochen und Monate ganz nebenbei große Summen an, die die Menschen auf andere Weise vielleicht nicht so einfach gespart hätten.

Beinahe ein Drittel der Deutschen hat keine ausreichenden finanziellen Rücklagen für ungeplante größere Ausgaben (als »unerwartet anfallende Ausgabe« gilt in Deutschland eine Ausgabe von über 1150 Euro)[42]. Dabei können viele Dinge eine solche Ausgabe verursachen: eine Reparatur am Auto, eine nicht von der Krankenkasse übernommene Zahnoperation, eine kaputte Waschmaschine oder eine unerwartet hoch ausfallende Nebenkostenrechnung.

Für unsere finanzielle Sicherheit und Belastbarkeit sind Rücklagen, die es uns erlauben, solche Ausgaben zu decken, enorm wichtig. Meine eigenen Forschungen zeigen, dass Menschen mit zu geringen Finanzpolstern siebenmal so häufig negative Emotionen wie Stress, Betrübnis, Wut oder Hilflosigkeit in Hinblick auf ihre finanzielle Situation erleben wie Menschen mit Finanzpolstern: 49 % der Menschen ohne Finanzpolster erlebten diese Emotionen im Schnitt mindestens einmal pro Woche. Nur 7 % der Menschen mit guten Rücklagen hingegen erleben diese Emotionen mindestens einmal pro Woche.

Der Zusammenhang von zu geringen Rücklagen und Schulden leuchtet schnell ein: Menschen mit zu geringen Rücklagen geraten schneller in eine Schuldenfalle und in finanziellen Stress. Ein kaputtes Auto verhindert vielleicht die Möglichkeit, zur Arbeit zu fahren. Eine kaputte Waschmaschine verhindert unser gepflegtes Auftreten. Eine zu hohe Nebenkostenrechnung hat alle möglichen Dominoeffekte.

Das langsame und genau denkende System 2 unseres Gehirns weiß in der Regel, was wir machen müssen. Wir wissen zum Beispiel, dass wir …

- ein Verständnis davon haben sollten, wie viel wir einnehmen und wie viel wir ausgeben,
- ein Finanzpolster aufbauen sollten für den Fall von unvorhergesehenen Ereignissen,
- Finanzpolster aufbauen, indem wir mehr einnehmen als ausgeben.

Aber wie schon im ersten und dritten Kapitel gesehen, hält uns das schnelle und automatisch denkende System 1 häufig davon ab, das Richtige zu tun. Im dritten Kapitel untersuchten wir die diversen Umweltfaktoren, die Denkfehler oder im falschen Kontext angewandte Faustregeln auslösen. Wir schauten uns an, wie uns eine physische Umwelt (die Anreize durch Angebote und Produktplatzierungen), soziale Umwelt (die Leute, die uns umgeben und denen wir zuhören) und mentale Umwelt (Gewohnheiten und etablierte Denkweisen) zu bestimmten Entscheidungen motivieren.

In diesem Kapitel werden wir betrachten, wie man viele dieser vor allem mentalen Hürden und Barrieren überwinden kann. Hierzu betrachten wir das EAST-Modell, das von Verhaltenswissenschaftlern auf der ganzen Welt für alle möglichen Vorhaben verwendet wird. Aber zunächst lohnt sich die Frage, wie hoch die Rücklagen eigentlich sein sollen.

Eine Faustregel, die sowohl in Deutschland als auch in Großbritannien und den USA genannt wird (und daher vielleicht so etwas wie einen universellen Charakter hat), lautet, dass man drei bis sechs Nettomonatsgehälter als Notfallgroschen zur Seite gelegt haben sollte. Dieses Geld sollte in leicht zugänglichen Sparkonten oder Tagesgeldkonten gehalten werden. Wenn eine ungeplant höhere Summe anfällt oder Sie Ihren Arbeitsplatz verlieren oder die Auftragslage unerwartet einbricht, bleibt Ihnen mit Rücklagen in dieser Höhe genügend Geld für die laufenden Kosten.

Überlegen Sie, Ihre Finanzpolster bei einer anderen Bank als Ihrer Hausbank aufzubauen. Denn Finanzpolster sind idealerweise etwas, das Sie zwar haben, aber an das Sie im Alltag nicht allzu häufig erinnert werden. Zu viel Geld auf dem Girokonto verlockt uns zu leicht, unsere Rücklagen auszugeben. Einige Onlinebanken bieten clevere Mechanismen wie Unterkonten an, um dies zu verhindern. Allerdings zahlen diese Unterkonten in der Regel keine oder nur sehr geringe Zinssätze. Daher lohnt sich eher ein Tagesgeldkonto bei einer anderen Bank.

Drei bis sechs Nettomonatsgehälter sind viel Geld. Für jemanden mit einem Nettoeinkommen von 2150 Euro sind drei Nettomonatsgehälter 6500 Euro. Bei einem Nettoeinkommen von 3500 Euro sind es schon über 10.000 Euro. Nicht gerade wenig! Und so sagt Ihnen Ihr System 1 vielleicht gleich, dass diese Summen ohnehin unerschwinglich sind, dass Sie ja noch die Eltern haben, auf die man zur Not zählen kann, oder dass Sie aufgrund Ihrer Arbeitsplatzsicherheit Ersparnisse in dieser Höhe nicht brauchen (und Sie deshalb den Rat gleich entspannt ablehnen können).

Um die Jahreswende 2022/23 hatten diese Haltung sicherlich viele Mitarbeiter bei Twitter, Google, Amazon, Spotify und Facebook. Die Geschäftsentwicklung dieser jungen Firmen kannte bis dahin immer nur eine Richtung: nach oben. Aber dann war es auf einmal vorbei. Und viele der gut ausgebildeten, optimistischen und gut verdienenden Experten im Geschäft der neuen Medien fanden es schwer, einen neuen Job zu finden.

Vor zehn Jahren hatten Mitarbeiter in Bankfilialen sicherlich ähnlich optimistische Gedanken zur Sicherheit ihrer Arbeitsplätze. Und vor 20 Jahren waren vielleicht viele der 25.000 Mitarbeiter des Baukonzerns Philipp Holzmann überrascht, dass dieser Global Player drei Jahre nach seinem 150. Geburtstag in die Insolvenz ging.

Sie verstehen …

Wie bauen wir also solche Finanzpolster auf? Das geht sicherlich nicht über Nacht. Aber wir können es uns mit ein paar Techniken einfacher machen.

Ein paar einfache Grundsätze bestimmen, welche Maßnahmen wir ergreifen und welche nicht. Wir können uns diese Grundsätze im EAST-Modell leicht merken.

- Make it Easy: ohne Hürden und ohne große geistige Anstrengung oder Nachdenken.
- Make it Attractive: Es zieht unsere Aufmerksamkeit auf sich (auf ansprechende, zum Beispiel humorvolle Weise).
- Make it Social: Es bezieht andere mit ein, die uns unterstützen oder die sich ähnlich verhalten (wollen).
- Make it Timely: Die Aufforderung zum Handeln erfolgt zu einem Zeitpunkt, an dem wir eher bereit sind, es auch wirklich zu tun.

Das EAST-Modell wurde im Jahr 2014 vom britischen Behavioural Insights Team vorgestellt, einer ursprünglich mit der britischen Regierung in Verbindung stehenden, heute allerdings unabhängigen Beratungsfirma. Dieses Modell fasst diverse wichtige Erkenntnisse der Verhaltenswissenschaften im Initialwort EAST[43] zusammen. EAST steht für:

E – Make it Easy (Mache es einfach)
A – Make it Attractive (Mache es attraktiv)
S – Make it Social (Mache es gesellig)
T – Make it Timely (Mache es rechtzeitig)

Dieses Modell kann für beinahe alle Zwecke benutzt werden. Wann auch immer wir uns selbst oder andere davon überzeugen wollen, Verhaltens- und Denkweisen zu ändern, können wir uns entlang der EAST-Prinzipien hangeln.

Es gibt viele Dinge, die in Großbritannien schieflaufen. Der Brexit war ein offensichtliches Eigentor. Ich bin mir sicher, dass mindestens eine Generation finanziell und emotional an diesem Unglück zu knabbern haben wird. Aber die Popularisierung verhaltenswissenschaftlicher Erkenntnisse in Großbritannien sehe ich häufig als einen handfesten Vorteil gegenüber Deutschland.

Dies offenbart sich beispielsweise an Behördengängen. Jeder Deutsche kennt das Gefühl der schnell sich verflüchtigenden Lebensfreude, wenn einem ein »Amtliches Merkblatt« in die Hand gedrückt wird. Oder die Frustration, wenn sich nach dreimal Lesen desselben Satzes dessen Sinn immer noch nicht erschlossen hat. In Großbritannien fand ich es einfacher, einen britischen Pass für meine deutschen Kinder zu beantragen, als meinen deutschen Reisepass beim Konsulat zu verlängern.

Bei einem Reisepass handelt es sich natürlich um ein Dokument, an dem ich ein starkes Interesse habe (wegen des Brexits komme ich ohne Reisepass gar nicht mehr nach Großbritannien). Aber bei anderen Verfahren ist meine intrinsische Motivation vielleicht geringer. Zum Beispiel müsste ich einen schriftlichen Antrag stellen, um als im Ausland lebender Deutscher an der Bundestagswahl teilnehmen zu können. Hierzu, so informiert die Bundeswahlleiterin, muss der Antrag »persönlich und handschriftlich von der Antragstellerin bzw. dem Antragsteller unterzeichnet sein und der Gemeinde, in der sie bzw. er zuletzt in Deutschland mit Hauptwohnsitz gemeldet war, im Original übermittelt werden«[44].

Mit anderen Worten, die Behörden machen es mir relativ schwer, an der Bundestagswahl teilzunehmen, wenn ich bedenke, was ich hierzu alles machen müsste: Ich muss die Antragsformulare finden und drucken; die ausgefüllten Formulare müssen dann in zweifacher Ausführung entweder persönlich an mein ehemaliges Ortsamt in Hamburg herangetragen oder, wie in meinem Fall möglich, in Edinburgh beim Generalkonsulat abgegeben werden; all dies muss spätestens 21 Tage vor der Wahl abgeschlossen sein.

Letztendlich waren die Hürden größer als meine Motivation, und so registrierte ich mich nicht zur Bundestagswahl. Vielleicht ist es politischer Wille, es im Ausland lebenden Deutschen zu erschweren, sich an der Bundestagswahl zu beteiligen. Aber ich vermute eher, dass ein bürokratisches Monster schlichtweg nicht berücksichtigt, wie Menschen ticken. Auf YouTube und Verbraucherportalen befinden sich diverse Hinweise dazu, wie man Kindergeldanträge stellt und Steuererklärungen ausfüllt. Viele der Videos im YouTube-Kanal »Steuern und Wirtschaft erklärt« sind nur deshalb populär, weil staatliche und andere Institutionen es nicht für nötig halten, die Dinge einfach zu erklären und einfach zugänglich zu machen.

Mache es einfach: Es klingt nach einer banalen Erkenntnis. Aber sie muss immer wieder in Erinnerung gerufen werden: Wenn wir ein bestimmtes Verhalten ermutigen wollen, dann muss es einfach sein, dieses Verhalten an den Tag zu legen. Die kleinsten Hindernisse können uns davon abhalten, Finanzpolster aufzubauen.

Hierin liegt eine banale Erkenntnis aus den Verhaltenswissenschaften: Häufig tun wir die richtigen Dinge nicht, weil es schwer ist, das Richtige zu tun – oder weil es einfacher ist, das Falsche zu tun. Wenn wir Menschen bestimmte Verhaltensweisen nahelegen wollen, dann müssen wir es ihnen einfach machen. Wenn wir es ihnen schwer machen, dann erreichen wir das Gegenteil.

Können wir uns also auch Finanzpolster aufbauen, indem wir es uns *einfach* machen, dies zu erreichen? Ja! Hier ist ein Beispiel. Wir können es einrichten, dass am Zahltag automatisch ein bestimmter Betrag auf ein für diesen Zweck eingerichtetes Tagesgeldkonto überwiesen wird. Mit anderen Worten: Wir müssen dann keine Zeit dafür finden und uns nicht daran erinnern, unser Vorhaben umzusetzen. Es passiert einfach automatisch. Wenn das Geld aus dem Girokonto erst mal verschwunden ist, dann können wir es auch nicht mehr ausgeben (und es gibt diverse Belege dafür, dass wir in den Tagen nach dem Zahltag – wenn wir mehr Geld haben – bewusst oder unbewusst mehr Geld ausgeben)[45]. Sollten Sie anfänglich zu hohe Raten zum Aufbau von Finanzpolstern zurücklegen, dann können Sie sich bei Bedarf immer noch das Geld aus dem Tagesgeldkonto an Ihr Girokonto zurücküberweisen. Aber der etablierte Standard ist, einen bestimmten Betrag gleich zur Seite zu legen. Mit wie viel könnten Sie anfangen? Sind 10 % Ihres Nettogehalts möglich? Falls es tatsächlich zu viel ist, dann fangen Sie mit kleineren Beträgen an. Nutzen Sie die in den beiden vorherigen Kapiteln genannten Tipps zur Erfassung von Einnahmen und Ausgaben, um festzustellen, wie viel mehr Sie in Zukunft sparen könnten. So können Sie Ihre Sparquote nach und nach aufstocken.

Eine andere Art, es uns einfach zu machen, besteht im Rundungssparen. Einige Banken und die Sparkasse bieten diese Möglichkeit an. Bei jeder Kartenzahlung wird hierbei jeder Betrag auf den nächsten Euro aufgerundet. Und der Differenzbetrag geht in ein hierfür eingerichtetes Unterkonto. Wenn Sie sich zum Beispiel ein Busticket für 3,20 Euro kaufen, dann werden 4 Euro abgebucht und 80 Cent in Ihr Unterkonto gebucht. Über die Wochen und Monate können hier größere Beträge zusammenkommen.

Sie können sich schließlich Erinnerungen an jedem Zahltag in den Kalender setzen, um dann zu überprüfen, wie viel Geld Sie vor der Auszahlung Ihres Gehalts auf dem Girokonto hatten. Diesen Betrag können Sie sich dann manuell auf das Tagesgeldkonto überweisen. Häufig setzen wir unsere Vorhaben nur deshalb nicht um, weil wir es im Alltag vergessen. Mit Erinnerungen machen Sie es sich einfacher, Ihr Vorhaben auch umzusetzen.

Das »A« im EAST-Modell steht für »Make it Attractive« oder »Mache es attraktiv«. Hier geht es weniger darum, etwas anzubieten, das in einem rationalen oder ökonomischen Sinne wirklich attraktiv ist. Vielmehr geht es darum, Interventionen zu finden, die unser schnell denkendes System 1 attraktiv findet. So sind Angebote in den stationären oder Onlinesupermärkten häufig objektiv betrachtet nicht attraktiv. Aber wir gehen trotzdem auf diese Angebote ein, weil unser System 1 von den roten Preisschildern, der Null-Prozent-Finanzierung oder dem herabgesetzten Preis angetan war. Kurzum, die Angebote erregen unsere Aufmerksamkeit.

Mache es attraktiv: Alles, was ein günstiges Kosten-Nutzen-Verhältnis hat, ist attraktiv – so sieht es System 2. Aber was ist mit dem weniger kalkulierend denkenden System 1? Bei der Richtlinie »Mache es attraktiv« geht es vor allem darum, es unseren Instinkten, Emotionen und automatischen Verhaltensweisen attraktiv zu machen.

In jeder Minute gibt es womöglich Hunderte Dinge, die Ihre Aufmerksamkeit erfordern: Eine Kollegin hat eine dringende Frage, die per E-Mail kommuniziert wird; die Schule ruft an; ein Freund schickt eine WhatsApp-Nachricht; per Teams kommt der Hinweis, dass der Vorgesetzten der geteilte Vorschlag gefällt; die Nachrichten kündigen eine Eilmeldung an ... Und so weiter. Wenn wir von der Arbeit nach Hause kommen, dann drücken sich vielleicht gleich diverse Arbeiten des Haushalts auf: Die Wäsche kann abgehängt werden, die Post zur Seite gelegt oder sortiert werden, der Rasen gemäht oder die Heizung hoch- oder runtergefahren werden und so weiter. Es ist nahezu unmöglich, an etwas Wichtiges wie den Aufbau von Finanzpolstern (oder Schuldenabbau, Altersvorsorge und vieles mehr) zu denken, wenn sich gleichzeitig Hunderte Dinge um uns herum ebenso aufdrängen.

Wie also lenken wir die Aufmerksamkeit auf die Finanzpolster, die es aufzubauen gilt?

Zum Beispiel richten Sie Ihre Aufmerksamkeit immer wieder auf Ihr Ziel, indem Sie sich daran erinnern. Tatsächlich gebe ich diesen Tipp häufig meinen Kollegen in der Kommunikationsabteilung. Sie sagen zum Beispiel: »Es sollte doch wirklich jedem klar sein, warum man für den Notfall Kontaktdaten von Nahestehenden angibt. Aber als wir die E-Mail dazu verschickten, haben es nur X % getan.« Und meine erste Gegenfrage lautet: Habt Ihr eine Erinnerung geschickt? Ich wette, dass viele Menschen die Nachricht gesehen haben, sogar handeln wollten, aber dann aus irgendeinem Grund abgelenkt wurden.

Sie können sich eine Erinnerung zum Beispiel in den Kalender eintragen. Oder Sie könnten sich Ihr Umfeld so einrichten, dass Sie stets an Ihr Ziel erinnert werden. Machen Sie hierfür kleine Änderungen in ihrem Umfeld, die berücksichtigen, worauf Sie automatisch Ihre Aufmerksamkeit richten. Wenn Sie zum Beispiel häufig abends Fernsehen schauen, kleben Sie sich eine 1-Cent-Münze mit durchsichtigem Klebeband auf die Fernbedienung oder, etwas aufdringlicher, in eine Ecke des Fernsehers. Erinnern Sie sich an Paul Dolan, den Hobby-Bodybuilder, der sich sein Büro in der Londoner Innenstadt mit Gewichten vollgestellt hat, damit er nicht vergisst zu trainieren – er beherzigt genau diesen Tipp.

Eine weitere Möglichkeit, Finanzpolster aufzubauen, besteht darin, kleine Etappenziele (zum Beispiel 200 Euro bis Monatsende) gut platziert zu dokumentieren (zum Beispiel am Kühlschrank). Auf diese Weise vergessen Sie Ihre Ziele nicht und erinnern sich stets an Ihr Vorhaben.

Sie können darüber hinaus den Aufbau von Finanzpolstern für Ihr System 1 attraktiv machen, indem Sie kleine Erfolge feiern. Gönnen Sie sich dann etwas, das Sie sich normalerweise nicht einfach erlauben (idealerweise etwas, das nichts kostet), sodass Sie sich darauf freuen, wenn Sie Ihr Etappenziel erreichen: Machen Sie zum Beispiel einen kleinen Spaziergang, um das Erfolgserlebnis zu genießen. Gönnen Sie sich eine Belohnung wie zum Beispiel eine extra Tasse Tee oder Kaffee, machen Sie früher Feierabend und lesen Sie ein gutes Buch, machen ein Puzzle oder hören etwas Musik.

Oder machen Sie das Gegenteil: Tun Sie etwas, das Ihnen eigentlich widerstrebt, aber zu dem Sie sich verpflichten, wenn Sie Ihr Ziel *nicht* erreichen: Tragen Sie den Mantel, den Sie eigentlich nicht mehr mögen. Oder jubeln Sie, wenn das falsche Fußballteam ein Tor schießt. Das amerikanische Unternehmen stickK.com, das es seinen Nutzern ermöglicht, »commitment contracts« (Bindungsverträge) abzuschließen, um ihre persönlichen Ziele zu erreichen, funktioniert auf diese Art und Weise. Sie melden sich dort kostenlos an (überhaupt ist der ganze Service kostenlos), geben ein Ziel an (Finanzpolster aufbauen, Gewicht abnehmen, mehr Zeit für Freunde) und können ebenso festhalten, wozu Sie sich verpflichten, wenn Sie Ihr Ziel nicht einreichen: zum Beispiel zu einer Spende an eine Organisation oder Partei, die Sie eigentlich nicht unterstützen möchten.

Eine weitere Art, wie Sie Finanzpolster aufbauen können, besteht darin, das zugrundeliegende Problem anders zu benennen oder umzuinterpretieren. Vielleicht widerstrebt es Ihnen, Finanzpolster aufzubauen, weil Sie nicht an die negativen Erlebnisse denken wollen, die die Rücklagen notwendig machen. In dem Fall können Sie, um den Aufbau von Rücklagen attraktiver zu machen, den Notfallgroschen zum »Freiheitsfonds« umdeuten. Wenn der Notfallgroschen dafür existiert, für negative Ereignisse vorbereitet zu sein, ist der Freiheitsfonds dafür da, positive Ereignisse finanzieren zu können. Sollten Sie zum Beispiel eine Geschäftsidee haben, Ihren Job kündigen wollen, um erneut zu studieren, oder sich für einen MOOC-Onlinekurs bei der vom MIT und der Harvard-Universität entwickelten Bildungsplattform edX einschreiben möchten, lohnt es sich, dies mit den Mitteln aus einem sogenannten »Freiheitsfonds« zu finanzieren.. Es geht bei Rücklagen nicht unbedingt nur um den Aufbau von Polstern für schlechte Ereignisse. Es geht generell darum, dass Sie Optionen haben. Das Wort »Freiheitsfonds« macht das vielleicht besser deutlich.

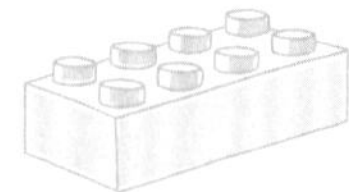

Menschen sind soziale Wesen. Wie schon im zweiten Kapitel erläutert, urteilen wir selten unabhängig oder intrinsisch, ob etwas gut/schlecht, möglich/unmöglich oder erstrebenswert/nicht erstrebenswert ist. Wir beurteilen all dies vielmehr, indem wir das Verhalten anderer berücksichtigen.

Mache es sozial (gesellig). Als soziale Wesen fällt es uns leichter, ein Ziel zu erreichen, wenn wir es gemeinsam mit anderen machen. Die eingangs erwähnten Sparclubs waren ein gutes Beispiel für den gemeinsamen Aufbau von Finanzpolstern.

Vielleicht kennen Sie auch das Phänomen, dass Sie eine Bar oder ein Restaurant in einem Ihnen unbekannten Ort danach aussuchen, wie viele andere Menschen schon in diesem Lokal sind. Es handelt sich hierbei um eine sehr hilfreiche Faustregel. Die Alternative wäre, Speisekarten und Preise zu vergleichen oder Reviews auf TripAdvisor oder anderswo zu prüfen. Aber die Faustregel »Mache das, was die anderen machen« vereinfacht uns den Umgang mit komplexen Situationen.

Die dritte Intervention des EAST-Modells lautet: »Make it Social« oder »Mache es gesellig«. Sie berücksichtigt die genannte Faustregel »Mache das, was die anderen machen«. Aber wie können wir den Aufbau von Rücklagen »gesellig« machen?

Sie könnten zum Beispiel einen Flohmarkt mit Freunden machen und die Erlöse für Ihre Rücklagen nutzen. Fast jeder hat irgendwo im Keller oder im Dachboden, im Kleiderschrank oder in irgendwelchen kleinen Stauräumen nicht gebrauchte oder ungewollte Gegenstände. All diese Dinge zusammengenommen sind vielleicht eine gute Basis für die ersten 100 oder 200 Euro des eigenen Finanzpolsters. Wenn Sie den Flohmarkt mit Freunden machen, teilen Sie sich nicht nur die Standkosten, Sie machen es zu einem gemeinsamen Erlebnis, das hoffentlich sogar Spaß macht.

Sie könnten das gemeinsame Erlebnis ausweiten und zusammen mit Ihrem Freund/Ihrer Freundin die eigenen Gegenstände in Ihrer Wohnung durchgehen und auf ihren Nutzen oder Wert hin hinterfragen. Auf diese Weise wird die Anzahl zu verkaufender Objekte eventuell sogar größer. Der schon besprochene Besitztumseffekt lässt uns den Wert von Dingen in unserem Besitz als wertvoller erscheinen, als sie es tatsächlich sind. Einem Freund erklären zu müssen, warum wir den alten Kindersitz, die zweite Teekanne oder das seit Jahren ungenutzte Fahrrad behalten wollen, verdeutlicht uns vielleicht eher, warum wir den Gegenstand eigentlich nicht mehr brauchen.

Des Weiteren können Sie den Aufbau Ihrer Finanzpolster sozial oder gesellig machen, indem Sie mehrere Menschen in Ihren Plan einweihen. Sagen Sie Ihrer Partnerin oder Ihrem Partner, dass Sie jetzt vorhaben, bis zum Ende des Monats eine bestimmte Summe zur Seite zu legen. Oder bitten Sie Ihre Freunde, sich regelmäßig nach Ihrem Fortschritt zu erkundigen. Vielleicht gibt es jemanden in Ihrem

Bekannten- oder Freundeskreis, der ähnliche Anliegen hat. Wenn Sie es gemeinsam machen, ist die Wahrscheinlichkeit höher, dass Sie Ihr Ziel auch tatsächlich erreichen!

Letzteres zeigten Forschungen unter chilenischen Kleinunternehmern: Die von drei an der Columbia Business School in New York City tätigen Ökonomen durchgeführte Studie zeigte Erstaunliches:[46] Sparkonten mit höheren Zinsen taugten nicht dazu, Menschen zum Sparen anzuregen. Das Gegenteil hätte man vermuten können, weil der Nutzen von höheren Zinsen objektiv – für System 2 – attraktiv ist. Aber in der schlussendlich erfolgreichsten Studiengruppe wurde den Teilnehmenden nur ein einfaches Konto ohne irgendwelche Zusatzleistungen oder besondere Zinssätze angeboten. Sie bekamen zusätzlich jedoch die Möglichkeit, ihre Sparziele festzulegen und gegenüber anderen Teilnehmenden öffentlich bekannt zu machen. Ihr Fortschritt wurde dann in wöchentlichen Treffen mit den anderen Mitgliedern gemeinsam diskutiert. Und diese Geselligkeit machte den Unterschied aus. Es ist ein wenig wie bei den einleitend genannten Sparclubs. Auch diese machen den Aufbau von Finanzpolstern zu einem gemeinschaftlichen Ereignis. In der Gruppe bekommt das Ziel eine neue Dynamik.

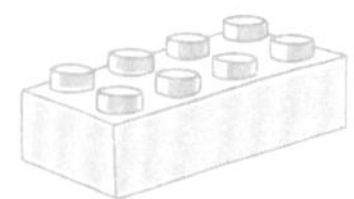

Diverse verhaltenswissenschaftliche Studien belegen, dass die bislang genannten Interventionen funktionieren. Wenn wir es uns einfach machen, wenn wir es attraktiv machen (auf eine Art, die in erster Linie das System 1 anspricht) und wenn wir es gesellig machen, dann können wir tatsächlich unsere Verhaltensweisen und Gewohnheiten ändern beziehungsweise selbst gesteckte Ziele erreichen. All diese Techniken werden jedoch noch besser funktionieren, wenn wir sie zur *richtigen Zeit* anwenden.

Zeit, wie David Halpern uns in diesem Zusammenhang erinnert[47], ist aus zwei Gründen wichtig: Zum einen gibt es einen ganz einfachen kausalen Zusammenhang zwischen Zeit und unseren alltäglichen Aktivitäten. Jeder weiß zum Beispiel, dass bestimmte Gewohnheiten im Kindesalter angelernt werden (beispielsweise Sprache oder die Fähigkeit, Fußball oder Klavier zu spielen). Je früher wir uns etwas angewöhnt haben und je länger wir etwas machen, desto eher behalten wir diese Praxis auch routinemäßig bei.

Mache es rechtzeitig: Wir können »zeitliche Orientierungspunkte« (wie zum Beispiel Montage, den Neujahrstag, Weihnachten oder den Geburtstag) nutzen, um unsere Vorhaben wirklich umsetzen. Finden Sie den nächsten zeitlichen Orientierungspunkt, an dem Sie damit anfangen, Finanzpolster »jetzt aber wirklich« aufzubauen.

Zum anderen ist die zeitliche Dimension von Bedeutung, weil wir selbst etablierte Verhaltensweisen zu bestimmten Zeitpunkten eher ändern. In meinen eigenen Forschungen bei meinem jetzigen Arbeitgeber habe ich zum Beispiel festgestellt, dass das Verhalten von Menschen, deren Alter mit 9 endet (29, 39, 49 etc.), in manchen spezifischen Fällen anders ist als das von anderen. Das macht intuitiv Sinn: Vor dem symbolisch aufgeladenen runden Geburtstag hinterfragen wir uns und unsere Motive, Ziele und Erfolge anders als zu anderen Zeitpunkten. Es gibt andere Forschungen, die zeigen, dass Menschen, deren Alter mit 9 endet, eher einen Marathon laufen und ihn sogar schneller laufen. Und es gibt Forschungen, die belegen, dass Menschen, deren Alter mit 9 endet, eher auf Portalen wie Ashley Madison unterwegs sind (wo man online eine Affäre finden kann).[48]

Runde Geburtstage (oder der Geburtstag ein Jahr vor dem runden Geburtstag) sind »zeitliche Orientierungspunkte«. So wie *räumliche* Orientierungspunkte uns Richtung und Leitlinien geben, so können zeitliche dies ebenso tun. Einige von diesen kennen Sie vielleicht. Laut Google Trends schnellt zum Beispiel die Suche nach Fitnessstudios und Diäten in der ersten Woche des Jahres in die Höhe. Daniel Pink[49] identifizierte für jedes Jahr ungefähr 76 zeitliche Orientierungspunkte, die wir nutzen können. Diese sind:

- der erste Tag des Monats (12)
- Montage (52)
- die erste Januarwoche – solange es akzeptabel ist, »Frohes Neues Jahr« zu sagen (7)
- der erste Tag von Frühling, Sommer, Herbst, Winter (4)
- Ihr Geburtstag (1)
- Ihr X9. oder X0. Geburtstag (zweimal alle zehn Jahre)
- der erste Tag in einem neuen Job (durchschnittlich zwölfmal im Laufe des Arbeitslebens)
- nach einem Lebensereignis wie Namensänderung (nur einmal im Leben, wenn alles gut läuft)
- nach einem Adresswechsel (ungefähr alle 15 Jahre)

Dieses Wissen können Sie nutzen!

Haben Sie ernsthaft vor, Finanzrücklagen aufzubauen (oder einen Budgetplan aufzustellen oder mit der Altersvorsorge zu beginnen)? Dann suchen Sie nach dem nächstmöglichen zeitlichen Orientierungspunkt, an dem Sie damit beginnen können. Er sollte nicht in zu ferner Zukunft liegen (vielleicht in den nächsten drei Wochen), weil Sie es sonst Ihrem System 1 wieder zu einfach machen, das Vorhaben auf die lange Bank zu schieben. Sie könnten zum Beispiel schon jetzt das Tagesgeldkonto eröffnen und die erste und ab dann regelmäßige Überweisung für ein Datum nach dem zeitlichen Orientierungspunkt aufsetzen.

Eine weitere Technik, die Sie anwenden können, um *rechtzeitig* Ihr Vorhaben umzusetzen, ist der in Kapitel 3 genannte »Wenn-dann-Plan«. Zum Beispiel können Sie sich vornehmen, dass Sie, *wenn* Sie unverhofft Geld bekommen (zum Beispiel eine Entschädigung, Steuererstattung, ein hohes Trinkgeld, Weihnachtsgeld, etc.), *dann* davon 80 % auf Ihrem Tagesgeldkonto anlegen. Oder *wenn* der Zahltag bevorsteht, dass Sie *dann* immer schauen, wie viel Geld übrig geblieben ist, und diesen Betrag für Rücklagen zur Seite legen.

Eine sehr ähnliche Technik wurde von Verhaltensökonomen vielfach erforscht: Es handelt sich um sogenannte mit sich selbst (oder mit einem von Ihnen ernannten Schiedsrichter) abgeschlossene Bindungsverträge (»commitment contracts«) – das oben genannte Unternehmen stickK.com funktioniert so. Bindungsverträge sind harmlos formalisierte »Wenn-dann-Pläne«. Nava Ashraf und ihr Team aus Verhaltens- und Entwicklungsökonomen haben diese Intervention in den ländlichen Regionen der Philippinen mit einer Mikrofinanzierungsbank untersucht (solche Banken bieten Dienstleistungen für arbeitslose oder einkommensschwache Personen oder Gruppen, die sonst keinen anderen Zugang zu Finanzdienstleistungen haben).[50] In diesem Programm bekamen Kunden der Bank Sparbüchsen, zu denen nur die Bank den Schlüssel hatte. Darüber hinaus wurde ein informeller Bindungsvertrag abgeschlossen. Dies war nur ein recht einfacher Zettel. Eine Variation davon habe ich für Ihre Zwecke hier reproduziert.

Ich, ____________________, verpflichte mich, ein Finanzpolster aufzubauen.

Hierfür eröffne ich ein Tagesgeldkonto und spare ________ Euro

bis zum _______.

Ich werde alles versuchen, um dieses Ziel zu erreichen, indem ich

________ Euro pro Woche / pro Monat auf dieses Tagesgeldkonto überweise.

Wenn ich dieses Ziel erreiche, dann habe ich größere finanzielle Sicherheiten.

____________________, (Name) ____________________, (Datum)

Die Studien von Nava Ashraf zeigen, dass selbst sehr arme Menschen mithilfe dieser einfachen Methoden Finanzpolster aufbauen können. Nach sechs Monaten haben diejenigen mit einem Bindungsvertrag 46 % mehr gespart als die Vergleichsgruppe ohne diesen Vertrag. Nach einem Jahr waren es 80 % mehr.

Sie können sich ein Äquivalent zu diesem Produkt oder Prozess aufbauen: Richten Sie sich ein Tagesgeldkonto oder ein Unterkonto in Ihrem Girokonto ein. Und nehmen Sie sich fest vor – indem Sie jenen Vertrag ausfüllen –, einen bestimmten Betrag bis zu einem bestimmten Zeitpunkt gespart zu haben.

Wie hoch sollte dieser Betrag sein?

Wir haben in diesem Kapitel vor allem darüber nachgedacht, wie wir Rücklagen aufbauen können. Wir haben nicht darüber nachgedacht, auf *wie viel* Geld wir monatlich verzichten sollten, um drei Nettogehälter anzusparen.

Hierzu gibt es eine weitere ausgezeichnete Faustregel: die 50-30-20-Regel, die von der amerikanischen Senatorin Elizabeth Warren und ihrer Tochter Amelia Warren Tyagi entwickelt wurde.[51] Diese effektive Regel empfiehlt, dass wir unser Nettogehalt in drei Kategorien aufteilen: 50 % für lebensnotwendige Ausgaben (Miete, Lebensmittel, Unterhaltskosten, etc.). 30 % für persönliche Ausgaben und Vergnügungen. Und die verbleibenden 20 % zur Verbesserung unserer finanziellen Situation.

Die 20 % des Nettogehalts, die wir zur Verbesserung unserer finanziellen Situation verwenden, können auf verschiedene Weise eingesetzt werden. Hierzu zählen der Abbau von »schlechten Schulden» wie Kreditkartenschulden oder teure Konsumkredite, der Aufbau eines Notgroschens wie in diesem Kapitel besprochen, die Investition in die Altersvorsorge oder das Ansparen für eine Baufinanzierung.

Indem wir uns daran gewöhnen, 20 % unseres Einkommens für diese wichtigen Ziele zu verwenden, entwickeln wir langfristig eine verantwortungsbewusste Einstellung zum Umgang mit Geld.

Wenn wir von den hohen Summen hören, die wir idealerweise als Notgroschen zur Seite gelegt haben (oder für Optionen in einem Freiheitsfonds angespart haben), dann reagiert unser System 1 sofort auf ablehnende Weise: Niemals werde ich so viel Geld sparen können. Ich brauche nicht so viel – mein Partner verdient gut, mein Arbeitsplatz ist sicher, zur Not habe ich noch Freunde oder Eltern etc.

Das ist normal: System 1 sucht immer den einfachsten Weg. Anstrengung, Schmerz und Einschränkungen möchte es vermeiden. In diesem Kapitel und ebenso in einigen vorherigen Kapiteln haben wir gesehen, dass Emotionen und Instinkte unseren Umgang mit Geld stark beeinflussen. Es ist schwer, gegen diese tief verinnerlichten Annahmen und Gewohnheiten anzukommen – unser System 1 verhindert es immer wieder, dass wir uns zu sehr damit beschäftigen und somit das erreichen, was eigentlich sinnvoll ist (und von dem unser System 2 weiß, dass es sinnvoll ist).

In diesem Fall helfen die Techniken aus dem EAST-Modell: Und diese wirken nicht nur für den Aufbau von Rücklagen. Sie können ebenso in der Altersvorsorge angewandt werden. Zum Beispiel wurde mehrfach bewiesen, dass automatisch vom Gehalt abgezogene Einzahlungen in die Privatrente langfristig bessere Ergebnisse produzieren, als wenn Menschen nur ab und an versuchen, sich daran zu erinnern, mal wieder in die Vorsorge einzuzahlen.[52]

Und tatsächlich können die hier genannten Techniken auch in komplett anderen Bereichen angewandt werden: Die Bindungsverträge funktionieren etwa auch in Programmen zur Abgewöhnung vom Rauchen[53] oder zur Reduktion von Alkoholkonsum[54]. Wann auch immer wir uns (oder jemand anderen) dazu motivieren wollen, etwas zu tun, lohnen sich diese Faustregeln: Mache es einfach, mache es attraktiv, mache es gesellig, und mache es rechtzeitig.

6. MINDSET-BAUSTEIN »LANGER ZEITHORIZONT«

Mit 28 olympischen Medaillen, davon 23-mal Gold, ist Michael Phelps der mit weitem Abstand erfolgreichste Olympionike. Als erfolgreicher Frei-, Schmetterlings- und Rückenschwimmer, einzeln und in der Staffel, gilt der Amerikaner auch als der vielseitigste Schwimmer der Gegenwart. Selbstverständlich trainierte Phelps viele Stunden und mit den besten Trainern des Landes: Krafttraining, Ausdauertraining, technische Optimierung und vieles mehr waren fester Bestandteil seines Programms. Hinzu kam aber auch ein spezifisches Mentaltraining.

Als er die Arena nach Bekanntgabe seines Namens betrat, hörte er den Jubel der amerikanischen Unterstützer wahrscheinlich nicht. Zu laut war die Musik aus seinen Kopfhörern, die er erst kurz vor Betreten des Startblocks abnahm. Denn was er in diesem Moment erlebte, hatte er bis dahin schon viele Male im Kopf durchgespielt. Er war im Autopilotmodus – nichts sollte stören oder ablenken.

In einem gemeinsamen Interview mit seinem Trainer Bob Bowman[55] erklärte dieser, wie Michael Phelps schon früh lernte, bestimmte Szenarien im Wasser zu visualisieren. Dies waren *lebhafte* Visualisierungen, betont Bowman – keine abstrakten oder diffusen. Und Phelps führte aus: »Wenn ich einen Wettkampf visualisiere, dann spiele ich durch, was ich möchte, was ich nicht möchte und was passieren könnte. Sodass ich, wenn etwas passiert, komplett darauf vorbereitet bin.«

Wenn Sie an sich selbst in zehn oder 15 Jahren denken, haben Sie eine konkrete oder vage Vorstellung von dem, was Sie tagein, tagaus machen? Können Sie sich konkret oder nur in etwa vorstellen, mit wem Sie Zeit verbringen werden und wo und wie Sie leben werden?

Hier sind einige Beispiele von konkreten und vagen Zukunftsvorstellungen:

	Vage und …	… konkrete Zukunftsvorstellung
Berufsanfänger	In fünf Jahren möchte ich nicht mehr in dieser WG wohnen und ich möchte einen Job haben, der mir Spaß macht.	In fünf Jahren möchte ich als festes Teammitglied in einer Architekturfirma etabliert sein. Ich möchte zentral leben, sodass ich Freizeitangebote und berufliche Verpflichtungen mit dem Fahrrad anfahren kann.
Mitten im Erwerbsleben	In fünf bis zehn Jahren möchte ich mehr Zeit für die Familie haben.	In fünf bis zehn Jahren möchte ich an den Stadtrand gezogen sein. Ich möchte ein Haus mit Garten abbezahlen. Am Wochenende werde ich mit den Kindern im Garten arbeiten.
Zehn Jahre vor dem Ruhestand	Wenn ich nicht mehr arbeite, dann möchte ich endlich meine Ruhe haben und meinen Hobbys nachgehen.	Wenn ich nicht mehr arbeite, dann engagiere ich mich dreimal die Woche im Karnevalsverein. Wir werden so wohnen, dass ich für lange Spaziergänge leicht ins Naturschutzgebiet komme. Gleichzeitig komme ich schnell mit der S-Bahn in die Stadt für Museums- und Theaterbesuche.

Einige finden es sehr leicht, sich die Zukunft konkret vorzustellen. Aber andere finden es sehr schwer. Warum ist das so?

Menschen können zwischen sich und anderen unterscheiden. Hierbei handelt es sich natürlich um eine immens wichtige Fähigkeit. In neurowissenschaftlichen und mit Bildgebungsverfahren arbeitenden Studien wurde festgestellt, dass Menschen eine verminderte Aktivierung in kortikalen Mittellinienstrukturen aufweisen, wenn sie über andere Menschen nachdenken, und dass sie eine stärkere Aktivierung dieser Hirnregion bei Selbstreflexion oder Introspektion aufweisen.[56]

Der Psychologe und Verhaltenswissenschaftler Hal Hershfield, einer der bekanntesten Pioniere im Bereich Zukunftsvisualisierung, hat in einer seiner ersten Studien mithilfe solcher Bildgebungstechnologien Erstaunliches festgestellt: Viele Menschen aktivieren, wenn sie an ihr zukünftiges Selbst denken, den Teil des Gehirns[57], in dem wir Informationen über *fremde Menschen* verarbeiten. Andere Menschen hingegen aktivieren den Teil des Gehirns, in dem wir Gedanken über uns selbst verarbeiten.[58] Die Studie zeigte ebenso, dass diejenigen, bei denen gegenwärtiges und zukünftiges Selbst denselben Teil des Gehirns aktivierten, eher dazu bereit waren, längerfristig auf ihr Geld zu verzichten (oder zu sparen). Und diejenigen, bei denen Gedanken an das zukünftige Selbst eher den Teil des Gehirns aktivierten, in dem Informationen über Fremde verarbeitet werden, waren weniger dazu bereit, ihr Geld für die Zukunft zu sparen.

Die Erkenntnis lautete einfach ausgedrückt: Für einige Menschen ist langfristiges Sparen beinahe genauso gut, wie das jetzt verfügbare Geld einem Fremden in die Hand zu drücken. Hershfield lieferte hier den ersten psychologischen oder neurowissenschaftlichen Beleg dafür, dass unterschiedliche Menschen eine unterschiedliche Verbindungsqualität zu ihrer Zukunft haben. Er zeigte, dass es manchen Menschen *natürlich* schwerfällt, an die Zukunft zu denken – anderen hingegen nicht.

Die Fähigkeit, die eigene Zukunft visualisieren zu können, ist für das Financial Wellbeing extrem wichtig. Denn Menschen, denen es einfach fällt, eine Verbindung mit ihrer Zukunft aufzubauen, zeigen in vielerlei Hinsicht einen komplett anderen Umgang mit Geld: Bei der Altersvorsorge leuchtet es sofort ein, dass es Menschen mit einer konkreten Verbindung zu ihrem zukünftigen Selbst einfacher finden, private Altersvorsorge zu betreiben. In meinen Forschungen stellte ich zum Beispiel fest, dass Spitzenverdiener mit einer konkreten Verbindung zu ihrer Zukunft viermal wahrscheinlicher hohe Beträge in ihre private Altersvorsorge zahlen als Spitzenverdiener mit einer vagen Verbindung zu ihrer Zukunft. Derselbe Trend trifft, wenngleich auch nicht im selben Maß wie bei Spitzenverdienern, auf alle Einkommensgruppen zu.

Die Fähigkeit, eine Verbindung zwischen gegenwärtigem und zukünftigem Selbst zu sehen, hat allerdings auch auf andere Bereiche einen positiven Einfluss. Zum Beispiel haben Menschen mit langfristigen Zeithorizonten weniger Schulden. Sie haben höhere Finanzpolster. Und es ist wahrscheinlicher, dass sie die angesprochenen empfohlenen Versicherungsprodukte besitzen.

Mit anderen Worten: Für Altersvorsorge, den Umgang mit Schulden oder zum Aufbau von Finanzpolstern braucht man nicht nur Geld. Man braucht ebenso eine bestimmte Geisteshaltung: eine konkrete Verbindung zur Zukunft.

Diese Erkenntnis eröffnet neue Perspektiven. Zum Beispiel ist bekannt, dass Frauen länger leben als Männer, dass Frauen allerdings häufig weniger gespart haben als Männer, sowohl in der privaten Altersvorsorge als auch durch Beitragszeiten und Anrechnungszeiten in der staatlichen Rente. Altersarmut trifft deshalb vor allem Frauen. Die Art und Weise, wie dieses Problem diskutiert wird, fokussiert jedoch einseitig die finanzielle Seite. Frauen wird dazu geraten, mehr zu sparen, früher anzufangen mit dem Sparen, höhere Beiträge in die Betriebsrente zu zahlen oder freiwillige Nachzahlungen zu machen, um Rentenansprüche zu erhöhen.

Häufig wird (berechtigterweise) das Problem hervorgehoben, dass Frauen eher von Altersarmut betroffen sind. Sie werden älter, haben aber in der Regel weniger in die gesetzliche Rentenversicherung eingezahlt. Das Lohngefälle zwischen Männern und Frauen – Frauen verdienen in der Regel weniger – wird hierbei häufig als Grund ausgemacht. Somit suggeriert diese Debatte allerdings, dass Geld der einzige Grund für die Altersarmut sei. Das ist nicht ganz richtig. Geld ist *ein* Grund. Mindset ist ein anderer. Viele Haushalte arrangieren ihre Finanzen auf eine Art und Weise, die Frauen dazu bewegt, kurzfristig zu denken, und Männer, langfristig zu denken. Das ist kontraproduktiv. Denn mit einem langfristigen Zeithorizont zeigen wir ein besseres Finanzverhalten – weniger Schulden, höhere Finanzpolster und mehr Einlagen in der privaten Altersvorsorge.

Wir schauen uns in der Regel jedoch nicht an, dass Haushalte häufig ihre Finanzen auf eine Art und Weise arrangieren, die Frauen dazu bewegt, kurzfristig zu denken, während sie Männer dazu bewegt, langfristig zu denken. In einer von mir durchgeführten Studie unter gemischten Paaren wurden ein paar sehr einfache Fragen gestellt. »Wer ist in Ihrem Haushalt verantwortlich für die Höhe der Ausgaben für a) Lebensmitteleinkauf, b) Drogerieeinkauf c) Einkauf von Geburtstagsgeschenken oder Weihnachtsgeschenken, d) Kleidung, e) Kinderversorgung (zum Beispiel Kita), f) Rücklagen, g) Altersvorsorge?« Die Antwortmöglichkeiten lauteten: »ich«, »mein Partner«, »gleich verteilt«.

Die Studie unter knapp 1000 Menschen ergab, dass Männer für die Unterfragen a bis f angaben, dass ihre Partnerinnen dafür verantwortlich seien. Frauen bestätigten, dass sie selbst dafür verantwortlich seien. Männer gaben hingegen eher an, dass sie selbst für die Höhe der Beiträge in die Altersvorsorge verantwortlich seien. Und Frauen bestätigten, dass ihre Partner für diesen Bereich verantwortlich seien. Dieses Muster traf auch auf Haushalte zu, wo Frauen die besserverdienenden oder ebenso gut verdienenden Mitglieder im Haushalt waren.

Der an Frauen gerichtete Tipp ist objektiv richtig: Frauen arbeiten im Schnitt weniger als Männer und sammeln deshalb häufig geringere Rentenansprüche. Sie sollten deshalb diverse Mittel und Wege suchen, um die finanzielle Situation im Ruhestand zu verbessern. Aber diese Hinweise ignorieren, dass Frauen häufig systematisch (zum Beispiel in der Haushaltsführung) beigebracht wird, nicht an ihre Zukunft zu denken. Und die Fähigkeit, langfristig zu denken, ist wie gezeigt eine wichtige Voraussetzung für den besseren Umgang mit Geld.

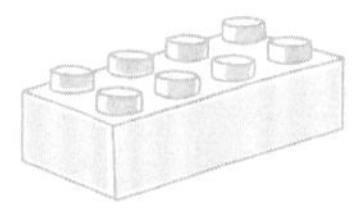

Hal Hershfield hat ebenso in diversen Studien untersucht, wie Menschen geholfen werden kann, längerfristig zu denken. Seine Forschungen zeigen, dass Zukunftsvisualisierung trainiert werden kann – und dass dies einen positiven Einfluss auf die finanzielle Planung haben kann.

Visualisierungstechniken werden bei Profisportlern schon länger angewandt. Sportpsychologen helfen Athleten, sich die Situationen des Wettkampfs kleinteilig und mit allen Sinnen vorzustellen: Stell dir vor, wie es sich anfühlt, auf der Spitze der Skisprungschanze zu stehen; fühle die Kälte und den Wind, der dir um die Ohren weht; sieh das Publikum, das unten auf dich wartet – einige schwenken mit Fahnen; stell dir vor, wie du dich abstößt und Fahrt aufnimmst, und so weiter.

Wenn die Wettkämpfer dann tatsächlich an der Spitze der Skisprungschanze stehen, dann haben sie die Situation in ihrem Kopf – sowie den angestrebten Erfolg – schon mehrfach durchgespielt. Andre Agassi, der Tennisspieler, kam vielen arrogant vor, als er 1992 auf die Frage vom Reporter, wie sich der erste Wimbledon-Sieg anfühle, antwortete: »Ich habe Wimbledon schon mindestens 10.000-mal gewonnen.«

Welche Visualisierungstechniken sind hilfreich, um sich sich selbst im Alter vorzustellen?

Hershfield ist insbesondere mit einer Studie sehr bekannt geworden: der Technik, in der Menschen auf Fotos digital gealtert werden[59]. Hierzu lädt man ein Bild von sich auf einer Plattform hoch, wählt aus, in welchem Alter man sich ansehen möchte, und der Computer fügt Falten, graue Haare und andere Merkmale von älteren Gesichtern hinzu.

Für viele ist dieser Anblick ein Schock: Die amerikanische Investitionsplattform Merrill Edge zum Beispiel hat Hershfields Studie für eigene Marketingzwecke genutzt und zeigt die diversen Reaktionen von plötzlich gealterten Nutzern in einem Werbevideo[60]. In Großbritannien gibt es einen Anbieter, der dieselbe Technologie ebenso zur Verfügung stellt und die auch Sie ausprobieren können.[61]

Hershfields Studien konnten zeigen, dass Menschen, die sich selbst durch den Alterungsfilter in höherem Alter sahen, die Beiträge in die private Altersvorsorge mehr als verdoppelten. Zum ersten Mal registrierten sie, dass es sich bei ihrem zukünftigen Selbst um dieselbe Person handelt wie beim gegenwärtigen Selbst. Die Studie wurde jüngst unter 50.000 Kunden einer mexikanischen Bank wiederholt. Auch hier zeigte sich ein nachhaltig signifikanter Erfolg der Intervention – wenngleich auch nur zu einem viel bescheideneren Grad.[62]

Auch wenn dieser Ansatz Erfolge zeigt, waren wir am Zentrum für verhaltenswissenschaftliche Forschung bei meinem Arbeitgeber nicht sicher, ob es sich hierbei um die richtige Intervention handelte. Wir hatten zum einen die Sorge, dass das Alter auf ein sozial negativ betrachtetes körperliches Phänomen reduziert wird (Falten und graue Haare). Bei den gealterten Gesichtern wird darüber hinaus keine *konkrete* oder *tiefere* Verbindung aufgebaut – eine Verbindung, die tiefere Motivationen, Werte und Ziele berücksichtigt. Zum anderen hatten wir die Sorge, dass insbesondere Frauen diese Intervention vermeiden würden – unter Freunden und Bekannten haben wir nämlich wenige Frauen mittleren Alters getroffen, die sich gern im Alter von 70 Jahren gesehen hätten.

Deswegen untersuchten wir weitere Ansätze in einem hierfür speziell aufgesetzten und von der britischen Regierung geförderten Forschungsprojekt mit der University of Edinburgh.

Die erste von uns entwickelte Alternative berücksichtigte die Erkenntnis, dass wir nicht *nicht* vergleichen können (siehe Kapitel 2 über soziale Vergleiche und Kapitel 5 im Zusammenhang mit »Mache es gesellig«). Eine Studie im ländlichen Äthiopien[63] zeigte, wie in relativer Armut lebende Bauern eher dazu motiviert werden, ihre Kinder in die Schule zu schicken, Düngemittel zu benutzen und Ersparnisse aufzubauen. In der Kontrollgruppe wurden Schulungsprogramme von NGOs angeboten. Hier wurde der langfristige Nutzen von Bildung, Düngemitteln und Finanzpolstern gezeigt, und es wurden einfache Schritte dargelegt, wie das erreicht werden kann. In der Studiengruppe wurden den Bauern Dokumentationen über andere Bauern gezeigt, die ihre Kinder schon zur Schule schicken, Düngemittel benutzen und Finanzpolster aufgebaut haben. Die Studie zeigte, dass diejenigen Bauern, die die Dokumentationen gesehen haben, eher ihr Verhalten geändert und zukunftsorientierte Verhalten entwickelt haben.

Die von uns entwickelte Alternative zeigte Menschen entsprechend alters- und geschlechtsspezifische Videos von normalen Leuten mit typischen Werten, Interessen und Lebenszielen. In diesen Videos von jeweils ungefähr einer Minute Länge erzählten die Menschen von ihrem Berufs- und Familienalltag. Sie erwähnten am Rande, warum sie für die Zukunft sparen und wie sie private Altersvorsorge in den Alltag integrieren. Unser randomisiertes Experiment zeigte: Diese Intervention erzielte ebenso signifikante positive Effekte hinsichtlich langfristigen Sparens wie die gealterten Gesichter (deren Wirkung wir parallel testeten, um einen besseren Vergleich zu haben).

Auch Sie können diese Technik verwenden. Kennen Sie in Ihrem Bekannten- oder Freundeskreis jemanden, der oder die langfristig denkt? Idealerweise handelt es sich um jemanden von ähnlichem Alter und der in Ihrer Nachbarschaft wohnt. Füllen Sie folgenden Steckbrief über diese Person aus:

ÜBUNG

Name der Person, die langfristig denkt: ______________________

Was ist dieser Person wichtig?
(Zum Beispiel: Familie, Freunde, Arbeit, ein bestimmtes Hobby/Sport/Freizeitbeschäftigung)

____

____

Woran zeigt sich, dass die Person langfristig denkt?
(An welchen Gedanken? Was hat die Person diesbezüglich erzählt?)

____

____

Was macht die Person für ihre Zukunft?
(Ernährt sie sich gesund? Zahlt sie hohe Beiträge in private Rentenprodukte? Schmiedet sie Pläne für die Zeit in fünf bis zehn Jahren?)

____

____

Die zweite von uns entwickelte Alternative berücksichtigt eine Anleitung zur Visualisierung des zukünftigen Selbst von Julie Masters und Lyn Holley[64]. Diese Anleitung regt Menschen an, über folgende Dimensionen nachzudenken: ihr physisches Selbst (Aussehen), ihre zukünftige Umgebung (Haus, Wohnformen, Nachbarschaft, Lage), ihre sozialen Welten (Familie, Freunde, Kollegen, Haustiere), ihre Einkommen (aus bezahlter Arbeit, Investitionen, Renten, Ersparnissen) und ihr psychologisches/spirituelles Selbst (Persönlichkeit und alltägliche Aktivitäten, die Freude und Lebenssinn stiften).

In dem von uns getesteten Prototypen wurden Bilder zu den verschiedenen Kategorien gezeigt (zum Beispiel Bilder von physisch aktiven Personen bis hin zu fragilen Menschen oder Bilder von Häusern auf dem Land bis zu Wohnungen in der Stadt), und die Teilnehmenden konnten die Option wählen, die sie am ehesten für ihre Zukunft sahen. Auch diese Intervention hat ebenso signifikante positive Effekte gehabt wie die gealterten Gesichter.

Hier ist ein Beispiel, wie Sie diese Technik für sich selbst anwenden können:

ÜBUNG

In zehn Jahren werden Sie wie alt sein? ____________________

Und wie alt sind Ihr Partner und Ihre Kinder, falls vorhanden?

____

Welcher Arbeit werden Sie nachgehen?

____

Was ist zwischen heute und dann passiert, damit Sie dieser Arbeit nachgehen?

____

Was werden Sie machen, wenn Sie nicht arbeiten?

____

Wo werden Sie leben? ______________________________

Und warum dort?

____

Werden Sie Haustiere haben? ______________________________

Welcher Art? ______________________________

Wohin werden Sie in Urlaub fahren? ______________________________

Und warum dorthin?

____

Vielleicht finden Sie es weiterhin schwer, sich Ihre Zukunft vorzustellen? In dem Fall könnte sich das genaue Gegenteil von Zukunftsvisualisierung lohnen: Denken Sie an die Vergangenheit.

Auf der Grundlage von über 10.000 quantitativen Interviews untersuchte mein Team die Faktoren, die es uns leichter machen, die Zukunft zu sehen. Man könnte meinen, dass Alter eine Rolle spielt: Junge Menschen finden es vielleicht schwerer, sich die Zukunft vorzustellen, als mitten im Leben stehende (und solche, bei denen wichtige Lebensentscheidungen wie Karriere, Familie, Wohnort in der jüngeren Vergangenheit liegen). Aber dem ist nicht so: Alter spielt laut unserer Regressionsanalyse kaum eine Rolle.

Man könnte ebenso annehmen, dass Wohlstand wichtig ist: In dieser Hypothese könnte man vermuten, dass Zukunftsvisualisierung in gewisser Hinsicht ein Luxus ist, den sich viele Leute nicht leisten können. Aber auch das stimmt nicht: Wohlstandsfaktoren wie Gehalt oder Gesamtvermögen spielen eine eher kleine Rolle.

Welche Faktoren also beeinflussen, ob wir uns die Zukunft vorstellen können oder nicht? In unserer Auswertung stellten wir fest, dass der wichtigste Faktor hierfür das Wissen über die Dinge, Erlebnisse und Aktivitäten ist, die uns Freude und Lebenssinn geben.

Über diesen Mindset-Baustein haben Sie im vierten Kapitel gelesen. Die Erkenntnis, anders ausgedrückt, lautet: Mit einem Verständnis für unsere *Vergangenheit* gelangen wir zu einem Verständnis für unser zukünftiges Selbst. Denn wir stellen fest, was uns Freude und Lebenssinn gibt, indem wir lernen, Erlebnisse der jüngeren oder weiter zurückliegenden Vergangenheit einzuschätzen.

Für Neurologen ist diese Erkenntnis gar nicht überraschend: Neurobildgebungsstudien des sogenannten »prospektiven Gedächtnisses« zeigen, dass die Vorstellung zukünftiger Ereignisse gleiche neuronale Prozesse auslöst wie das Abrufen von Erinnerungen an Vergangenes.[65] Mit anderen Worten: Wenn wir an die Vergangenheit denken, dann »trainieren« wir denselben Teil des Gehirns, wie wenn wir an die Zukunft denken. Dies eröffnet neue Lösungen. Einfach ausgedrückt: Wenn Sie es von sich aus schwer finden, sich die Zukunft vorzustellen, dann beginnen Sie mit einer Analyse Ihrer Vergangenheit.

(Es eröffnet allerdings auch neue Probleme: Wenn jemand traumatische Erlebnisse erfahren hat, dann ist es schmerzhaft, an die Vergangenheit zu denken. Trauma ist somit doppelt gemein: Nicht nur hat es den jeweiligen Menschen in der Vergangenheit betroffen, es macht es ihm auch schwer, die Zukunft anzugehen.)

Das Konzept des »prospektiven Gedächtnisses« beruht auf der Erkenntnis, dass eine entscheidende Funktion des Gehirns darin besteht, erinnerte Informationen zu verwenden, um sich mögliche zukünftige Ereignisse vorzustellen, zu simulieren oder vorherzusagen. Im Zusammenhang mit Zukunftsvisualisierung trainieren Sie das »prospektive Gedächtnis« mit Fragen wie diesen:

ÜBUNG

- Welchen Rat würden Sie heute Ihrem jüngeren Selbst geben?
- Welche Herausforderungen und Probleme sehen Sie für das sich von Ihnen vorgestellte zukünftige Selbst?
- Für welche Handlungen, die Sie heute einführen und unternehmen könnten, wäre Ihr zukünftiges Selbst dankbar, damit es diese Herausforderungen und Probleme besser meistert?

Sie könnten all diese Fragen sowie die Zukunftsvisualisierung von weiter oben in einem Verfahren kombinieren: einem Brief an Ihr zukünftiges Selbst. Wie einfach fällt es Ihnen, hier die Lücken zu schließen? Lohnt es sich, diesen Brief mit Ihrer Partnerin oder Ihrem Partner zusammen zu schreiben?

ÜBUNG

Liebe(r) Zukunfts-____________________ (Ihr Name).

Ich ________________ (Verb: zum Beispiel »hoffe«, »denke«, »weiß«), es geht Dir gut. Du bist jetzt _________ (Alter) Jahre alt, und alles ist im Großen und Ganzen ____________________ (Adjektiv: »gut«, »in Ordnung«, »schwer«). Du verbringst viel Zeit mit ____________________ (Name) und machst immer noch ____________________ (Ihr Hobby). Seit Neuestem machst Du auch ____________________ (etwas anderes, worüber Sie schon lange nachgedacht haben).

Du lebst ____________________ (zeitlicher Rahmen: »immer noch«, »schon länger«, »seit Neuestem«, »endlich«) in ____________________ (Ort) in ____________________ (Art von Unterkunft: »einem Haus mit Garten«, »einer Wohnung«, »einer Berghütte«). Hier genießt Du ____________________ (etwas, das Ihnen Freude machen wird).

Im Alltag fühlst Du Dich kompetent, weil ____________________ (etwas, das Ihnen Lebenssinn gibt).

Wenn Du 80 Jahre alt werden solltest, dann hast Du jetzt noch ________ (Anzahl an Jahren) zu leben.

Diese Erkenntnis macht Dich ______________ (Adjektiv: »ruhig«, »nachdenklich«, »traurig«). Dein Leben bis hierhin lief im Großen und Ganzen eher ______________ (Adjektiv: »gut«, »schlecht«, »durchwachsen«).

Manchmal wünschst Du Dir, dass Du im ______________ (Monat und Jahr von heute) Dinge anders gemacht hättest. Eine große Herausforderung im Alltag ist ______________ (etwas, das Sie sich für Ihr zukünftiges Selbst schwer vorstellen). Und dann denkst Du: »Ach, hätte ich doch damals nur ______________ (welche Handlung?) eingeleitet.« Aber damals warst Du in Gedanken vor allem bei

____

(worüber Sie sich heute sorgen – zum Beispiel auf der Arbeit).

Wenn Du zurückblickst, dann bist Du aber dankbar für ein paar Dinge. Besonders stechen ______________, ______________, ______________ (drei Dinge, die Ihnen schon immer viel Freude gemacht haben) heraus. Wie anders wäre alles gewesen, wenn Du das nicht gehabt hättest, oder?

So, mein(e) Liebe(r), ich muss mich mal wieder der Gegenwart widmen.

Mach's gut und denk dran: Du wirst mich nicht los.

Dein(e) ______________ (Ihr Name) von ______________ (Jahr)

Mögen Sie Ihren Brief an Ihr zukünftiges Selbst? Warum schreiben Sie ihn nicht in dieser Website: *https://www.futureme.org*? Es gibt dort eine ganz besondere Funktion: Sie können festlegen, wann Sie diesen Brief als E-Mail an sich selbst zurückschicken: ob in sechs Monaten, einem Jahr, drei oder fünf Jahren.

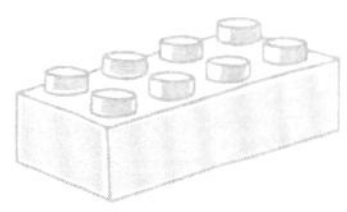

Wir können viel von den Verhaltenswissenschaften lernen. Und in den ersten fünf Kapiteln dieses Buchs haben wir gesehen, wie wir uns zu einem besseren Umgang mit Geld motivieren können, indem wir die Erkenntnisse dieser Disziplin in unserem Alltag anwenden. Aber es gibt ein inhärentes Problem mit den Verhaltenswissenschaften: Zu oft wird darin implizit oder explizit unterstellt, dass Menschen im Kern irrational, vielleicht sogar dumm sind. Das schnell und automatisch denkende Gehirn wird häufig als ein Problem dargestellt. Und es wird suggeriert, dass alles besser wäre, wenn wir nur unser System 2 häufiger nutzen würden.

Das im vorherigen Kapitel dargelegte EAST-Modell, das ich im Übrigen vielfach in meiner eigenen Arbeitspraxis anwende und für eine sehr solide Anwendung verhaltenswissenschaftlicher Erkenntnisse halte, hat ebenso ein wenig einen Hauch von Trickkiste. Ich halte es immer noch für erstrebenswert, dass die Bürokratie und die schwerfällige Sprache der deutschen Behörden zurückgedrängt werden. Und dass wir ein Verständnis dafür entwickeln, dass wir mit System 1 arbeiten müssen, wenn wir Gewohnheiten und Verhaltensweisen ändern wollen. Aber es gibt auch viele Beispiele dafür, wie verhaltenswissenschaftliche Erkenntnisse für wirtschaftliche und politische Zwecke missbraucht wurden (Cambridge Analytica ist ein gutes Beispiel[66]).

Gerd Gigerenzer, Direktor emeritus am Max-Planck-Institut für Bildungsforschung und Direktor des Harding-Zentrums für Risikokompetenz an der Universität Potsdam, hat die ethische Problematik von vielen verhaltenswissenschaftlich erforschten *Nudges* gut zusammengefasst. Er befürchtet, dass in vielen Anwendungen von Nudges Menschen, ohne es zu wissen oder zu verstehen, zu bestimmten Verhaltensweisen gedrängt werden. Er argumentiert, dass es sich hierbei um eine recht dunkle Vision von eigentlich demokratischen und aufgeklärten Gesellschaften handelt: Wie eine Schafherde, so moniert Gigerenzer, werden die Menschen gelenkt, das vermeintlich Richtige zu tun, ohne hierbei ihre Kompetenzen zu stärken – zum Beispiel ohne ihnen die Möglichkeit zu geben, intrinsische Motivation zu entwickeln oder sich über ihre Bedürfnisse zu informieren.

Für langfristigen Erfolg reicht es nicht, dass wir es (zum Beispiel Rücklagen aufbauen, Schulden begleichen, Altersvorsorge betreiben) einfach nur tun. Wir müssen ebenso wissen, warum wir etwas wollen. Wir müssen von uns aus motiviert sein, diese Ziele auch zu erreichen.

Die Spitzensportler wie der eingangs erwähnte Michael Phelps zeigen es: Wir können hierzu auch mit den faszinierenden und produktiven Fähigkeiten unseres Gehirns arbeiten – zum Beispiel der Fähigkeit, zu vergleichen, oder der Fähigkeit, zu visualisieren. Warum sollten wir nicht, dem Beispiel von Michael Phelps folgend, mit diesen Fähigkeiten auch langfristig erfolgreich sein können?

7. MONEY-BAUSTEIN »ALTERSVORSORGE«

Im Jahr 1952 präsentierte der US-amerikanische Ökonom Harry Max Markowitz das erste Mal seine »Modern Portfolio Theory«. Im Kern handelt es sich hierbei um eine Formel, die eine für Anleger höchstmögliche Rendite unter Berücksichtigung des für sie persönlich angemessen erscheinenden Risikos berechnet. Die Formel berücksichtigt hierzu das relative Risiko verschiedener Anlageklassen (Aktien, Rohstoffe, Staatsanleihen, Tagesgeld) sowie deren Wachstumspotenzial und Schwankungsbreite innerhalb von definierten Zeiträumen.

Die Theorie ist ein Beispiel für die Vorliebe von mathematischen Denkweisen und Modellen innerhalb der Wirtschaftswissenschaften dieser Zeit: Kovarianzen, Korrelationen, Standardabweichungen, Erwartungswerte und andere Parameter präsentieren sich hier als die objektiv beste Lösung zum Umgang mit einem alten, komplexen Problem. Wer wagt es, die Überlegenheit einer komplexen mathematischen Formel zu hinterfragen? Wohl kaum jemand. Die mathematische Beweisführung ist, wie Bruno Latour feststellte, »die einzige Argumentationsmethode, die geeignet ist, jeden zur Zustimmung zu nötigen«[67]. 1990 gewann der an der City University of New York lehrende Professor für Wirtschaftswissenschaften und Finanzen dann auch den Wirtschaftsnobelpreis für seine Theorie.

Markowitz selbst jedoch empfand die Formel der Portfoliotheorie als zu kompliziert für seine eigene Altersvorsorge. Als er einmal gefragt wurde, welche Strategie er selbst in seinem Sparplan anwendet, antwortete er: »Ich habe mir ausgemalt, wie schlimm es wäre, wenn der Aktienmarkt stark steigen würde und ich nicht dabei wäre – oder wenn er stark fallen würde und ich voll dabei wäre. Also habe ich meine Beiträge 50/50 zwischen Aktien und Anleihen aufgeteilt«[68], sagte er.

Kurzum, Markowitz hielt es nicht für angebracht, seine bahnbrechende und mit dem Nobelpreis gewürdigte Theorie für seine eigene Altersvorsorge anzuwenden. Die Ökonomen seiner Zeit glaubten fest an das Konzept des *homo oeconomicus* – also daran, dass die Menschen immer auf der Grundlage von objektiven Informationen, Abwägungen von Kosten, Nutzen, Risiko und Ertrag handelten. Doch Herr Markowitz, so berühmt und erfolgreich er auch als Ökonom war, berücksichtigte bei seiner Anlagestrategie auch eigene potenzielle Emotionen wie Verlustangst und Selbstzweifel. Und so verließ er sich am Ende lieber auf seine Intuition.

In den ersten Kapiteln dieses Buchs wurden diverse Erkenntnisse der klassischen Verhaltenswissenschaften beleuchtet. Es wurde immer wieder der von Kahneman und Tversky etablierte Unterschied von System 1 und System 2 angesprochen. System-1-Denken ist wahrnehmungsorientiert, schnell, intuitiv, automatisch und mühelos. System-2-Denken hingegen ist vernunftbasiert, langsam, erfordert mentale Energie und ist regelgeleitet. In der großen Mehrheit der Fälle, so lautet eine Grundannahme der Verhaltenswissenschaft, treffen wir Entscheidungen mit System 1. In der Tat versuchen wir, die Aktivierung von System 2 zu verhindern, da es uns zu anstrengend ist.

Eine weitere Annahme der Verhaltenswissenschaften lautet, dass aus der Tendenz, System 2 abzuschalten, diverse kognitive Fehlleistungen oder Denkfehler entstehen. Diese Fehlleistungen folgen immer gleichen Mustern – das heißt, sie äußern sich auf immer sehr ähnliche Art und Weise und entstehen in immer vergleichbaren Kontexten. Aufgrund dieser Muster und der ihnen innewohnenden Systematik kann man Denkfehler studieren, klassifizieren und hierarchisch abstufen. Von den Ergebnissen dieser Klassifikationsarbeiten von Verhaltenswissenschaftlern haben Sie im dritten Kapitel erfahren, wo es um verschiedene Denkfehler wie Verlustaversion, Besitztumseffekt oder Status-quo-Bias ging.

Eine dritte Annahme der Verhaltenswissenschaften lautet, dass man mithilfe von Nudges oder einer besseren Entscheidungsarchitektur die Leute dazu bewegen kann, bessere Entscheidungen zu treffen. Die insbesondere von Richard Thaler popularisierte Nudge-Theorie findet Lösungen zum Umgang mit Denkfehlern. Hier wird den Menschen nicht mitgeteilt oder verordnet, was sie zu tun oder zu lassen haben. Sie bekommen lediglich den Stups, das Richtige zu tun, indem die als richtig oder besser angesehenen Optionen anders präsentiert werden. Das im fünften Kapitel diskutierte EAST-Modell ist ein Beispiel für einen Katalog an Nudges (oder Stupsern), die uns helfen sollen, unsere Vorhaben umzusetzen.

Die Perspektive der klassischen Verhaltenswissenschaften ist in vielen Bereichen sehr hilfreich. Es ist in der Tat häufig so, dass wir eigentlich bestimmte Sachen machen wollen – wir wollen vielleicht wirklich Schulden abbauen oder Rücklagen aufbauen, genug Eigenkapital für eine Immobilie ansparen oder die Altersvorsorge angehen. Aber immer wieder hält uns der sofortige Befriedigung suchende »innere Schweinehund« davon ab, unsere Vorhaben zu verwirklichen. Die klassischen Verhaltenswissenschaften helfen uns zu erkennen, wie unser »innerer Schweinehund« denkt und welche Kontextfaktoren – zum Beispiel das Angebot der Null-Prozent-Finanzierung – es uns schwer machen, das metaphorische Tier in seiner Hütte zu halten.

Es gibt allerdings auch Schwächen in einigen fundamentalen Annahmen der klassischen Verhaltenswissenschaften. Akademiker wie Gerd Gigerenzer haben geholfen zu verstehen, dass es sich bei vielen vermeintlichen Denkfehlern um eigentlich clevere Entscheidungsmechanismen handelt. Sie sind clever, weil wir meistens nicht genug Zeit haben, alle Informationen zu verarbeiten, oder wir nicht genug Informationen haben, um das Problem wirklich zu beurteilen.

»Anfang der 90er-Jahre [haben] wir ein Experiment gemacht, in dem Leute die Einwohnerzahl von mittelgroßen Städten schätzen sollten. Wir haben gefragt: Welche Stadt ist größer: Bielefeld oder Hannover?

Zu unserem Erstaunen wussten die amerikanischen Teilnehmer der Studie die Antwort, während die deutschen Teilnehmer schlechter abschnitten. Es stellte sich heraus: Unsere Versuchspersonen verwendeten einfach die Regel ›Nimm, was du kennst‹. Und die Amerikaner kannten Hannover.

Nach und nach haben wir die Mathematik verstanden, die hinter solchen einfachen Entscheidungsregeln wie ›Nimm, was du kennst‹ liegt. Das war wirklich ein Novum, damals. Heute wissen wir: Einfache Heuristiken führen deshalb in vielen Situationen zu besseren Ergebnissen als komplizierte Verfahren, weil bei den komplizierteren Verfahren fehlerhafte Informationen in die Berechnung hineinkommen, die im Resultat zu einem Leistungsabfall führen.«[69]

Kahneman und Tversky hätten die Heuristik oder Faustregel »Nimm, was du kennst« einfach in einen Denkfehler im System 1 übersetzen können – vielleicht, in diesem Fall, die Verfügbarkeitsheuristik. Aber die Forschungen von Gerd Gigerenzer zeigen, dass Faustregeln (oder Heuristiken) unter Umständen auch bessere Ergebnisse erzielen können. *Mehr Wissen* – in diesem Fall mehr Wissen der Deutschen über die Städte Bielefeld und Hannover – hat in dem beschriebenen Beispiel zu eher *falschen* Ergebnissen geführt. Mehr Wissen ist also nicht unbedingt besser. Oder anders: Die Anwendung von einfachen Faustregeln kann zu besseren Ergebnissen führen.

Ähnliches gilt auch für Anlagestrategien und Altersvorsorge. In seinem Buch »Risiko – Wie man die richtigen Entscheidungen trifft«[70] beschreibt Gerd Gigerenzer unter anderem auch die eingangs erwähnte Anekdote von Harry Markowitz. Er beschreibt ebenso, wie selbst führende Investmentmanager zugaben, dieselbe simple Faustregel bei ihrer eigenen Anlagestrategie anzuwenden. Und er beschreibt, wie ein Spezialist einer großen Investmentfirma zugab, dass sie mit der auf der Faustregel basierten Anlagestrategie eine bessere Rendite erzielt hätten als mit der komplexen, die die Firma an ihre Kunden verkaufte.

In diesem Kapitel kann und soll keine umfassende Übersicht über die diversen Optionen der Altersvorsorge gegeben werden. Hierzu gibt es andere Publikationen, die sich umfangreicher und tiefer damit beschäftigen. (Für besonders geeignet halte ich die Publikation

»Private Altersvorsorge«[71] der Stiftung Warentest und die online verfügbaren Seiten des »Finanztip«[72].) In diesem Kapitel sollen vielmehr einige Faustregeln für erfolgreiche Altersvorsorge diskutiert werden. Es geht also nicht darum, »mehr Wissen« zu vermitteln, sondern simple Lösungen, die sich im Laufe der Zeit als hilfreich im Umgang mit komplexen Entscheidungen erwiesen haben.

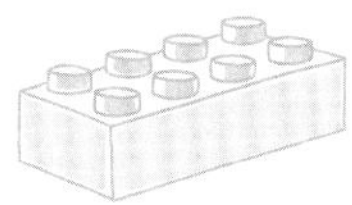

Die »Rentenlücke« ist ein vielerorts diskutiertes Thema. Sie ergibt sich aus der Tatsache, dass die gesetzliche Rentenversicherung nicht denselben Lebensstandard ermöglichen wird wie das letzte Einkommen aus der Erwerbstätigkeit. Viele Menschen finden dies zu spät heraus und sind geschockt.

Der aktuelle Koalitionsvertrag der deutschen Bundesregierung sieht vor, das »Mindestrentenniveau von 48 Prozent [...] dauerhaft [zu] sichern«.[73] Mit anderen Worten: Die Lücke zwischen dem letzten Bruttolohn und der Bruttorente soll 52 % betragen! Und das nach 45 Beitragsjahren.

Reicht das? Höchstwahrscheinlich nicht!

Aber woher soll man wissen, wie viel man braucht? Im vorherigen Kapitel haben Sie vielleicht mit einigen Überlegungen zu den Bedürfnissen Ihres zukünftigen Selbst ein paar Ideen darüber entwickeln können, was Sie im Alter erleben wollen, mit wem Sie Zeit verbringen wollen, wo und wie Sie leben möchten. Aber daraus ergibt sich nicht unbedingt eine hilfreiche Auflistung all der Dinge, die Sie in Ihrem Alltag bezahlen müssen.

Eine häufig zitierte Faustregel der Stiftung Warentest lautet, dass sich das benötigte monatliche Einkommen als Rentner auf rund 80 % des vorherigen Nettolohns als Berufstätiger beläuft.[74]

Faustregel 1: Abhängig von Kosten und Ausgaben im Alter benötigen Rentner rund 80 % ihres vorherigen Nettoeinkommens, wenn sie im Alter den gewohnten Lebensstandard halten möchten.

Mit anderen Worten: Beim Mindestrentenniveau von ungefähr 50 % ergibt sich eine Rentenlücke von ungefähr 30 %. Ob dies tatsächlich der Fall ist, hängt natürlich stark von sehr individuellen Faktoren ab: Wenn Sie eher bescheiden leben oder unter Umständen eine Immobilie abbezahlt haben (siehe »Andere Vermögenswerte für Langlebigkeit«, Kapitel 9), dann kommen Sie mit weniger klar. Ebenso brauchen Sie geringere Auszahlungen aus der staatlichen Rentenversicherung, wenn Sie bereit sind, noch länger zu arbeiten. Sollten Sie allerdings zur Miete leben und Ihren Lebensstandard ohne weitere Erwerbstätigkeit fortsetzen wollen, dann trifft die 80-Prozent-Regel schon eher zu.

Aus diesen Zahlen wird erkenntlich, dass die staatliche Rentenversicherung nicht ausreicht und wir mit anderen Altersvorsorgemodellen aufstocken müssen. Im Laufe der Zeit wurden hierfür auch weitere Möglichkeiten entwickelt: Verträge der betrieblichen Altersvorsorge und Riester-Verträge sind weitere staatlich geförderte Möglichkeiten zur Vorsorge. Sie richten sich vor allem an Arbeitnehmer.

Darüber hinaus gibt es die nicht geförderte Vorsorge: zum Beispiel private Lebens- oder Rentenversicherungen. Und es gibt immer mehr kapitalgedeckte Modelle, wie zum Beispiel ETF-Sparpläne oder Fondssparpläne.

Letztere werden in Deutschland immer populärer – wenngleich nur zögerlich: 18 % der Deutschen haben laut einer bevölkerungsrepräsentativen Umfrage der »Aktion pro Aktie«[75], einer Kampagne deutscher Direktbanken und Anbieter von Finanztechnologien, ihr Geld in Aktienfonds angelegt. Die Quote heute ist ungefähr ein Drittel höher als noch vor fünf Jahren.

Die Politik sieht diesen Trend und normalisiert die kapitalgedeckte Altersvorsorge zunehmend selbst. Einige Stellen im Koalitionsvertrag deuten an, dass es sich zum Beispiel mit der Aktienrente um kleine Schritte dahingehend handelt. Der Koalitionsvertrag normalisiert auch die private kapitalgedeckte Altersvorsorge zunehmend.

Aber wie viel sollte man zur Seite legen – in welcher anderen Säule der Altersvorsorge auch immer –, um die Rentenlücke zu schließen? Auch hierzu gibt es eine hilfreiche Faustregel[76]:

Faustregel 2: Wenn Sie im Alter nur die gesetzliche Rente beziehen, versuchen Sie, über mindestens 30 Jahre etwa 15 % Ihres Nettogehalts renditeorientiert anzulegen.

Diese Faustregel basiert auf ein paar Annahmen: zum Beispiel plausiblen Annahmen zur Geldentwertung (Inflation) und zum zukünftigen Rentenniveau. Eine Annahme weicht ab von der ersten Faustregel, denn sie setzt als Ziel, dass Sie etwas weniger als 80 % (nur 75 %) Ihres vorherigen Nettoeinkommens verdienen.

Im Folgenden werden insbesondere Faustregeln zur kapitalgestützten Altersvorsorge in ETF-Sparplänen gegeben. Erst später widme ich mich kurz den eher etablierten Modellen wie Riester- und Betriebsrente. Denn trotz der jüngeren Popularität von Aktien und ETFs handelt es sich immer noch um ein Modell, das in Deutschland eher negative Instinkte weckt. Zum Beispiel werden schnell Sicherheitsbedenken in einer Diskussion um kapitalgedeckte Altersvorsorge angesprochen.

Aktien und anderen an Börsen gehandelten Wertpapieren haftet immer noch ein Hauch von Zockerei und Rücksichtslosigkeit an. Die Studie der »Aktion pro Aktie« fand zum Beispiel heraus, dass der Anteil an Menschen, die Aktien für »eine gute Geldanlage« halten, genauso hoch war wie der Anteil jener, die Aktien für »Spekulationsobjekte« hielten. Anbieter selbst sind Teil des Problems: Indem sie häufig viel Fachjargon benutzen oder recht erprobte Anlagestrategien mit kontroverseren Vermögenswerten wie Kryptowährungen (Bitcoin oder Ether) verknüpfen, verstärken sie vielleicht diesen Eindruck.

Was in Deutschland noch weitgehend unüblich ist, ist in anderen Ländern allerdings längst normal. In Großbritannien und den USA, aber auch in der Schweiz, Schweden, Norwegen und den Niederlanden sind kapitalgedeckte Altersvorsorgemodelle schon sehr viel erprobter. Die in Großbritannien für Arbeitnehmer im Privatsektor angebotenen Betriebsrenten zum Beispiel werden nahezu komplett in am Markt gehandelten Wertpapieren angelegt. In der Regel investieren Sparer dort (und ebenso in den USA) in sogenannten Lebenszyklusfonds – dies sind Tracker-Fonds, in denen die Anteile an riskanten Werten automatisch reduziert werden, je näher man ans Renteneintrittsalter kommt.[77]

Die folgenden Investitionsfaustregeln berücksichtigen viele der in Großbritannien und den USA gewonnenen Erfahrungen für erfolgreiches Investieren.

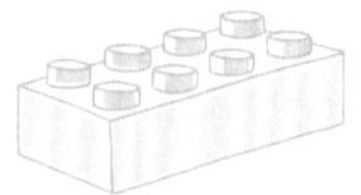

Investitionsfaustregel 1: Die laufenden Kosten des Sparplans – Fonds und Ordergebühren – sollten sehr niedrig sein.

Um Wertpapiere kaufen zu können, braucht man ein Wertpapierdepot – oder eine Plattform, auf der man Aktien, Fonds etc. kaufen kann. Die meisten Banken bieten eine solche Plattform an – sind allerdings relativ teuer. Es gibt Plattformen, die sehr günstig sind, dafür aber nur auf dem Smartphone funktionieren. Davon rate ich ab. Denn die Apps verleiten einen dazu, häufiger auf Gewinne oder Verluste zu prüfen (siehe Investitionsfaustregel 3), als es ratsam ist. Eine gute Alternative sind Direktbanken: Hier kann man mit wenigen Klicks ein günstiges Wertpapierdepot eröffnen. Erinnern Sie sich an die Faustregel, die wir anwenden, wenn wir zwischen zwei uns unbekannten Restaurants das aussuchen, das die meisten Gäste hat? Nach dieser Faustregel können Sie sich ebenso für den Marktführer der Direktbanken entscheiden. Nach dem Motto: Tausend Fliegen irren nicht.[78]

Wenn Sie dann auf einer Plattform registriert sind, gibt es häufig Hunderte Aktien und Fonds, aus denen Sie auswählen können. Wie soll man eine Anlagestrategie wählen, wenn jeder Experte zu etwas anderem rät? Zunächst: Investieren Sie niemals in einzelne Aktien (oder eine einzelne Firma). Denn eine einzelne Aktie erreicht üblicherweise nicht eine so sichere Rendite wie ein Aktienfonds. Das liegt daran, dass Sie mit einer einzelnen Aktie vom Erfolg einer einzigen Firma abhängig sind. Bei einem Fonds hingegen haben Sie die Erfolgschancen der Investition auf eine Anzahl an Firmen verteilt. Ein Tracker-Fonds (auch ETF abgekürzt) ist ein Indexfonds, der einen breiten Marktindex, zum Beispiel alle im DAX vertretenen Firmen, nachbildet.

Also welcher ETF? Mehr Details in Faustregel Nummer 2. Aber benutzen Sie als erstes Suchkriterium die laufenden Kosten. Diese sollten nicht höher sein als 0,3 % (also 30 Cent auf 100 investierte Euro). Häufig liegen sie sogar bei unter 0,1 %. Eine robuste Analyse von Morningstar – dem amerikanischen Finanzinformations- und Analyseunternehmen – zeigt: je günstiger der Fonds, desto besser dessen Erfolgsaussichten[79].

Darüber hinaus bleibt bei geringeren Kosten sowohl für die Plattform als auch für den Fonds eine höhere Rendite für Sie selbst übrig. Laufende Kosten von 0,8 % klingen erst mal nach nicht viel. Aber im Vergleich zu 0,3 % kann es über Jahre den Unterschied von Tausenden Euro ausmachen. Suchen Sie sich auch einen Anbieter aus, der ETF-Sparpläne ohne Kaufgebühren anbietet. Der Marktführer der Direktbanken zum Beispiel.

Investitionsfaustregel 2: Der Anteil an Aktien sollte 100 minus Ihr Lebensalter betragen.

Ein Nachteil von Aktien ist, dass sie ins Minus geraten können. Ein häufig gehörter Rat ist deshalb, dass man, wenn die Risikotoleranz gering ist – oder wenn man nachts nicht gut schlafen kann, sollte die Geldanlage ins Minus rutschen –, eher auf sichere Produkte setzen sollte. Dies ist nicht falsch. Allerdings gilt es, andere Dinge ebenso zu berücksichtigen: Verluste in welcher Höhe *könnten* Sie vertragen? Und wie lange dauert es, bis Sie auf das Geld zugreifen wollen (was nicht unbedingt der Zeitpunkt des Renteneintritts ist)? Bedenken Sie auch, dass die staatliche Rentenversicherung Ihre Haupteinnahmequelle im Ruhestand sein wird – und dass diese schon relativ sicher ist. Mit anderen Worten: Ein sicheres Altersvorsorgemodell haben Sie schon, woanders könnten Sie mehr Risiko eingehen.

Über längere Zeithorizonte haben sich Aktien beinahe immer bewährt. Eine Langzeitstudie aus Großbritannien zum Beispiel zeigt[80], dass seit 1900 – also in einem Zeitraum von über 100 Jahren mit dramatischen Ereignissen wie der Hyperinflation, zwei Weltkriegen, Ölpreisschock und zwei globalen Epidemien – ein Portfolio bestehend aus 55 % globalen Aktien und 45 % sicheren Wertpapieren wie Anleihen über einen Zeitraum von 30 Jahren niemals einen Verlust eingefahren hat.

Das ist in Deutschland sicherlich anders gewesen: Die Hyperinflation hat das Land anders getroffen, und im Ersten Weltkrieg wurden die Börsen für vier Jahre geschlossen. Die Währungsreform nach dem Zweiten Weltkrieg sowie der Lastenausgleich trafen viele Menschen hart. Aber hierbei handelt es sich um Ereignisse, gegen die man sich mit kaum einer Anlagestrategie – inklusive des vermeintlich sicheren Tagesgeldkontos – absichern kann.

Harry Markowitz wandte für seine eigene Altersvorsorge das Modell 1/N an: N beschreibt die Anzahl der Anlagemöglichkeiten. Bei zwei Alternativen also 50 zu 50 (zum Beispiel 50 % Aktien und 50 % Staatsanleihen), bei drei Alternativen gilt 33, 33 und 33 (zum Beispiel drei gleiche Anteile in Aktien, Staatsanleihen und Rohstoffen), und wie oben dargelegt war diese einfache Strategie die finanziell betrachtet überlegenere.

Überlegen Sie, 100 minus Ihr Alter (also zum Beispiel 60 % Ihres Portfolios, wenn Sie 40 Jahre alt sind) in einen Weltaktienindex der Anbieter db-xtrackers oder iShares zu zahlen und 40 % in Euro-Staatsanleihen-Indizes von denselben Anbietern. Zahlen Sie entsprechende Beiträge automatisch in Ihren Sparplan und aktualisieren Sie sie alle 18 bis 24 Monate (indem Sie den Anteil an Aktien graduell verringern).

Oder noch besser: Nutzen Sie einen Mischfonds (wie den Vanguard LifeStrategy 60% Equity Acc), der eine Mischung aus 60 % Aktien und 40 % Anleihen automatisch für Sie investiert. Es gibt dann noch nicht mal die Notwendigkeit, zwei Fonds nebenher laufen zu lassen. Sie konsolidieren beide Fonds in dem einen Mischfonds.

Investitionsfaustregel 3: **Zahlen Sie monatliche Beiträge in den Fonds, und lassen Sie Ihr Portfolio in Ruhe – schauen Sie es sich am besten gar nicht an.**

Die beste Anlagestrategie basiert auf einer Entscheidung, die man einmal getroffen hat und dann höchst selten revidiert, weil man sie im Alltag vergessen hat. Leiten Sie, zum Beispiel am Tag Ihrer Gehaltsauszahlung, einen bestimmten Betrag automatisch in Ihren ETF-Sparplan weiter, um regelmäßig weitere Anteile an dem Fonds zu kaufen. Und prüfen Sie nur höchst selten, wie sich Ihre Anteile entwickeln.

Das häufige Prüfen der Entwicklung Ihres Portfolios kann sich negativ auf Sie und (aufgrund voreilig getroffener Entscheidungen) Ihren Sparplan auswirken. Deshalb rate ich auch nicht dazu, eine App auf Ihrem Telefon zu haben, mit der Sie mal eben prüfen können, wie sich die Altersvorsorge entwickelt hat. In meinen eigenen Forschungen sehe ich immer wieder, dass Investoren diese Technologie haben wollen – dass sie aber eigentlich wahrscheinlich Fehlentscheidungen auslöst.

Wenn Sie zwischen 2007 und 2022 – also in einer Zeitspanne, die die große Finanzkrise von 2008, Covid und die Invasion der Ukraine mit all ihren Konsequenzen umfasst – täglich auf die Entwicklung Ihrer Ersparnisse in einem DAX-Tracker geachtet hätten, dann hätten Sie beinahe in der Hälfte der Zeit (46 %) einen Verlust zum Vortag gesehen. Wenn Sie hingegen zur selben Zeit nur alle zwei Jahre die Entwicklung Ihrer Ersparnisse geprüft hätten, dann hätten Sie nur in 20 % der Zeit einen Verlust festgestellt.

Letztes Mal geprüft	Anteil der Zeit, in dem Sie einen Verlust im Vergleich zur letzten Prüfung gesehen hätten
am Tag zuvor	46 %
die Woche zuvor	44 %
den Monat zuvor	41 %
das Quartal zuvor	37 %
das Jahr zuvor	35 %
zwei Jahre zuvor	20 %

Diese Analyse berücksichtigt *jeden* Tag dieser Zeitspanne von 15 Jahren, nicht nur den 1. Januar 2007 gegenüber dem 1. Januar 2006 (zur Analyse der Entwicklung über ein Jahr) oder den 1. Januar 2008 gegenüber dem 1. Januar 2006 (zur Analyse der Entwicklung über zwei Jahre). Sie berücksichtigt auch den 2. Januar 2007 gegenüber dem 2. Januar 2006, den 3. Januar 2007 gegenüber dem 3. Januar 2006 und so weiter.

Investitionsfaustregel 4: Heben Sie im Ruhestand 4 % Ihres ersparten Vermögens pro Jahr ab.

Das Ziel der in den USA in den 1990er-Jahren durchgeführten Trinity-Studie[81] war es, eine sichere Abhebequote für Sparer in privaten Altersvorsorgemodellen zu ermitteln. Die Abhebequote ist das »Gehalt«, das Sie sich selbst im Ruhestand auszahlen, indem Sie Geld aus Ihren Altersvorsorgeersparnissen abheben.

Die Forscher haben errechnet, dass eine Abhebequote von 4 % ermöglicht, dass eine Person im Ruhestand ihre Ersparnisse bis zum Lebensende nicht aufbraucht. In der Tabelle unten sehen Sie, wie sich die Abhebequote von 4 % auf ein Guthaben von 100.000 Euro auswirkt, sollte dieses Vermögen stabil bleiben – und in der Regel, wie diskutiert, bleibt es nicht stabil, sondern steigt leicht. Im ersten Jahr reduziert sich das Vermögen von 100.000 Euro um 4 % auf

96.000 Euro. Im zweiten Jahr reduziert es sich auf 92.190 Euro (4 % von 96.000) und so weiter. Die jährliche Abhebequote von 4 % stellt ein monatliches »Gehalt« von (4000 Euro / 12 Monate =) 333 Euro im ersten Jahr dar. Und vielleicht etwas weniger in den Folgejahren.

Zeitpunkt	**Summe der Ersparnisse**	**Jährliches und monatliches »Gehalt« (vor Steuern)**
beim Renteneintrittsalter	100.000 Euro	4000 Euro / 333 Euro
nach einem Jahr	96.000 Euro	3840 Euro / 320 Euro
nach zwei Jahren	92.190 Euro	3686 Euro / 307 Euro

Natürlich gibt es in der Praxis einige Dinge zu berücksichtigen: Erstens fallen auf die Erträge des Ersparten Steuern an – diese werden hier nicht berücksichtigt. Und zweitens entwickelt sich die Summe der Ersparnisse weiter, weil diese in der Regel in den Märkten investiert bleiben. Es ist daher nicht unwahrscheinlich – zum Beispiel wenn die Rendite der Ersparnisse um 4 % steigt –, dass der jährliche und monatliche Abhebebetrag gar nicht reduziert werden muss.

Natürlich sind ETF-Sparpläne nicht die einzige Option, die Rentenlücke zu schließen. Andere Möglichkeiten aus den anderen Säulen der Rentenvorsorge sind Riester-Rente und Betriebsrente. Leider sind beide Modelle kompliziert und variantenreich – allerdings winken Zulagen, die sich lohnen könnten:

Faustregel 3: Nehmen Sie Geschenke aus geförderter Vorsorge an, insbesondere dann, wenn diese *relativ* großzügig sind.

Grundsätzlich erhalten Sie eine Riester-Förderung, wenn Sie sich verpflichten, 4 % Ihres Vorjahreseinkommens in einem Riester-Vertrag zu sparen. Bei einem Jahreseinkommen von 20.000 Euro verpflichten Sie sich bei einem Satz von 4 %, 800 Euro zu sparen. Bei einem Jahreseinkommen von 100.000 Euro verpflichten Sie sich, 4000 Euro zu sparen.

Die Zulagen der Riester-Rente sind immer dieselben und entsprechend *relativ* großzügig, wenn Sie Geringverdiener sind und/oder viele Kinder haben.

- Jeder Sparer bekommt eine Grundzulage von 175 Euro pro Jahr vom Staat geschenkt. Für den Geringverdiener macht dieser Betrag einen *hohen* Anteil der jährlichen Sparsumme aus. Für denjenigen, der sich beim Einkommen von 20.000 Euro verpflichtet, 800 Euro zu sparen, machen 175 Euro mehr als 20 % aus. Bei jemandem, der sich bei einem Einkommen von 100.000 Euro verpflichtet, 4000 Euro zu sparen, sind es hingegen unter 5 %.
- Zusätzlich zur Grundzulage von 175 Euro für sich selbst gibt es eine Zulage für jedes Kind, für das Sie Kindergeld bekommen. Für jedes Kind, das ab dem Jahr 2008 geboren wurde, erhalten Sie 300 Euro. Für Kinder, die davor geboren wurden, sind es nur 185 Euro. Bei zwei ab 2008 geborenen Kindern sichert sich ein Sparer zusätzliche 600 Euro – für den geringverdienenden Sparer aus dem Beispiel erreichen die staatlichen Zulagen daher beinahe die jährliche Gesamtsparhöhe von 800 Euro (es fehlen 25 Euro – oder 2 Euro pro Monat). Das ist also ein relativ großzügiges Geschenk – es sollte angenommen werden.

Die betriebliche Altersvorsorge ist eine weitere geförderte Art der Altersvorsorge. Auch diese kann sich unter vielen Umständen lohnen.

- Nehmen Sie unbedingt ein Angebot zur betrieblichen Altersvorsorge an, wenn der Arbeitgeber sie allein finanziert. Sie ist wie ein zusätzliches Gehalt, das nur nicht heute, sondern in der Zukunft – und ganz ohne Eigenbeteiligung – ausgezahlt wird. Sollte Ihr Arbeitgeber in einer Gehaltsverhandlung nicht mehr

Gehalt, aber dafür höhere Beiträge in die betriebliche Altersvorsorge anbieten können, dann nehmen Sie das Angebot an.

- Sobald Sie drei Jahre für Ihren Arbeitgeber gearbeitet haben, haben Sie dort auch einen Anspruch auf dessen betriebliche Altersvorsorge – seit 2018 müssen Unternehmen eine Betriebsrente anbieten und sie mitfinanzieren. Seit den Reformen aus diesem Jahr sowie weiteren Folgereformen lohnt sich die Betriebsrente für viele. Nehmen Sie das Geschenk an.

Es gibt diverse weitere Vorsorgemodelle, die staatlich gefördert sind (nicht nur in Form von Zulagen oder weiteren Beiträgen, sondern auch in Form von Steuererleichterungen) und die es sich zu erkunden lohnt. Aber eine Diskussion der Vor- und Nachteile all dieser Varianten ist nicht das Anliegen dieses Buchs. Hier werden lediglich ein paar Faustregeln angesprochen, die Ihnen erste Anstöße geben und eine Richtung vorzeigen, die im Allgemeinen als »gut genug« bezeichnet werden kann.

In den vorherigen Kapiteln wurde häufig angesprochen, dass für viele Menschen Kosten und Nutzen in der Gegenwart mehr wiegen als Kosten und Nutzen in der Zukunft. In der Verhaltenswissenschaft spricht man deshalb von Gegenwarts-Bias. In der Psychologie würde man vielleicht eher von mangelnder Empathie mit den Bedürfnissen des zukünftigen Selbst sprechen. Dieses Phänomen stellt das vielleicht größte Risiko für erfolgreiche Altersvorsorge dar – nicht nur an den Märkten, sondern allgemein.

Man hört immer wieder von Leuten, die in die Selbstständigkeit wollen, damit sie keine Beiträge in die staatliche Rentenversicherung leisten müssen. Oder Menschen, die auf Ersparnisse in ihrer Altersvorsorge zugreifen, um andere kurzfristige Bedarfe finanziell zu decken. Oder von Menschen, die zwar wissen, dass sie sich mit dem Thema beschäftigen sollten, es aber immer wieder erfolgreich aufschieben.

Daraus ergibt sich die Notwendigkeit, sich eine weitere allgemeine Faustregel bewusst zu machen:

Faustregel 4: Das größte Risiko bei der Altersvorsorge ist Ihr eigenes Verhalten.

Ja, das Thema ist kompliziert. Die diversen Varianten der geförderten Vorsorgemodelle sind verwirrend. Der allseits angewandte Fachjargon ist frustrierend – niemand lebt auf bei Worten wie »Beitragsbemessungsgrenze«, »Entgeltpunkte«, »Einkommenssteuersatz« und so weiter. Alles wäre viel schöner, wenn jeder einen Finanzberater zugestellt bekommen würde, der die richtigen Entscheidungen für einen selbst trifft. Oder wenn Verbraucherzentrale oder Rentenversicherung einem konkret sagen könnten, was man in den individuellen Situationen machen sollte. Aber das gibt es nicht. Sie selbst sind verantwortlich für Ihre Altersvorsorge (das wissen Sie bestimmt schon). Wenn Sie dann auch noch beginnen zu handeln – Sparpläne aufsetzen und dranbleiben –, dann unterscheiden Sie sich von den meisten.

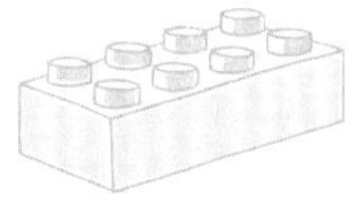

»Intrinsische Motivation« ist vielleicht die wichtigste Voraussetzung, um uns mit dem Thema Altersvorsorge zu beschäftigen. Wir machen in der Regel nicht allein deshalb das, was vernünftig ist, weil es vernünftig ist. Wir müssen *fühlen* und *spüren*, warum es vernünftig ist. Meine eigenen und diverse andere Forschungen zeigen, dass wir von uns aus motiviert sind, uns mit Altersvorsorgemodellen zu beschäftigen, wenn wir eine konkrete Verbindung zu unserer Zukunft – zu unserem zukünftigen Selbst – aufgebaut haben. Anstatt ökonomische Bildung in die Schulen zu tragen, sollten wir zuerst Übungen in den Lehrplan aufnehmen, die Schülern helfen, ihren Zeithorizont zu erweitern. In den USA gibt es konkrete Beispiele dafür, wie das im Schulunterricht aussehen könnte: mit Anleitungen für Lehrer[82] und Arbeitsblättern für Schüler[83].

Wie im sechsten Kapitel besprochen, entwickeln Sie ein Bild von sich in fünf, zehn oder 15 Jahren (fangen Sie früher an, sollte Ihnen das schwerfallen) und fragen Sie sich: Mit wem werde ich Zeit verbringen? Was werde ich tagein, tagaus machen? Was wird mir Freude machen? Und was wird mir Lebenssinn geben? *Wo* werde ich *wie* wohnen? All diese Fragen haben zunächst einmal nichts mit Geld zu tun. Sie berücksichtigen Ihre intrinsischen Motivationen. Aber die Forschung zeigt: Ein Wille, sich mit den Kniffligkeiten der Finanzplanung auseinanderzusetzen, folgt automatisch, sowie wir Klarheit über die Antworten auf diese Fragen haben.

Und auf dem Weg dorthin helfen Faustregeln.

8. MINDSET-BAUSTEIN »LEBENSPLANUNG«

Die Mutter von Hans Castorp – dem unheldischen Helden aus Thomas Manns Roman »Der Zauberberg« – starb ungefähr 1890 »vollkommen überraschend und in Erwartung ihrer Niederkunft, an einer Gefäßverstopfung in Folge von Nervenentzündung, einer Embolie [...], die augenblicklich Herzlähmung verursachte«. In der Geschichte lachte sie eben noch »im Bette sitzend, es sah so aus, als ob sie vor Lachen umfiele, und dennoch tat sie es nur, weil sie tot war«.

Hans Hermann Castorp, der Vater, war vom plötzlichen Tod seiner Frau stark betroffen. »Sein Geist war verstört und geschmälert seitdem; in seiner Benommenheit beging er geschäftliche Fehler, so daß die Firma Castorp & Sohn empfindliche Verluste erlitt.« Sein Tod folgte nur kurz darauf, denn »im übernächsten Frühjahr holte er sich bei einer Speicherinspektion am windigen Hafen die Lungenentzündung, und da sein erschüttertes Herz das hohe Fieber nicht aushielt, so starb er [...] binnen fünf Tagen und folgte seiner Frau unter ansehnlicher Beteiligung der Bürgerschaft ins Castorpsche Erbbegräbnis nach«.[84]

Wir wissen nicht, wie alt die Eltern von Hans Castorp waren, als sie zwischen 1890 und 1892 starben. Thomas Mann hielt es nicht für notwendig, den Leser dahingehend aufzuklären. Aber wenn sie die seinerzeit durchschnittliche Lebenserwartung erreicht haben, dann wurde der Vater 37 und die Mutter 40 Jahre alt. 37 und 40![85]

Ungefähr zur selben Zeit, als die beiden fiktiven Charaktere aus Thomas Manns »Zauberberg« starben, wurde in Deutschland unter Bismarck die erste gesetzliche Rentenversicherung der Welt eingeführt. Bismarcks Altersrente konnte nur von Arbeitern und »kleinen Angestellten« mit einem Jahresgehalt von unter 2000 Reichsmark in Anspruch genommen werden. Die Rentenhöhe selbst war mickrig und darüber hinaus erst für Versicherte ab 70 Jahren und mit mindestens 30 Beitragsjahren zugänglich. Berücksichtigt man die durchschnittliche Lebenserwartung von 37 Jahren für Männer, dann war es nahezu aussichtslos, diese gesetzliche Rente ausgezahlt zu bekommen.

Die extrem schlechten Bedingungen und Leistungen der Bismarck'schen Rente wären heute – etwas mehr als 130 Jahre später – verständlicher- und berechtigterweise nicht mehr akzeptabel. Nur 126.400 Altersrenten wurden ein Jahr nach der Einführung der Rentenversicherung ausgezahlt, weil sich so wenige dafür qualifizierten. Zum Vergleich: Heute gibt es beinahe 26 Millionen ausgezahlte Renten pro Jahr.[86] (Heute leben in Deutschland auf kleinerer Fläche zwar doppelt so viele Menschen wie 1890, aber trotzdem werden proportional ungefähr 100-mal so viele Renten ausgezahlt wie ein Jahr nach deren Einführung.)

Doch es ist eine historisch gesehen außergewöhnliche Annahme und Erwartung, dass das Erwerbsleben nur einen Teil des Lebens ausmacht und dass jeder Mensch auch eine Phase des Ruhestands erleben sollte. Dass diese Zeit des Ruhestands staatlich finanziert wird und man diese Zeit auch noch genießen können sollte – mit so weitreichenden Unternehmungen wie Gartenarbeit, Enkelbetreuung, Malerei bis hin zu Kreuzfahrten –, ist ebenso neuartig. Für den größten Teil der Geschichte der Menschheit wäre die Frage, ob wir einen Ruhestand erleben würden, lächerlich oder seltsam erschienen. Wir hätten den Ackerboden bearbeitet und Tiere gehütet, Kammertöpfe geleert, mit Hacken, Schaufeln und Meißel Erze und Mineralien aus Gestein gelöst, bis wir – so wie Hans Castorps Mutter – plötzlich tot umgefallen wären.

In den 100 Jahren zwischen 1890 und 1990 kannte die gesetzliche Rentenversicherung nur eine Richtung: Expansion und Ausbau. Das Renteneintrittsalter wurde immer niedriger gesetzt. Die Auszahlungen wurden großzügiger. Eine ähnliche Tendenz gab es in vielen anderen Wohlfahrtsstaaten Europas – inklusive Österreichs und der Schweiz.

Aber 100 Jahre nach Bismarcks Einführung der Rente wurden die ersten Anpassungen unternommen. Im Jahr 1992 wurde die Altersgrenze erstmals von 60 Jahren für Frauen sowie 63 für langjährig Versicherte auf 65 Jahre angehoben. Denn immer mehr in den Vordergrund rückte das Wissen um ein demografisches und ökonomisches Problem, das sich aus einem parallel stattfindenden anderen Trend ergab. Einen Trend, den Gesellschaften beinahe überall auf dem Planeten erlebten: Langlebigkeit. Im Jahr 1800 war die globale durchschnittliche Lebenserwartung ungefähr 30 Jahre. 200 Jahre später hat sie sich mit 72 Jahren mehr als verdoppelt.[87] In Deutschland lag die Lebenserwartung 1990 bei ungefähr 76 Jahren – mehr als doppelt so hoch wie zur Zeit der Einführung der Rente unter Bismarck.

Wie kontrovers die modernen Anpassungen in den 1990er-Jahren waren (nicht nur in der Rentenversicherung, sondern ebenso zum Beispiel im Gesundheitswesen, wo sich ähnliche wirtschaftliche Probleme aufgrund demografischer Entwicklungen zeigten), kann man an den Wahlen zum Wort des Jahres erkennen: »Sozialabbau« war 1993 das Wort des Jahres. »Gesundheitsreform« war das Wort des Jahres fünf Jahre vorher.

In diesen Worten des Jahres schwingt Kritik mit – Kritik am »Sozialabbau« und Kritik an der »Gesundheitsreform«. Und darin schwingt Sorge mit. Tatsächlich zeigt eine Untersuchung des Versicherungskonzerns Axa[88], dass beim Thema Ruhestand die Sorgen die Freude überwiegen. Beinahe zwei Drittel der Deutschen macht das Thema Altersvorsorge Angst. Und eine Mehrheit der Deutschen aller Generationen wünscht sich deshalb vor allem eins: mehr Steuermittel für die Rentenkasse. Nur einer von zehn wünscht sich eine Rente ab 70 Jahren.

Die Instinkte der Menschen sind verständlich. Wir haben uns im Laufe der letzten vier bis fünf Generationen an die Existenz einer staatlichen Rente gewöhnt. Über den Generationenvertrag – junge Menschen gehen zur Arbeit und finanzieren aus ihren Abgaben den Unterhalt der Alten – haben wir in der Schule gelernt. Wir sehen jeden Monat unsere Abzüge vom Bruttogehalt zugunsten der Umlagefinanzierung und freuen uns darüber, irgendwann einmal selbst davon zu profitieren. Geringe Nettorenten oder längere Arbeitszeiten für uns selbst sind dabei nicht vorgesehen.

Vielleicht müssen wir uns daran erinnern, dass die staatliche Rente eine historisch neue Einrichtung ist. Und dass diese Einrichtung aus einer Zeit stammt, in der die Menschen eine geringe Lebenserwartung hatten. Es ist leider eine ganz einfache Tatsache: Wer länger lebt, braucht mehr Geld. Und dieses Geld muss irgendwo herkommen. Es ist einfach, zu sagen – so wie im Fragebogen der oben zitierten Axa-Studie –, dass die Steuermittel für die Rentenkasse erhöht werden sollen. Das Denksystem 1 möchte nicht hören, dass man selbst mehr Verantwortung übernehmen und zum Beispiel länger arbeiten muss.

Mit anderen Worten: Nicht nur Geld ist das Problem, sondern auch unsere Erwartungen, Instinkte und Einstellungen. Im Zusammenhang mit Langlebigkeit müssen wir ein neues Verständnis von Alter, Älterwerden und Zeit entwickeln. Erst dann wird Langlebigkeit zu einem Geschenk, das wir nutzen und genießen können, anstatt es einseitig als ein ökonomisches Problem zu betrachten.

Mit dem Aufkommen der Rentenversicherung und weiterer Sozialleistungen in den Sozialstaaten Europas gingen nicht nur finanzielle Vorteile für Einzelne einher. All diese Sicherungsnetze und Verteilungsmaßnahmen garantierten nicht nur Unterstützung für Rentner, Arbeitslose, Schwangere, Kinder, Unfallgeschädigte und viele mehr. Sie taten weitaus mehr als das: Sie institutionalisierten ein neues Verständnis von Zeit, Alter und Älterwerden. Und sie veränderten, wie wir alle über Zeit, Alter und Älterwerden denken.

Seit dem Aufkommen der Sozialstaaten verstehen wir Alter und Älterwerden in einem bestimmten Verhältnis zu Leistungs- und Berufsfähigkeit. Kinder, so urteilt man in Sozialstaaten, sollen nicht arbeiten müssen. Sie sollen in die Schule und Berufsausbildung gehen. Hier lernen sie die Dinge, die sie fürs Erwerbsleben brauchen und die sie arbeitstauglich machen. Der Ausbildung folgt sodann das Erwerbsleben. Und nach dem Erwerbsleben kommt der Ruhestand. Hier müssen wir nicht länger produktiv oder leistungsfähig sein. Wir können das machen, was uns Freude macht. Die damit verbundenen positiven Assoziationen sieht man zum Beispiel auf Glückwunschkarten, die man angehenden Rentnern an ihrem letzten Arbeitstag überreicht: »Ab jetzt relaxen und die Rente genießen«, »Lebe Deine Träume, liebe das Leben«, »Zum Ruhestand die besten Wünsche und ab sofort einen Platz in der Sonne«.

Wer sagt uns eigentlich, dass wir bis zur Rente warten müssen, um endlich unsere Träume leben zu können? Niemand. Oder genauer: Niemand sagt es uns explizit. Aber der moderne Wohlfahrtsstaat legt uns ein Drei-Stufen-Leben (erst die Ausbildung, dann die Erwerbszeit, dann der Ruhestand) nahe. Dieses Modell ist veraltet. Wir gleiten zunehmend in ein Multi-Stage-Life.

Warum? Warum müssen wir angeblich bis zur Rente warten, bis wir relaxen können, die Träume leben, unser Leben lieben und einen Platz an der Sonne wahrnehmen können? Wäre es nicht viel besser, wenn wir Bildungs-, Erwerbs- und Freizeiten flexibler verteilen könnten auf die vielen Jahre, die wir leben? Wer sagt uns, dass wir das nicht können? Eigentlich niemand. Oder differenzierter: Niemand verordnet es uns explizit. Aber über das letzte Jahrhundert haben wir das in den staatlichen Institutionen vorgegebene Drei-Stufen-Leben internalisiert: erst die Ausbildung, dann das Erwerbsleben, dann der Ruhestand.

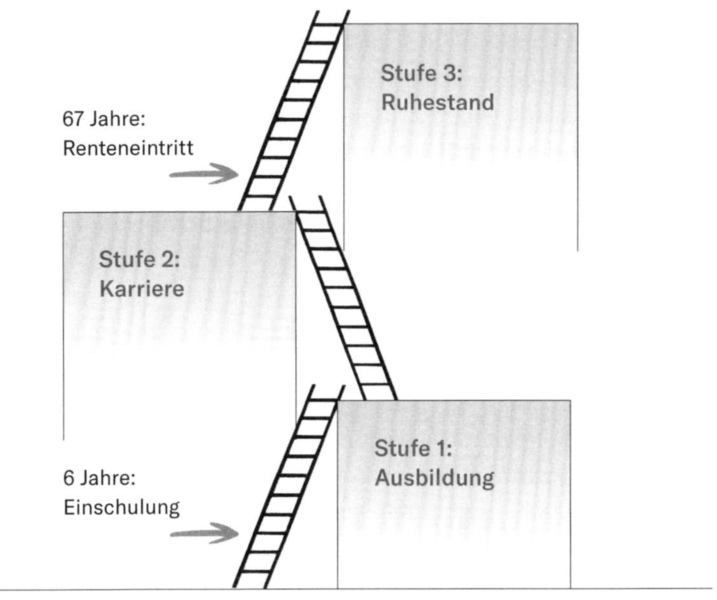

Abbildung 1: Im Drei-Stufen-Leben ging es nur wie auf Leitern nach oben. Erst die Ausbildung, dann die Arbeitsjahre, dann der Ruhestand. Und die Meilensteine (zum Beispiel Einschulung oder Renteneintritt) waren mit konkreten Lebensjahren assoziiert. Es gab nur eine Richtung – und wenig Spielraum.

Im Drei-Stufen-Leben ging es nur wie auf Leitern nach oben. Erst die Ausbildung, dann die Arbeitsjahre, dann der Ruhestand. Und die Meilensteine (zum Beispiel Einschulung oder Renteneintritt) waren mit konkreten Lebensjahren assoziiert. Es gab nur eine Richtung – und wenig Spielraum.

Es ist kein Wunder, dass die große Mehrheit der Menschen erst mit dem Aufkommen der Sozialstaaten anfing, ihre Geburtstage zu feiern. Vorher kannten viele ihr wahres Alter nicht. Wichtiger als der Geburtstag war der Namenstag – oder gemeinschaftliche Feste wie Weihnachten oder Ostern. Aber mit der neuen Taktung unseres Lebens (zum Beispiel der Regelung, dass man ab sechs in die Schule kommt) entstand diese neue Wahrnehmung von Alter, Älterwerden und Zeit.

Die an der London Business School lehrende Psychologin Lynda Gratton und der an derselben Institution lehrende Ökonom Andrew Scott prophezeien deshalb, dass das Drei-Stufen-Leben zunehmend ersetzt werden wird durch ein mehrstufiges Leben oder ein Multi-Stage-Life[89]. In diesem Multi-Stage-Life werden Bildungszeiten, Erwerbszeiten und Freizeiten übers ganze Leben anders verteilt. Die beiden sagen Folgendes voraus:

- Wir werden immer wieder Bildungszeiten erleben – entweder weil wir motiviert sind, eine andere Karriere einzuschlagen, oder weil wir dazu gezwungen werden (zum Beispiel weil wir den Job verlieren).
- In Zukunft werden die jungen Leute häufiger Erwerbszeiten erleben, bevor sie ein Studium angehen (zum Beispiel durch Minijobs, als unabhängige Selbstständige, Freiberufler oder geringfügig Beschäftigte).
- Der Ruhestand wird nicht mit einem Knall kommen. Vielmehr werden wir schrittweise in den Ruhestand gleiten.
- Wir werden zwischendurch immer wieder Ruhezeiten haben, indem wir zwischenzeitlich aus dem Erwerbsleben austreten, zum Beispiel in Form von Sabbatjahren, Erziehungszeiten oder in Jahren und Monaten, in denen wir uns der Betreuung älterer Angehöriger widmen (müssen).

Erste Hinweise für diese Trends gibt es schon heute: In Deutschland arbeiteten im Jahr 2011 noch 10 % der 65- bis 69-Jährigen. Im Jahr 2021, zehn Jahre später, lag der Anteil bei 17 %[90]. Der Staat bietet auch handfeste Anreize dazu, den Renteneintritt hinauszuzögern. Durch den Aufschub des Renteneintritts um jeden Monat vor Erreichen der Regelaltersgrenze kann die Rente um 0,3 % erhöht werden, da sich dadurch weniger Abschläge ergeben.[91] Und pro Monat *nach der Regelaltersgrenze* um 0,5 %. Für ein weiteres Jahr, das gearbeitet wird und die Rente nicht in Anspruch genommen wird, steigt diese um 6 %. Eine Option, die Einnahmen aus der staatlichen Rente um sagenhafte 18 % zu steigern, könnte darin liegen, bei Erreichen der Regelaltersgrenze die Arbeitszeit zu reduzieren, zwei weitere Jahre in 75 % Teilzeit und ein drittes Jahr in 50 % Teilzeit zu arbeiten.

Die Aussicht auf ein Erwerbsleben bis ins 70. Lebensjahr ist vielleicht erschreckend. Aber bedenken Sie, dass Sie im Multi-Stage-Life nicht bis zum 70. Lebensjahr warten müssen, um Freizeiten zu genießen. Sie können dies zwischendurch tun, indem Sie Sabbatzeiten einbauen oder andere Prioritäten wie Kindererziehung, Angehörigenpflege oder neue Weiterbildungsmöglichkeiten in Anspruch nehmen.

Hier ist ein persönliches Beispiel: Ich kenne viele Kollegen, die heute viele Überstunden machen, um früher in Rente gehen zu können und dann – vielleicht mit Mitte 50 – mehr Zeit für ihre Familie zu haben. Ironischerweise opfern diese Kollegen dafür die Zeit mit der Familie hier und jetzt. Meine Frau und ich haben uns in gewisser Hinsicht für genau das Gegenteil von diesem Ansatz entschieden: Im Sommer des Jahres 2023 machen wir eine mehrmonatige Karrierepause. Wir bekommen dann kein Gehalt ausgezahlt, können keine Rücklagen aufbauen und Altersvorsorge betreiben. Im Gegenteil: Wir brauchen Ersparnisse auf, weil wir stattdessen mit unseren siebenjährigen Zwillingen per Interrail durch Europa reisen. Warum sollten wir auf Zeit mit der Familie ab 67 hoffen? Unsere Kinder sind nur einmal jung. Wir wollen es jetzt nutzen. Und die Zeit, die wir heute nicht gearbeitet haben, können wir immer noch später aufholen. Tatsächlich könnte die Konsequenz dieser Entscheidung sein, dass wir bis über das Alter von 70 hinaus produktive Phasen haben werden (müssen).

Laut Gratton und Scott erfordern Langlebigkeit und das daraus resultierende mehrstufige Leben ein hohes Maß an Geschicklichkeit im Umgang mit Zeit im Allgemeinen und Übergängen im Speziellen. Bei Langlebigkeit ist das Leben nicht mehr wie eine Leiter, über die wir durch drei Lebensstufen klettern. Das Leben wird eher wie eine Kletterwand: Die grundsätzliche Richtung ist immer noch nach oben ausgerichtet. Aber es gibt diverse Arten und Weisen, wie wir nach oben kommen können. Wir können darüber nachdenken, ob wir diesen oder jenen Weg gehen wollen. Wir können oder müssen eventuell ein paar Schritte zurückgehen (zum Beispiel, wenn wir Ersparnisse aufbrauchen oder einen schlechter bezahlten Job annehmen müssen) oder seitlich gehen (indem wir uns neu ausrichten und einen anderen Weg wählen).

Abbildung 2: Die Zukunft verdrängt das Drei-Stufen-Leben zugunsten eines Multi-Stage-Life: Ein facettenreiches Leben, in dem unvorhersehbare Ereignisse und Entscheidungen wie Elternzeit, Pflege von Angehörigen, Arbeitslosigkeit, Weiterbildung oder wechselseitige Karriereförderung neue Pfade eröffnen. Dieses nichtlineare, finanziell schwerer planbare Leben ähnelt mehr einer Kletterwand als Leitern.

Im siebten Kapitel haben wir über das »zukünftige Selbst« gesprochen. Im Rahmen des Multi-Stage-Life müssen wir buchstäblich *pluralistischer* über diesen Begriff nachdenken. Es gibt nicht nur *ein* zukünftiges Selbst. Es gibt *zahlreiche mögliche zukünftige Selbst*. Denn der Weg, den wir gehen, oder die Art und Weise, wie wir die Kletterwand besteigen, ist nicht einseitig, geradlinig und vorbestimmt. Er wird divers sein, führt über Umwege und muss immer wieder gefunden werden. In unseren Entscheidungen für die Zukunft sollten wir deshalb auch darüber nachdenken, wie sich diese Entscheidungen auf andere Optionen in unserer Zukunft auswirken könnten. Ein Angebot für ein Traineeprogramm bei einem großen Arbeitgeber mit Aussicht auf Festanstellung klingt super für einen Berufsanfänger nach dem Studium. Aber unter Umständen könnte sich eine Vielzahl an projektbasierten Jobs, in denen man sich alle zwei Jahre in ein neues Thema und Probleme einarbeiten und Meilensteine und Ziele herausarbeiten muss, langfristig eher auszahlen, weil man so mehr über seine Interessen, Leidenschaften und Kernkompetenzen erfährt. Das Traineeprogramm und die Aussicht auf Festanstellung sind der perfekte Einstieg fürs Drei-Stufen-Leben – jedoch nicht unbedingt fürs Multi-Stage-Life.

Kursteilnehmern von Kletterschulen wird beigebracht, sich am Anfang die Zeit zu nehmen, Routen zu projektieren. Noch vor dem ersten Versuch, den Fels oder die Kletterwand zu besteigen, sollte man über Schlüsselstellen nachdenken, an denen schwierige Züge oder Griffe versteckt sein könnten. Beim ersten Versuch, die Wand zu besteigen, sollte man nicht zu hohe Erwartungen haben. Man soll »vorclippen«, sodass man nicht jedes Mal zu weit stürzt und Kraft hat für weitere Versuche.

Dasselbe gilt für die Lebensplanung: Man sollte sich die Zeit nehmen, bestimmte Lebenswege mental durchzugehen. Über die Schlüsselstellen – den Einstieg in einen bestimmten Beruf oder Berufswechsel sowie die Entscheidung für eine bestimmte Aus- oder Weiterbildung – sollte relative Klarheit bestehen. Und ebenso sollte man sich dessen bewusst sein, welche alternativen Wege man aufgrund dieser Entscheidung gehen könnte, sollte man abstürzen.

Wenn man erst mal auf der Kletterwand ist, dann konzentriert man sich auf die nächsten zwei oder drei Griffe oder Züge. Ihre Perspektive auf Zeit könnte der von Abbildung 3 ähneln.

Abbildung 3: An der Kletterwand erscheinen die unmittelbar erreichbaren Griffe groß und deutlich. Die in der Ferne liegenden hingegen wirken klein und undeutlich.

In dieser Perspektive sehen Sie vor allem die direkt vor Ihnen und hinter Ihnen liegenden Griffe. Die am Anfang unternommenen Züge sind klein und weit entfernt. Ebenso weit entfernt sind die möglichen Griffe der Zukunft. Diese Perspektive beschreibt metaphorisch das, was Verhaltenswissenschaftler als Gegenwarts-Bias bezeichnen – siehe Kapitel 4. Bei den jetzt unternommenen Zügen und Entscheidungen berücksichtigen Sie vor allem die Vor- und Nachteile, die Sie hier und jetzt betreffen. Sie denken weniger an die Züge, die weiter oben auch einmal notwendig sein könnten. Sie sehen, wie Sie mit dem nächsten Zug die nächsten drei bis vier Schritte meistern könnten. Sie sehen weniger, welche Optionen Sie sich verschließen oder erschließen, indem Sie andere Wege gehen würden.

Versuchen Sie, den Rat an Schüler von Kletterschulen zu verfolgen. Nehmen Sie sich die Zeit, zu projektieren und eine längerfristige Perspektive zu entwickeln, die verschiedene Wege antizipiert: Lösen Sie sich mental von der Wand, an der Sie gerade klettern, nehmen Sie Abstand und versuchen Sie, die Ihnen zur Verfügung stehenden möglichen Routen von hier aus zu projektieren.

Wenn Sie sich von Ihrer jetzigen Position lösen und weiter zurückgehen, um Ihre Kletterwand als Ganzes zu betrachten, dann erscheinen die Schritte der Gegenwart zunehmend genauso groß (oder klein) wie die schon unternommenen Schritte aus der Vergangenheit und die möglichen Züge in der Zukunft. Bei einem längeren Leben, so attestieren Gratton und Scott, hat diese weitsichtige Perspektive den Vorteil, dass sie mehr Gewicht auf die Bedürfnisse Ihrer Zukunft legen und Anreize schaffen, in *Optionen* zu investieren – wie zum Beispiel eine Auszeit hier und jetzt, um Zeit mit Kindern zu verbringen oder neues Wissen zu erwerben.

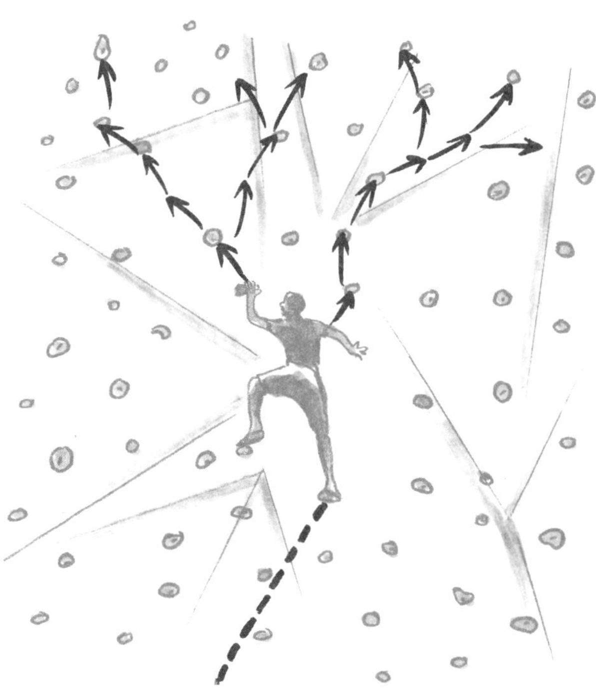

Abbildung 4: Wir sollten den eingeschränkten Blick von Abbildung 3 erweitern und die Wand aus größerer Entfernung als Ganzes betrachten. Dann erkennen wir, woher wir kommen – unsere Fähigkeiten und sowohl materiellen als auch immateriellen Besitz – und welche Optionen sich uns bieten. Es existieren vielfältige Möglichkeiten, die nicht immer geradlinig nach oben führen, sondern manchmal auch seitwärts verlaufen.

Wenn Sie sich von der aktuellen Position entfernen, um mögliche zukünftige Lebenswege zu projektieren (Abbildung 4), dann berücksichtigen Sie dabei auch Ihre bestehenden Vermögenswerte. In Kapitel 9 (»Vermögenswerte für Langlebigkeit«) betrachten wir genauer, welche Vermögenswerte gemeint sind. Kurzum, es handelt sich nicht allein um Vermögen im engen finanziellen Sinne. Ihre Rücklagen, Schulden und anderen Vermögenswerte sind wichtig und eröffnen oder begrenzen Ihren Rahmen des Möglichen. Aber ebenso wichtig sind Ihre derzeitigen Fähigkeiten, Ihr Gesundheitszustand, Ihr Bildungsstand und die Quantität und Qualität Ihres persönlichen Netzwerks. Diese Vermögenswerte bestimmen ebenso, welche Möglichkeiten Sie schon jetzt haben und in welche Vermögenswerte es sich zu investieren lohnt.

In Kapitel 6 haben wir darüber gesprochen, dass nicht jeder Mensch die Möglichkeit hat, langfristig zu denken. Manchen Menschen fällt es von Natur aus leichter als anderen. Und ebenso werden bestimmte Kontextfaktoren es uns unter Umständen erschweren, langfristig zu denken und zu projektieren. Metaphorisch gesprochen: Es wird uns nicht immer möglich sein, zu allen Zeiten die ganze Wand im Blick zu behalten. So, wie es an der Kletterwand manchmal Felsblöcke gibt, die uns den Blick nach vorn versperren, so gibt es im Leben manchmal Herausforderungen der Gegenwart, die uns daran hindern, Weitblick, Umsicht und Mut an den Tag zu legen.

Die schon mehrfach zitierte Sarah Newcomb entwickelte jüngst ein Modell des »finanziellen Lebensmodus«[92]. Hier hält sie fest, dass Menschen sich in unterschiedlichen finanziellen Umständen befinden können – siehe Tabelle. Diese finanziellen Umstände – besonders im Drei-Stufen-Leben – werden typischerweise mit bestimmten Altersgruppen assoziiert. Der finanzielle Lebensmodus »Chaos« zum Beispiel ist traditionell eher typisch für sich in der Ausbildung befindende junge Menschen. Im Multi-Stage-Life hingegen sind finanzielle Lebensmodi nicht mit bestimmten Altersgruppen assoziiert. Durch immer schnelleren industriellen Wandel – zum Beispiel durch Robotisierung oder die voranschreitende Verbreitung von künstlicher Intelligenz – werden wir, statistisch gesehen, zunehmend häufiger Übergangsphasen erleben, die uns in den Chaos- oder Überlebensmodus werfen könnten.

Modus	finanzielle Situation	Schwerpunktthemen
Chaos	schlecht, Tendenz fallend	Schuldenabbau, Einkommenserzielung. Plan für die nächsten Wochen, nicht Tage.
Überleben	schlecht, Tendenz stabil	Schuldenabbau, Einkommenserzielung. Plan für die nächsten Monate, nicht Wochen.
Stabil	positiv, Tendenz stabil	Geldgewohnheiten, Sparverhalten, Absicherung. Plan für die nächsten Jahre, nicht Monate.
Wachstum	positiv, Tendenz steigend	Geldgewohnheiten, Spar- und Investitionsverhalten. Plan für die nächsten Dekaden, nicht Jahre.
Leben von Ersparnissen und Ansprüchen	positiv, Tendenz fallend	Steuerplanung, Planung von Alterseinkünften, Nachlassplanung. Plan für die nächste Generation, nicht Dekaden.
Vermächtnis	positiv, bleibt voraussichtlich positiv über den Tod hinaus	Cashflow-Management, Planung von Alterseinkünften, Nachlassplanung. Plan für die nächste Generation, nicht Dekaden.

Quelle: Sarah Newcomb.

Es ist unrealistisch, zu erwarten, dass wir in allen finanziellen Lebensmodi gleichermaßen über alle unsere möglichen Lebenswege reflektieren oder projektieren. Aber dennoch denken wir idealerweise an die nächsten Schritte und an die Zukunft. *Wie weit* hinaus wir hierbei denken, hängt aber von unserem finanziellen Lebensmodus ab. Es ist verständlich, dass wir uns bei hohen Schulden oder plötzlicher Arbeitslosigkeit tendenziell um morgen oder übermorgen sorgen. In diesen Situationen jedoch lohnt es sich, auch darüber nachzudenken, wie wir die nächsten Wochen meistern werden. Und wenn unsere finanzielle Situation stabil ist – weil wir ein ungefähres Gleichgewicht an Einnahmen und Ausgaben haben –, dann denken wir vielleicht tendenziell an die nächsten Monate (zum Beispiel daran, welchen Urlaub wir uns leisten können). Aber hier lohnt es sich ebenso, ein Sparverhalten zu entwickeln, indem wir an die nächsten Jahre denken.

Die Aussicht, länger arbeiten zu müssen und eventuell häufiger Berufe und Arbeitgeber wechseln zu müssen, finden viele Menschen entmutigend und beängstigend. Das Drei-Stufen-Modell gab uns Planungs- und Lebenssicherheit, ohne viel nachdenken zu müssen. Das Multi-Stage-Life ist aufgrund seiner Unvorhersehbarkeit chaotischer und herausfordernder – es zwingt uns, darüber nachzudenken, was wir wirklich wollen. Wie schaffen es Menschen, dies über sich herauszufinden und motiviert, optimistisch und hartnäckig zu bleiben?

Die US-amerikanische Psychologin und an der University of Pennsylvania lehrende Professorin Angela Duckworth hat über mehrere Dekaden die Einstellungen und Gewohnheiten erfolgreicher Menschen studiert – erfolgreicher Sportler, Künstler, Manager, Soldaten und Menschen aus anderen Professionen.[93] Ihre Kernerkenntnis, kurz ausgedrückt, lautet: Ausdauer und Leidenschaft für langfristige Ziele führen zum Erfolg. Leidenschaft verleiht einer Person Energie und Wille, eine Tätigkeit auszuführen. Und Ausdauer ist die Eigenschaft, trotz Widrigkeiten, Hürden und Herausforderungen weiterzumachen. Dem liegen zwei weitere wichtige Eigenschaften zugrunde.

Erstens kennen Menschen mit Ausdauer und Leidenschaft ihre wahren Interessen. Dies leuchtet schnell ein: Es fällt verständlicherweise schwer, an Zielen festzuhalten, die nicht faszinieren. Der erste Schritt zur Entwicklung Ihrer Zielstrebigkeit besteht also darin, etwas für Sie Interessantes zu finden. Etwas, mit dem Sie gern Ihre Zeit verbringen.

Eine Möglichkeit, dieses Verständnis zu entwickeln, besteht darin, sich Fragen wie diese zu stellen:

- Womit habe ich als Kind meine Zeit verbracht? Denn als Kinder – oder als wir noch ohne produktive Zwänge tun und lassen konnten, was wir wollten – sind wir, ganz ohne nachzudenken, bestimmten Tätigkeiten nachgegangen. Und andere Tätigkeiten haben wir intuitiv vermieden. Schauen Sie sich Fotos aus Ihrer Vergangenheit an, um sich selbst auf die Sprünge zu helfen.

Oder reden Sie mit Geschwistern, Eltern oder alten Nachbarn, um dies über sich herauszufinden.
- Welche Aktivitäten fesseln Sie so sehr, dass Sie vergessen zu essen und zu schlafen? Viele Menschen kennen es, dass bestimmte Tätigkeiten derart einnehmend sind, dass man alles andere um sich herum vergisst. In der Positiven Psychologie nennt man das den »Flow«[94]. Flow ist einer der angenehmsten Zustände des Lebens. Er versetzt uns ganz in die Gegenwart und hilft uns, kreativer, produktiver und glücklicher zu sein.
- Wenn Geld keine Rolle spielen würde, womit würden Sie dann Ihre Zeit verbringen? Hypothetische Fragen dieser Art laden Sie ein, über Aktivitäten nachzudenken, die Sie am liebsten machen würden, wenn Sie materiell abgesichert sind. Würden Sie vielleicht ein Musikinstrument wiederentdecken? Oder eine eigene Geschäftsidee verfolgen? Würden Sie einen Beruf wählen, den Sie zwar spannend finden, von dem Sie allerdings befürchten, dass Sie zu wenig Geld damit verdienen würden?

Auf diese Fragen Antworten zu finden, lohnt sich, um Ihre tieferen Interessen zu erkunden. Und, übrigens: Wenn Sie Kinder haben, lohnt es sich, diese Beobachtungen für sie festzuhalten. Ich selbst schreibe meinen gerade eingeschulten Kindern zwei- bis dreimal im Jahr eine E-Mail (an eine E-Mail-Adresse, die sie noch nicht kennen und deren Posteingang sie irgendwann – vielleicht ab 18 – einmal entdecken werden) und teile ihnen darin mit, was ihnen gerade Freude macht und was sie zum Verzweifeln bringt. Das ist im Übrigen auch eine schöne Selbstreflexion.

Aber verlassen Sie sich nicht allein auf Selbstbeobachtung oder die Beobachtungen anderer – hier lauern immer wieder die in Kapitel 4 diskutierten Gefahren der Selbstevaluation. Laut Duckworth geht nichts über die Erfahrung im wirklichen Leben. Mit anderen Worten: Sie müssen rausgehen, aufs Fahrrad steigen und losfahren. Sie müssen verschiedene Dinge *erleben*, um herauszufinden, was Ihnen am meisten Lebensfreude und Lebenssinn gibt.

Ein zweites Kennzeichen von Menschen mit Ausdauer und Leidenschaft ist deren Kenntnis ihrer tieferen Werte: In ihrer Auswertung von Tausenden von Interviews fand Duckworth heraus, dass

Menschen mit Ausdauer und Leidenschaft sehr viel stärker darauf ausgerichtet sind als andere, ein für sie sinnvolles und erfüllendes Leben zu führen. Sie sind stark motiviert von tief verwurzelten Überzeugungen und Zielen, die über den alltäglichen Erfolg und Misserfolg hinausgehen. Dieses tiefe Bewusstsein für das, was im Leben wirklich wichtig ist, hilft ihnen, Durchhaltevermögen zu zeigen, wenn sie auf Hindernisse stoßen, und ihre Leidenschaft über lange Zeiträume hinweg aufrechtzuerhalten.

Kurzum, es reicht nicht aus, etwas Interessantes zu finden und hart zu arbeiten, um darin gut zu werden. Man muss es auch mit einem höheren Ziel verbinden können. Man muss sich selbst daran erinnern, wie das, was man tut, dem Allgemeinwohl dient. Menschen mit Ausdauer und Leidenschaft haben keinen Beruf – sie folgen einer *Berufung*. Duckworth verdeutlicht dies mit dieser Geschichte:

»Drei Maurer werden gefragt: ›Was machst du da?‹ Der erste sagt: ›Ich lege Ziegelsteine.‹ Der zweite sagt: ›Ich baue eine Kirche.‹ Der dritte sagt: ›Ich baue das Haus Gottes.‹ Der erste Maurer hat Arbeit. Der zweite hat einen Beruf. Der dritte hat eine Berufung.«

Kennen Sie Ihre tieferen Werte? Es braucht ein wenig Zeit (vielleicht zehn Minuten), aber es gibt gute, einfache Übungen, die helfen. In einer von den Psychologen Geoffrey Cohen (Stanford University) und David Sherman (University of Santa Barbara) inspirierten Übung[95] lesen Sie die folgende Liste von Werten. Denken Sie über jeden einzelnen nach. Kreisen Sie dann die zwei bis drei Werte ein, die für Sie am wichtigsten sind:

ÜBUNG

Sportliche Fähigkeiten
Kunst und Literatur
Kreativität
Selbstständigkeit
Sicherheit
Neues entdecken
Freundlichkeit und Großzügigkeit
Im Augenblick leben
Zugehörigkeit zu einer sozialen Gruppe
Abenteuer

Harmonie
Natur und Umwelt
Beziehungen zu Freunden
und zur Familie

Humor
Erfolg im Beruf
Musik
Etwas anderes: ____________

Im zweiten Schritt beschreiben Sie in ein paar Sätzen, warum die ausgewählten Werte für Sie wichtig sind. Konzentrieren Sie sich auf Ihre Gedanken und Gefühle, und machen Sie sich keine Gedanken über Rechtschreibung, Grammatik oder die Qualität des Textes.

Ihre tieferen Werte sind selten etwas, das sich in den letzten Jahren stark verändert hat. Tatsächlich handelt es sich hier um etwas, das tief in Ihnen drinsteckt und das immer wieder, zum Beispiel zu besonderen Anlässen – an Ihrem Geburtstag, in Ihren Neujahrsvorsätzen, in Meinungsverschiedenheit mit dem Partner, in der Einrichtung der Wohnung, den Ärgernissen mit den Kollegen –, zum Vorschein kommt. Ihre Werte sind ein gutes Beispiel für etwas, das sich nicht chronologisch entwickelt, sondern etwas, das in bestimmten Zyklen aufkommt und wiederkehrt. Sich dieser Werte bewusst zu sein, ist eine gute Voraussetzung für erfolgreiche Lebensplanung.

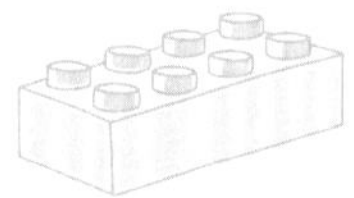

Banken, Finanz- und Vermögensberater legen Wert darauf, unsere *finanziellen Ziele* kennenzulernen und zu definieren. Sie kreieren dann Finanzpläne, die auf diese Ziele hinarbeiten. Diese Praxis spiegelt die Annahme, dass sich finanzielle Planung ohne finanzielle Ziele nicht lohnt. Das stimmt. Aber es stimmt nur bedingt. In diesem Kapitel habe ich das Argument entwickelt, dass *finanzielle Planung* einer *Lebensplanung* folgen muss. Für langfristiges finanzielles Wohlbefinden brauchen wir mehr als einen Finanzplan, der uns hilft, unsere Ziele zu erreichen. Wir brauchen ein Verständnis von unseren Interessen und Werten, die unserer Fähigkeit, Geld zu verdienen, zugrunde liegen und für die wir das Geld überhaupt erst haben wollen.

Wir sollten nicht das studieren, was uns den vermeintlich festen Arbeitsplatz garantiert oder ein gutes Gehalt sichert. Wir sollten das studieren, was uns am meisten interessiert, fasziniert und unseren Werten entspricht. Ebenso sollten wir einer Arbeit nachgehen, die diesen Kriterien entspricht. Dann fällt es uns auch leichter, diesen Beruf länger auszuüben.

Darüber hinaus lohnt es sich bei unserer Lebensplanung, eine persönliche Sequenzierung zu unternehmen und nicht am klassischen Drei-Stufen-Leben festzuhalten: Bildung, Freizeit und Erwerbstätigkeit können über unser langes, gesundes Leben anders verteilt werden, damit wir von Langlebigkeit wirklich profitieren. Altersvorsorge zu betreiben – oder Rücklagen für den Ruhestand aufzubauen – wird insbesondere dann stressreich, wenn wir es nur für möglich halten, dies in den Jahren zwischen 25 und 65 tun zu können. Aber warum soll das so sein?

Frank Sinatras »My Way« ist eines der auf Beerdigungen am häufigsten gespielten Lieder. Verständlich: Am Ende unseres Lebens wollen wir das Gefühl haben, unseren eigenen Weg gegangen zu sein, uns weniger für Normen und Konventionen interessiert zu haben und das in den Vordergrund gestellt zu haben, das uns Spaß und Freude macht und uns Lebenssinn gibt.

In der zweiten Strophe singt er:

Regrets, I've had a few,
But then again, too few to mention.
I did what I had to do
And saw it through without exemption.
I planned each charted course,
Each careful step along the byway.
And more, much more than this:
I did it my way.

Bereut habe ich einiges,
Aber dann wiederum ist es nicht erwähnenswert.
Ich tat, was ich tun musste,
Und habe alles ausnahmslos zu Ende gebracht.
Ich plante jedes Vorhaben
sorgfältig, bis ins Detail.
Und mehr, viel mehr als das:
Ich hab's auf meine Art getan.

Was meinen Sie: Wenn er singt, jedes Vorhaben sorgfältig bis ins Detail geplant zu haben, meint er seine Finanzplanung und Altersvorsorge? Oder meint er den Aufbau von Rücklagen oder den Erwerb der eigenen Immobilie?

Natürlich nicht! Wenn wir diese Zeilen lesen (und von Frank Sinatras wundervoller Stimme vorgesungen bekommen), dann leuchtet es uns sofort ein: Finanzielle Planung allein ist nicht wichtig. Wir brauchen einen Lebensplan, der unseren Bedürfnissen, Interessen, Werten, Wünschen und Hoffnungen entspricht. Das Geld und den dazugehörigen Finanzplan brauchen wir lediglich, um diesen Lebensplan ermöglichen zu können.

9. MONEY-BAUSTEIN »VERMÖGENSWERTE FÜR LANGLEBIGKEIT«

Fünf Minuten nach Mitternacht des 1. Januar wurde im Duisburger Sana-Klinikum eines der ersten Kinder Deutschlands des Jahres 2023 geboren. Der kleine Anas wog bei der Geburt 3520 Gramm bei einer Länge von 51 Zentimetern – er war kerngesund. Seine Eltern – die Mutter Kiko Heba und der Vater Ahmad Kordi – konnten es kaum erwarten, den Kleinen schon bald nach der Geburt in ihr Marxloher Zuhause mitzunehmen. So startet das »Abenteuer Leben« des kleinen Anas.

Welche Herausforderungen hält es für ihn bereit? Wie lange wird dieses Abenteuer andauern?

Sollte die Lebenserwartung weiterhin zunehmen wie bisher, dann hat Anas eine Chance von mehr als 50 %, seinen 100. Geburtstag zu feiern.[96] Zwischen seiner Geburt kurz nach Mitternacht am Neujahrstag des Jahres 2023 und dem 1. Januar 2123 vergehen 5200 Wochen. Wie wird er diese Zeit nutzen? Was braucht Anas, um in dieser Zeit – den 5200 Freitagabenden, den 5200 faulen Sonntagen, 5200 Montagmorgen, insgesamt 36.500 Tagen – erfolgreich zu altern?

Wäre Anas vor 50 Jahren geboren worden, dann wäre die Taktung seines Lebens relativ eindeutig definiert: Mit sechs käme er in die Schule. In seinen Ausbildungsjahren hätte er die Bildung und Fähigkeiten gewonnen, die ihm zu Erwerbszeiten ein Gehalt gesichert hätten. Mit 67 wäre er in den Ruhestand gegangen.

Für Anas aus dem Jahr 2023 jedoch wird diese Taktung fluider und unübersichtlicher sein. Er wird immer noch mit sechs in die

Schule kommen. Aber ab dann wird es facettenreicher. Er wird Lebenswege gehen, die seine Großeltern nicht kannten (die seine Eltern jedoch schon kennenlernen). Und er wird neue Arten von Ressourcen brauchen, um erfolgreich zu altern.

Herkömmlicherweise werden bei der Auflistung von Vermögenswerten alle einigermaßen handfesten Dinge von Wert berücksichtigt. Also Gegenstände wie Geld auf dem Girokonto oder Tagesgeldkonto, Immobilien, Aktien, Gemälde, Unternehmensbeteiligungen, Gold und so weiter.

Dass diese handfesten Vermögenswerte allein nicht reichen, um ein erfolgreiches Leben zu führen, wussten wir schon im Drei-Stufen-Modell. Wir wussten zum Beispiel, dass uns erst unsere Ausbildung und unser Wissen – oder kulturelles Kapital, wie es in der Soziologie heißt – ermöglichen, ein Gehalt zu verdienen. Wir entwickelten ebenso ein Verständnis für die Bedeutung von Netzwerken – soziales Kapital – und unserer mentalen und körperlichen Gesundheit.

Auch im Multi-Stage-Life brauchen wir diese Vermögenswerte – ökonomisches, kulturelles und soziales Kapital und Gesundheit –, aber wir brauchen sie auf andere Weise: Zum Beispiel werden wir unser Wissen nicht nur einmal in den ersten 20 bis 25 Jahren unseres Lebens anhäufen und dann in den folgenden Jahren graduell aufbrauchen. Wir werden es immer wieder neu akkumulieren müssen, um auf dem Arbeitsmarkt der Zukunft zu bestehen.

Darüber hinaus brauchen wir mehr als die genannten Vermögenswerte: An der Kletterwand – so haben wir das Multi-Stage-Life im vorherigen Kapitel metaphorisch umschrieben – brauchen wir neue immaterielle Vermögenswerte. Zum Beispiel brauchen wir die Fähigkeit, projektieren zu können. Und wir brauchen Selbstwissen – wir brauchen ein Verständnis davon, wer wir sind und was wir wollen.

In diesem Kapitel rege ich dazu an, alle für Langlebigkeit notwendigen Vermögenswerte aufzulisten, damit Sie einen Überblick gewinnen über das, was Sie jetzt schon haben, und das, was sich anzuhäufen lohnen könnte. Wir beginnen mit dem im Standardfinanzwesen benutzten Begriff der »Vermögenswerte«, indem wir zuerst alle handfesten Vermögensarten erfassen. Später berücksichtigen wir den erweiterten Begriff der Vermögenswerte und versuchen, immaterielle Dinge zu erfassen.

Eine Auflistung Ihrer materiellen Vermögenswerte und eine Erfassung Ihres Nettovermögenswerts lohnt sich: Das Kernanliegen der Finanzplanung ist es, ein besseres Verhältnis von Vermögenswerten und Verbindlichkeiten zu erreichen. Oder vondem, das Sie besitzen, und dem, das Sie schulden. »Es gibt keinen wichtigeren ersten Schritt zur Kontrolle Ihres finanziellen Lebens als die Erstellung dieser persönlichen Bilanz«[97], sagt der Verhaltenswissenschaftler und Finanzpsychologe Brian Portnoy.

Nehmen Sie sich ein paar Minuten, um im ersten Schritt in der folgenden Tabelle all Ihre finanziellen Vermögenswerte aufzulisten – und kontrastieren Sie diese mit Ihren Schulden, falls vorhanden. Dies muss nicht unbedingt akkurat bis auf den Cent sein. Ein ausreichender Überblick – oder ein Überblick, der »gut genug« ist – reicht vorübergehend aus.

Schritt 1: Mein Nettovermögen

Ich besitze ...		Ich schulde ...	
Ersparnisse in Giro- und Tagesgeldkonten		Privatkredit	
Weitere Ersparnisse und Investitionen		Kreditkarten-forderungen	
Aktueller Wert der Immobilie		Hypothekendarlehen	
Aktueller Wert des Autos		Autokredit	

Aktueller Wert von anderen Vermögenswerten*		andere Schulden (zum Beispiel BAföG)	
Summe der Vermögenswerte		Summe der Verbindlichkeiten	
Nettovermögenswert (Vermögenswerte – Verbindlichkeiten)			

* Zum Beispiel Geschäftsanteile, Renten- und Lebensversicherungen, geistiges Eigentum, Sammelobjekte und Kunst oder Kryptowährungen

Ist Ihr Nettovermögen positiv? Ich hoffe es für Sie! Denn ein positives Nettovermögen ist die Grundlage jeder finanziellen Sicherheit. Mit einem positiven Nettovermögen kann man die vor uns liegende Kletterwand anders angehen, weil in der Regel weitere Optionen zur Verfügung stehen. Falls Ihr Nettovermögen negativ ist oder falls Sie Ihr Nettovermögen aus anderen Gründen erhöhen möchten, überlegen Sie, wie Sie entweder Verbindlichkeiten reduzieren oder die Sparquote erhöhen können.

Der schnellste Weg zur Erhöhung Ihres Nettovermögens könnte die eigene Immobilie sein. Dies schlussfolgerte zum Beispiel das Deutsche Institut für Wirtschaftsforschung in einer Studie von 2019:[98] Diejenigen, die in der eigenen Wohnung leben, verfügen im Schnitt über ein beinahe zehnmal so hohes Vermögen (rund 225.000 Euro) wie Personen, die zur Miete wohnen (24.000 Euro). Dieses Ergebnis verdeutlicht also die Bedeutung des Eigenheims. Tatsächlich handelt es sich hierbei um einen empfehlenswerten Vermögenswert für Langlebigkeit.

»Deutschland bleibt ein Land der Mieterinnen und Mieter«, heißt es im vom Statistischen Bundesamt herausgegebenen Sozialbericht für Deutschland.[99] Zwar lebte immerhin fast die Hälfte (knapp 47 %) der Bevölkerung in ihren »eigenen vier Wänden«, aber nirgendwo sonst in der Europäischen Union ist der Anteil an Eigentümern derart gering. Gerade in den Großstädten ist der Anteil an vermieteten Wohnungen sehr hoch (circa 73 %). Nur in dünn besiedelten Landkreisen überwiegt der Anteil an Eigentümern einigermaßen deutlich.

Der Grund ist klar: Die eigene Immobilie ist sehr teuer. In Zeiten günstiger Zinsen sind Immobilien noch viel teurer geworden. Und bei den inzwischen wieder höheren Zinssätzen ist der Kredit häufig unerschwinglich geworden. Die Frage, ob sich das eigene Haus oder die eigene Wohnung lohnt, ist vielfach diskutiert.

Um diese Frage zu beantworten, werden in der Regel die Kosten des Mietens mit den Kosten der Rückzahlung des Kredits sowie den laufenden Kosten der Instandhaltung des eigenen Hauses kontrastiert. Eine meiner Beobachtung nach unterbelichtete Perspektive jedoch ist, dass die Tilgung eines Hauskredits, verhaltenswissenschaftlich gesprochen, eine Form des langfristigen »Zwangssparens« ist. Mit anderen Worten, wenn man sich mit einem Hauskauf dazu verpflichtet, bis zu einem bestimmten Lebensalter – zum Beispiel dem 70. Lebensjahr – ein Darlehen fürs Haus abbezahlt zu haben, dann hat man in späteren Phasen des Lebens viel geringere Fixkosten und kommt womöglich mit einer viel geringeren Summe an Erträgen aus der privaten Altersvorsorge aus. Vielleicht reicht sogar das Einkommen allein aus der gesetzlichen Rentenversicherung.

Ein Hypothekendarlehen ist genau das: ein Zwangssparkonto. Mit jedem Monat, in dem Sie pflichtgemäß Ihre Hypothek abbezahlen, bauen Sie im Laufe der Zeit einen eigenen Vermögenswert auf. Wenn man hingegen mietet, ist die Notwendigkeit zur renditeorientierten Altersvorsorge (so wie in Kapitel 7 besprochen) sehr viel höher, weil die laufenden Ausgaben im Ruhestand höher sein werden.

Sie sollten auf den Kauf einer eigenen Immobilie verzichten, wenn Sie …

- (noch) nicht wissen, was Sie wollen oder brauchen. Stadt oder Land? Wohnung oder Haus? Eignung für Kinder?
- Flexibilität brauchen – wenn Sie zum Beispiel berufsbedingt oder der Beziehung wegen bald in eine andere Region ziehen könnten.
- nicht genügend Eigenkapital haben, um eine eigene Immobilie finanzieren zu können.

Vielleicht scheuen Sie sich vor der Verantwortung, denn als Eigentümer können Sie Handwerkerarbeiten oder andere Instandhaltungsprojekte nicht einfach an einen Vermieter weiterleiten. Ebenso müssen Sie mit Schulden und Risiken leben können. Allerdings: Wenn Sie allein aus Angst vor der Verantwortung auf den Immobilienkauf verzichten, dann berücksichtigen Sie, dass Sie damit andere Verantwortungen für Ihr zukünftiges Selbst aufnehmen. Im Ruhestand keine Miete mehr zahlen zu müssen, wäre eine große Erleichterung für Ihr Selbst mit 75.

Eine häufig zitierte Faustregel besagt, dass Sie erst dann an den Kauf oder Bau einer Immobilie denken sollten, wenn Sie etwa 20 bis 25 % der zu erwartenden Kosten als Eigenkapital besitzen. Ohne eine derartige Quote – so sagt zum Beispiel der Verbraucherschutz – lässt sich der Kauf kaum stemmen.

Die zu erwartenden Kosten sind leider höher als der Kaufpreis der Immobilie selbst. Für die komplette Kaufrechnung müssen auch – in Deutschland leider sündhaft teure – Notarkosten für Grundbucheinträge, Grunderwerbsteuer und Maklerkosten berücksichtigt werden. Hinzu kommen eventuell noch Renovierungsarbeiten. All dies erhöht den Kaufpreis häufig noch mal locker um 10 %.

Die Finanzierungskosten selbst werden bei steigenden Zinsen ebenso teurer: Bei einem Darlehen von 300.000 Euro mit 3 % Anfangstilgung, einer zehnjährigen Zinsbindung und einem Sollzinssatz von 1 % (wie Anfang 2022 üblich) beträgt die monatliche Rate 1000 Euro. Verdoppeln sich nun die Zinsen jedoch auf 2 %, liegt die Rate bereits bei 1250 Euro. Steigen die Zinsen weiter auf 3 % (so wie Ende 2022 üblich), so verteuert sich die Rate um weitere 250 Euro und liegt dann bei 1500 Euro. Dieses Risiko geht man ein.

In Kapitel 5 wurde die 50-30-20-Faustregel besprochen. 50 % Ihres Nettoeinkommens geben Sie demnach für Fixkosten aus (alles von Miete/Ratenzahlungen, Nebenkosten, Transport, Internet und Telefonkosten bis hin zu Lebensmittelkosten); 30 % geben Sie zum Leben hier und jetzt aus (also für nicht lebensnotwendige Ausgaben, wie beispielsweise Urlaub, Shopping, Hobby oder Restaurantbesuche). Und 20 % beträgt die Sparquote. Letztere kann mit folgendem »schnellen und sparsamen Baum«[100], wie Gerd Gigerenzer es nennt, verfeinert werden.

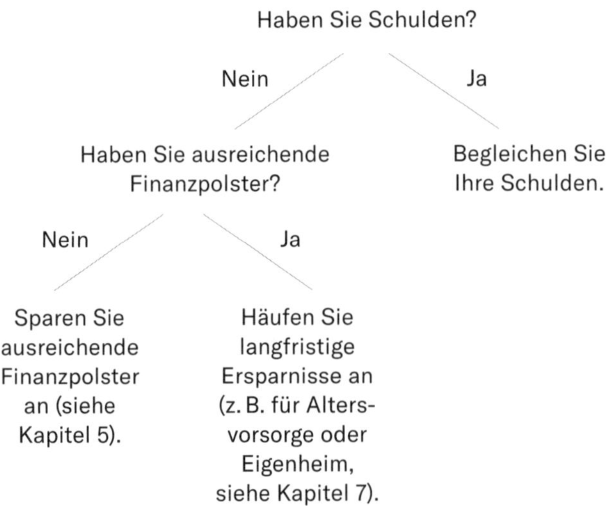

Sollten Sie …

- genügend Eigenkapital durch langfristige Ersparnisse aufgebaut haben und somit 20 bis 25 % des Kaufpreises (plus dessen Zusatzkosten) einer Immobilie bereithalten können sowie
- die durch den Hauskauf fälligen Ratenzahlungen einigermaßen locker innerhalb der 50 % Fixkosten begleichen können …

… dann haben Sie gute Voraussetzungen für den Kauf einer Immobilie.

Dann lohnt sich das Eigenheim:

Kennen Sie Größe, Lage, Wohnort etc.?

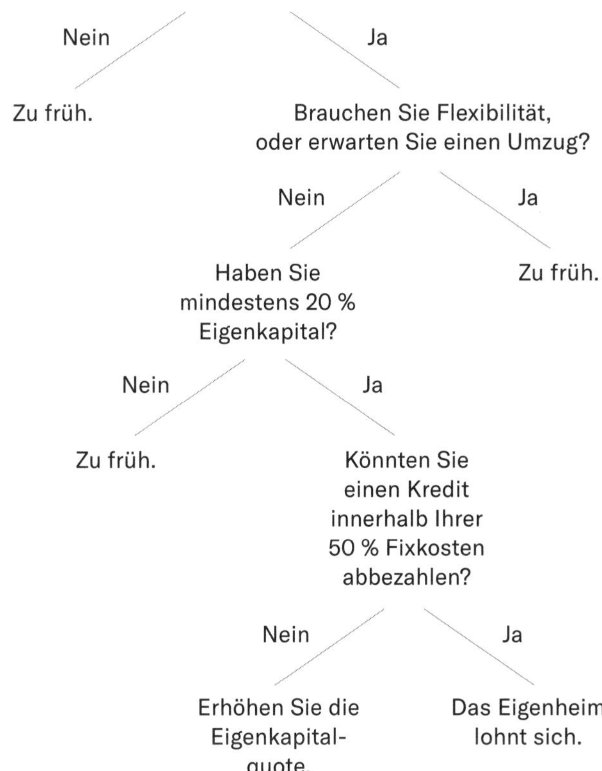

Sollten die langfristigen Ersparnisse nicht die benötigte Eigenkapitalquote von 20 % erreichen oder die Ratenzahlungen dazu führen, dass ihre monatlichen Fixkosten 50 % überschreiten, dann lassen Sie den Kauf der eigenen Immobilie vorerst und sparen Sie weiterhin langfristig.

Weitere wichtige Vermögenswerte für Langlebigkeit sind Ihr formales Wissen, Ihre Fähigkeiten und Ihre Erfahrungen. Für ein erfolgreiches langes Leben ist es wichtig, zu bedenken, dass der Wert davon über die Jahre stark abnehmen kann.

Eine ehrliche Einschätzung zur Abnutzungsgefahr Ihrer Fähigkeiten, Erfahrungen und Ihres Wissens ist sehr wichtig für Ihren langfristigen Erfolg. Vielleicht gibt es Hinweise hierzu in Umstrukturierungsmaßnahmen in Ihrer Firma oder bei Konkurrenten Ihrer Firma. Vielleicht sehen Sie ein komplett neues Anforderungsprofil in den aktuellen Stellenausschreibungen Ihres Arbeitgebers. Oder vielleicht sehen Sie es am von Berufseinsteigern erlernten und geschätzten Wissen. Kann ChatGPT, was Sie können?

Kann ChatGPT, was Sie können? Untersuchen Sie Ihren Job hinsichtlich seiner verschiedenen Aufgabenbereiche, und fragen Sie sich, welche dieser Aufgaben von Robotern oder künstlicher Intelligenz übernommen werden könnten. Je eher Ihre Aufgaben vorhersehbar und routiniert sind, umso wahrscheinlicher ist es, dass Sie ersetzt werden können.

Um die Nachhaltigkeit Ihres Jobs einschätzen zu können, denken Sie über Ihre verschiedenen Aufgabenbereiche nach. Gibt es viele Aktivitäten, die aus vorhersehbaren körperlichen Aufgaben bestehen? Handlungen, die Sie in immer derselben Umgebung durchführen und die man relativ leicht vorhersagen kann? Dies ist zum Beispiel dann der Fall, wenn Sie bei einem Einzelhändler an der Kasse arbeiten oder an der Rezeption eines Hotels oder dem Infostand eines Einkaufszentrums. Solche Aktivitäten werden zunehmend von Robotern oder künstlicher Intelligenz ersetzt werden.[101]

Oder besteht ein großer Teil Ihres Aufgabenbereichs in der Erhebung und Verarbeitung von Daten? Viele Tätigkeiten der Verwaltung werden zunehmend automatisiert – zum Beispiel die Abwicklung von Gehaltsabrechnungen, Berechnungen des Materialbedarfs, Vorhersagen von Gewinn und Verlust. Nicht nur Geringverdiener werden hierfür von Computern ersetzt, sondern auch solche mit mittleren oder sogar sehr guten Einkommen.

Wenn Ihre Arbeit aus nicht routinemäßigen Aufgaben besteht oder Sie Kompetenzen anwenden, die nur von Menschen (und nicht Computern) gezeigt werden können – zum Beispiel Einfühlungsvermögen, Beziehungsfähigkeit, Urteilsvermögen oder Kreativität –, werden Sie wahrscheinlich (noch) nicht von Robotern oder künstlicher Intelligenz ersetzt.

Schritt 2: Fähigkeiten, Wissen und Erfahrung

Ressource		Derzeitiger Wert (pro Jahr)	Abnutzungsgefahr
Wissen (z. B. aus formaler Ausbildung)			☐ groß ☐ mittel ☐ gering
Fähigkeiten			☐ groß ☐ mittel ☐ gering
Erfahrungen			☐ groß ☐ mittel ☐ gering

Es ist sehr wahrscheinlich, dass mindestens einige Ihrer Aufgabenbereiche von Computern ersetzt werden und Ihr Arbeitgeber möchte, dass Sie die dadurch verfügbare Zeit anders nutzen. In meiner Arbeit verwende ich manchmal relativ viel Zeit darauf, per E-Mail oder Word-Dokument in Korrespondenz mit meinem Team angefertigte Fragebögen in dafür vorgesehene spezielle Software zu übertragen. Und sobald Daten erhoben wurden, müssen diese auf eine bestimmte Art und Weise heruntergeladen und verarbeitet werden. Diese Aktivitäten des Fragebogenbauens und der Datenanalyse werden sicherlich zunehmend von effizienteren Computerprozessen automatisiert werden.

Aufgrund der Abnutzung von Fähigkeiten, Wissen oder Erfahrungen ist es wahrscheinlich, dass sich die meisten Erwerbstätigen häufiger fortbilden müssen – zum Beispiel, indem sie sich selbst in bestimmte Themen einlesen, häufiger an Fort- und Weiterbildungsprogrammen teilnehmen oder gar wieder an die Universität zurückgehen. Der Boom der privaten Fachhochschulen und Fernstudiengänge – an denen das Durchschnittsalter merklich höher[102] ist als an staatlichen Hochschulen – verdeutlicht, dass viele Menschen diesen Trend auch begreifen. In ihren Berichten vom Weltwirtschaftsforum in Davos im Frühjahr 2023 schrieb die »Financial Times« von Firmenchefs, die über den LQ, den Lernfähigkeitsquotienten, anstelle des IQ sprachen. LQ ist im Wesentlichen ein Messwert für unsere Anpassungsfähigkeit, für unseren Wunsch und unsere Bereitschaft, unser Wissen und unsere Fähigkeiten im Laufe des Lebens zu aktualisieren.[103]

Wir haben in den ersten Kapiteln häufig von »Umsetzungsabsichten« gesprochen oder davon, wie wir es uns mit »temptation bundling« oder anderen Ansätzen aus dem EAST-Modell einfacher machen können, Dinge umzusetzen, die uns häufig schwerfallen. Sie können diese Ansätze auch auf Ihren Fort- und Weiterbildungsplan anwenden, zum Beispiel wenn Sie sich vornehmen, mehr Sachbücher aus der Bücherei zu lesen, einen Onlinekurs auf edX zu belegen (es gibt dort auch Kurse auf Deutsch von im deutschsprachigen Raum ansässigen Institutionen), die Volkshochschule zu besuchen oder eine Podcastserie Ihres Interesses zu hören.

Denn Ihr Wissen – vor allem, wenn es nicht einfach automatisierbares Wissen ist – wird ein wichtiger Teil Ihres Vermögens sein.

Ihr persönliches Netzwerk von Kontakten aus dem Berufsleben, aber auch aus Studien- oder Schulzeiten ist ebenso einer Ihrer wertvollsten Vermögenswerte für Langlebigkeit. Natürlich handelt es sich hierbei – ebenso wie bei Wissen oder Erfahrung – nicht um klassisches Vermögen, das an einem Markt wie eine Immobilie oder ein Auto zu Geld gemacht werden kann. Aber es ist ein Vermögenswert in dem Sinne, dass es produktive Vorteile oder einen finanziellen Nutzen mit sich bringen kann. Für ein langes Leben ist »soziales Kapital« eine immens wichtige Vermögensart.

Je größer das soziale Netzwerk, desto mehr Menschen kennt man, die einem in unterschiedlichen Situationen helfen können. Sollte Ihnen an einem Sonntag der Reifen vom Fahrrad platzen und Sie kennen jemanden, der Ihnen beim Einsetzen eines neuen Reifens helfen kann – dann haben Sie Zugriff auf soziales Kapital. Und einen ebensolchen Zugriff brauchen Sie auch in fürs Erwerbsleben relevanteren Situationen. Bei drohender Arbeitslosigkeit zum Beispiel ist es hilfreich, eine Vielzahl an potenziellen Ansprechpartnern zu haben, die einem entweder einen neuen Job vermitteln können oder die sich intern umhören oder Referenzen vermitteln können.

Natürlich kommt es nicht allein auf die Quantität des Netzwerks an, sondern auch auf dessen Qualität. Bei Qualität wiederum geht es nicht allein um die Häufigkeit und Innigkeit des Kontakts. Mit anderen Worten: Dass Sie jemanden häufiger treffen oder als Freund bezeichnen, ist nicht ausschlaggebend. Wichtiger ist, dass man eine *gute* Beziehung hat in dem Sinne, dass Vertrauen, gegenseitiger Respekt und Wohlwollen bestehen. Die Studien des Soziologen und Wirtschaftswissenschaftlers Mark Granovetter zum Beispiel haben gezeigt, dass gerade die schwächeren Verbindungen (zu Leuten, die man kennt, zu denen man eine auf Respekt und Wohlwollen beruhende Verbindung hat, die man aber unter Umständen nur selten trifft oder vielleicht schon Jahre nicht mehr getroffen hat) die nützlicheren sind. Denn es sind diese schwächeren Kontakte, die Verbindungen zu Möglichkeiten haben, die Ihre heute engen Kontakte nicht haben.

Es gibt Forschungen, die belegen, dass *beliebte* Menschen länger leben[104] – dass diejenigen, die über gute Beziehungen verfügten, eine 91 % höhere Überlebensrate haben. Dies deutet darauf hin, dass Unbeliebtheit unser Sterberisiko stärker erhöht als Fettleibigkeit, Bewegungsmangel oder übermäßiger Alkoholkonsum. Der Psychologe Mitch Prinstein unterscheidet zwischen zwei Arten der Popularität: Beliebtheit und Status. Status ist eine Form der Popularität, die auf Sichtbarkeit, Einfluss, Macht und Prestige beruht. Beliebtheit hingegen ist Ausdruck von Freundlichkeit, Wohlwollen und selbstlosem, prosozialem Verhalten. Prinsteins Forschungen legen nahe, dass uns Beliebtheit (und nicht Status) lebenslange Vorteile bietet und zu Beziehungen führt, die den größten Nutzen für uns bringen.

Im dritten Schritt der Auflistung Ihrer Vermögenswerte listen Sie Namen von Personen aus Familie und Freundeskreis, Schule und Ausbildungszeiten sowie aktuellen oder ehemaligen Arbeitsverhältnissen auf, bei denen Sie beliebt sind oder waren. Halten Sie die Namen von zwei starken und drei schwachen Verbindungen fest (also Leuten, die Sie heute täglich treffen und zu denen Sie heute ein gutes und inniges Verhältnis haben, und solchen, die Sie »auf dem Radar« haben, zu denen Sie jedoch immer ein gutes und auf Respekt und Wohlwollen beruhendes Verhältnis haben oder hatten).

Schritt 3: Ihre Netzwerke

Lebensabschnitt	Name	Beziehung
Familie und Bekanntenkreis		☐ schwach ☐ stark
		☐ schwach ☐ stark
		☐ schwach ☐ stark
		☐ schwach ☐ stark
		☐ schwach ☐ stark
Schule und Studium/ Ausbildung		☐ schwach ☐ stark
		☐ schwach ☐ stark
		☐ schwach ☐ stark
		☐ schwach ☐ stark
		☐ schwach ☐ stark
Aus aktuellen und vergangenen Arbeitsverhältnissen		☐ schwach ☐ stark
		☐ schwach ☐ stark
		☐ schwach ☐ stark
		☐ schwach ☐ stark
		☐ schwach ☐ stark

Fiel Ihnen die Auflistung für bestimmte Bereiche einfacher als für andere? Lohnt es sich eventuell, in bestimmte starke oder schwache Verbindungen zu »investieren«? Sie können dies auf verschiedene Weise tun.

Zum Beispiel könnten Sie mit alten Bekannten Kontakt aufnehmen und sie an eine gemeinsame Anekdote erinnern – einfach nur so, zum Beispiel um sie zum Lachen zu bringen. Oder Sie könnten ihnen mitteilen, warum Sie heute für eine bestimmte gemeinsame Erfahrung dankbar sind – zum Beispiel, weil Sie etwas Bestimmtes daraus gelernt haben. Sie könnten ebenso über die Ergebnisse einer Entscheidung, die Sie getroffen haben, sprechen, deren Kenntnis sich für den (ehemaligen) gemeinsamen Weggefährten lohnen könnte.

»Geschenke« dieser Art schaffen reziproke Beziehungen. Mit anderen Worten: Sie können davon ausgehen, dass Sie – vielleicht nicht jetzt oder in naher Zukunft, aber irgendwann – etwas daraus zurückbekommen. Wohltätigkeitsorganisationen nutzen dieses »Wie du mir, so ich dir«-Prinzip zum Beispiel, wenn sie Geschenke machen (das kann ein Stück Schokolade sein, ein Stift oder ein anderer Gebrauchsgegenstand), bevor sie nach Spenden fragen.

Nutzen Sie bestimmte Gelegenheiten, zum Beispiel Weihnachten oder Neujahr, das Ende des Schuljahres oder den Jahrestag eines Jobeintritts, um dieses Vorhaben umzusetzen. (Machen Sie es rechtzeitig – make it timely.)

Beliebtheit ist übrigens nichts, was man spontan gewinnt (im Gegensatz zu Status). Beliebtheit baut man in der Regel über Jahre auf, indem man seinen Mitmenschen gut zuhört, ehrlich interessiert nach ihrem Wohlbefinden fragt und darauf auf verschiedene Art und Weise eingeht. Gute Vorgesetzte zum Beispiel interessieren sich für die Stimmung im Team, sie versuchen, die Breite an Meinungen zu verstehen und diese zu moderieren. Ein beliebter Kollege erinnert sich am Montag daran, dass seine Kollegin am Wochenende X machen wollte (einen Kindergeburtstag feiern, die Küche streichen, die Eltern besuchen, einen Trip nach Bremen), und erkundigt sich ehrlich danach, ob alles wie gewünscht lief. Häufig haben wir in unseren geschäftigen Alltagen keine Zeit für diese vermeintlichen Banalitäten. Aber sie sind für unseren langfristigen Erfolg extrem wichtig.

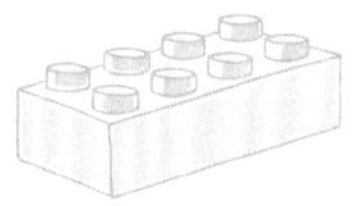

Selbstwissen ist ein neuer Vermögenswert für Langlebigkeit. Selbstwissen ermöglicht es uns, die eigenen Stärken und Schwächen zu erkennen. Dies kann helfen, bessere Entscheidungen hinsichtlich Bildungsbedarf und Karriereoptionen zu treffen, Beziehungen aufzubauen und zu pflegen und Ziele zu setzen und zu erreichen. Es kann auch helfen, mit Stress und Herausforderungen besser umzugehen und ein allgemein zufriedeneres Leben zu führen.

Zu guter Letzt soll ein Vermögenswert für Langlebigkeit angesprochen werden, den zu entwickeln ein Ziel dieses Buches ist: Selbstwissen. Selbstwissen ist für unsere Fähigkeit, uns anzupassen und mit Herausforderungen und Optionen im Multi-Stage-Life gut umzugehen, von entscheidender Bedeutung: Denn eine Entscheidung (für das richtige Haus, für den richtigen Studiengang oder nächsten Arbeitgeber, für die Menschen, mit denen wir Zeit verbringen wollen) ist nur dann möglich, wenn wir ein gutes Verständnis von uns selbst haben. Sowohl für das, was wir jetzt sind, als auch für das, was wir in Zukunft sein könnten.

Im Laufe dieses Buchs habe ich immer wieder Übungen angeboten, mit denen Sie Dinge über sich selbst lernen können. In Kapitel 2 haben wir über den richtigen Umgang mit Neid und sozialen Vergleichen nachgedacht. Die Erkenntnis lautete, dass wir in Momenten, in denen wir Neid empfinden, darüber nachdenken sollten, was genau wir eigentlich beneiden. Denn mit den Vorteilen oder Besitztümern, über die wir auch gern verfügen würden, gehen sicherlich Dinge, Charaktereigenschaften oder Lebensstile einher, die wir eher nicht haben wollen. Momente des Neids sind hervorragende Möglichkeiten, mehr über sich selbst zu erfahren.

In Kapitel 4 haben wir mit Paul Dolan darüber reflektiert, wie wir die richtige Art von Wissen über uns aufbauen. Fragen wie »Wie glücklich sind Sie mit Ihrem Leben auf einer Skala von 1 bis 10?« sind ein guter Ansatz. Aber diese Frage verleitet uns ebenso dazu, darüber nachzudenken, wie gut bestimmte Teile unseres Lebens (Berufsalltag, Haus, Beziehung) für andere *klingen*. Wir berücksichtigen weniger, wie wir diese Dinge im Alltag *erfahren*. Es klingt toll, als leidenschaftlicher Wissenschaftler an der Uni zu arbeiten – aber der Alltag, bestehend aus Grundlagenlehre, Drittmittelbeantragung und Gremienarbeiten, ist häufig alles andere als erfüllend.

Schließlich lohnt es sich, über unsere Interessen und Werte nachzudenken. Unsere Werte formen unsere Ziele. Und unsere Ziele bestimmen unsere Gewohnheiten. Wir sparen vielleicht oberflächlich betrachtet auf genug Eigenkapital, um die eigene Immobilie kaufen zu können (das Ziel). Wir sparen deshalb immer gewisse Beträge in kapitalgedeckten Anlageplänen oder Bausparverträgen (die Gewohnheit). Aber das Ziel selbst entstammt einem uns innewohnenden Wert: zum Beispiel dem Bedürfnis nach Sicherheit oder dem Wunsch, einen Raum zu schaffen, in dem wir viel Zeit mit unseren Freunden und unserer Familie verbringen können, etwa in einer großen Küche oder einem einladenden Garten..

Für besseres Selbstwissen investieren wir vor allem Zeit. Wir reflektieren beim guten Gespräch mit unseren Lebenspartnern oder Freunden. Oder wir sinnieren im Stillen bei einem Glas Wein auf dem Sofa oder bei der Fahrt zur Arbeit.

Für besseres Selbstwissen lohnen sich jedoch auch handfeste finanzielle Investitionen: zum Beispiel in einen Berufscoach, ein Seminar zum Thema »Wer bin ich?« oder – sollten bestimmte schlechte Gewohnheiten schwer abzuschütteln sein – in eine Therapie. All diese Dinge lohnen sich in unserer erweiterten Definition von Vermögenswerten.

In Kapitel 8 haben wir mit der Metapher der Kletterwand das Multi-Stage-Life umschrieben. Im Drei-Stufen-Modell war das Leben eher wie eine Leiter, wobei es verhältnismäßig vorhersehbar war, welche Schritte wir gehen müssen, um zu einigermaßen eindeutigen Zeitpunkten zu einigermaßen eindeutigen Meilensteinen zu gelangen. Im Multi-Stage-Life hingegen ist das Leben eher wie eine Kletterwand, an der man über verschiedene Wege zu verschiedenen Zielen gelangen kann. Es geht zwar grundsätzlich aufwärts, aber wir müssen auch Rückschläge hinnehmen oder wollen uns Auszeiten nehmen, um die uns zur Verfügung stehende Zeit anders zu nutzen.

Wir haben ebenso darüber gesprochen, dass wir zum erfolgreichen Aufstieg an dieser Kletterwand häufiger innehalten und projektieren müssen: Was will unser zukünftiges Selbst? Wer ist unser mögliches zukünftiges Selbst?

Die Kletterer denken nicht nur über die direkt vor ihnen liegenden Griffe und Züge nach. Sie haben schon vorher darüber nachgedacht, welche Schlüsselstellen, Tücken und Möglichkeiten mit unterschiedlichen Wegen einhergehen. Sie berücksichtigen zur Meisterung dieser Schlüsselstellen alle ihnen zur Verfügung stehenden Möglichkeiten und Hindernisse: die Schuhe, die sie tragen, die Länge des Seils, die Erfahrung mit ähnlichen Herausforderungen, die Witterungsbedingungen und vieles mehr.

Im Multi-Stage-Life berücksichtigen wir beim Projektieren unserer Lebenswege die in diesem Buch diskutierten Vermögenswerte: unser Gehalt, unsere Rücklagen, unsere langfristigen Ersparnisse und eventuell das Eigenheim; aber auch unser Wissen, unsere Fähigkeiten und unsere Erfahrungen; unsere mentale und körperliche Gesundheit sowie unsere Netzwerke bestehend aus starken und schwachen Kontakten. Und zu guter Letzt das Wissen über uns selbst – wer wir sind, was wir glauben, was wir wollen, was wir interessant finden, was wir als wichtig oder unwichtig erachten. All das bestimmt mit über die Wege, die wir einschlagen können, und die Optionen, die wir haben. Für langfristigen Erfolg im Multi-Stage-Life brauchen wir mehr als finanzielle oder materielle Vermögenswerte. Wir brauchen auch eine Reihe an neuen immateriellen Vermögenswerten.

10. MINDSET-BAUSTEIN »KRISENBEWUSSTE GELASSENHEIT«

Wirtschaftsnachrichten

Anleger in der Dauerkrise – Anleger mussten 2022 durch viele Krisen navigieren. Das wird 2023 nicht besser, nur anders.

»FRANKFURTER ALLGEMEINE ZEITUNG« VOM 8. JANUAR 2023

Inflation hält Notenbanken weiter in Atem – EZB und Fed haben ihren Kampf noch nicht beendet. Diese Woche erhöhen die Währungshüter erneut die Zinsen.

»WIENER ZEITUNG« VOM 30. JANUAR 2023

Politik

Selbstmordanschlag in Pakistan: Opferzahl steigt auf rund 60 Personen, 157 Personen wurden verletzt – In einer Moschee in der Nähe eines Polizeigebäudes hat sich am Montag in Peshawar eine Explosion ereignet. Viele der Opfer waren Sicherheitskräfte.

»NEUE ZÜRCHER ZEITUNG« VOM 30. JANUAR 2023

Wetterbilanz für Berlin: 2022 war so warm und so trocken wie fast kein Jahr je zuvor – Das Wetter im zurückliegenden Jahr steckte voller außergewöhnlicher, teils beunruhigender Phänomene. 2023 könnte mit einem Temperaturrekord starten.

»TAGESSPIEGEL« VOM 31. DEZEMBER 2022

Panorama
Vorstrafen, Drogen, Gewalt: Was über den mutmaßlichen Regionalzug-Messerstecher Ibrahim A. bekannt ist

»STERN« VOM 26. JANUAR 2023

Maryam H., ihre Brüder und ein furchtbarer Verdacht – Zwei Brüder stehen vor Gericht, weil sie ihre Schwester getötet haben sollen. Kurz vor Ende des Prozesses spricht einiges für einen Mord im Namen der Familie. Die Staatsanwältin fordert eine lebenslange Haftstrafe.

»SPIEGEL ONLINE« VOM 26. JANUAR 2023

Beinahe 1,5 Stunden pro Tag verbringen Deutsche damit, Nachrichten im Fernsehen zu konsumieren.[105] Hinzu kommen Nachrichten aus dem Radio, der Zeitung oder dem Internet. Wenn irgendwo auf der Welt ein Unglück oder etwas Außergewöhnliches geschieht, ist es beinahe unmöglich, nicht davon zu erfahren.

Die Nachrichten, so schreibt es der britisch-schweizerische Schriftsteller und Philosoph Alain de Botton, sind einer der größten Verursacher von Angst, Verwirrung und Furcht in der modernen Welt.[106] Er erinnert in seiner »Gebrauchsanweisung« für die Nachrichten daran, dass die Geschäftsmodelle der Zeitungen die Krise brauchen. Denn wenn alles in Ordnung oder wie immer wäre, dann gäbe es nichts Spannendes, Aufregendes oder Aufmerksamkeiterregendes zu berichten. Aber der Preis von Übertreibung und einseitiger Berichterstattung ist, dass sie uns Gelassenheit und Weitblick nehmen.

Es gibt diverse Dinge, die die Nachrichten nicht ansprechen: Zum Beispiel fiel die Zahl der auf unserem Planeten in extremer Armut lebenden Menschen von fast zwei Milliarden im Jahr 1990 auf 648 Millionen im Jahr 2019.[107] Jeden Tag in dieser Zeitspanne von 29 Jahren hätte die Schlagzeile einer Zeitung lauten können: »Die Zahl der Menschen in extremer Armut ist seit gestern um 185.000 gesunken.« Es wäre im Schnitt an jedem einzelnen Tag in diesen 29 Jahren eine korrekte Schlagzeile gewesen.

Das Hauptproblem ist jedoch noch nicht einmal die Negativität der Nachrichten selbst – wobei die Ängste und Sorgen, die sie auslöst, *ein* Problem sind[108]. Der Verhaltenswissenschaftler Robert

Cialdini hat sich intensiv mit der Voreingenommenheit der Medien befasst und ist zu dem Ergebnis gekommen, dass die stärkste (und vielleicht heimtückischste und am wenigsten bemerkte) Form der Macht der Medien nicht dadurch entsteht, dass sie Ihnen sagen, *was* Sie denken sollen: Ihre wahre Macht liegt darin, dass sie Ihnen sagen, *worüber* Sie nachdenken sollen. All die Aufmerksamkeit, die wir auf Inflation, politische Unsicherheit, Kriege und Konflikte im Ausland, die instabile Lage an den Märkten und vieles mehr richten, verhindert, dass wir Aufmerksamkeit auf andere Dinge lenken, über die es sich ebenso nachzudenken lohnt. Oder die Dinge, über die wir eigentlich nachdenken sollten.

Infolge der Nachrichten zu höherer Inflation zum Beispiel fällt es schwer, in den Supermarkt zu gehen und nicht die höheren Preise für Butter, Joghurt und Erdbeeren zu bemerken. Wir achten darauf, dass wir nicht zu lange duschen und drehen die Heizung lieber ein wenig herunter und ziehen uns einen zweiten Pullover an. Das alles ist auch gar nicht falsch – aber es ist nicht das Einzige, das zählt.

Der an der Harvard-Universität lehrende Professor für Verhaltensökonomie Sendhil Mullainathan und die an der Princeton-Universität lehrende Professorin Eldar Shafir haben die Konsequenzen von einseitigem Fokus auf Knappheit untersucht:[109] Es geht in ihren Forschungen nicht nur um Geldknappheit, sondern auch um Zeitknappheit oder Mangel an sozialen Kontakten. Wann immer wir das Gefühl haben, dass es uns an etwas mangelt, dann entwickeln wir ein *Knappheits-Mindset*.

Das Knappheits-Mindset hat Vorteile, aber auch Nachteile: Die Vorteile bestehen darin, dass wir tatsächlich besser werden, die Knappheit zu managen. Wenn wir weniger Geld zur Verfügung haben, dann überlegen wir ganz genau, welche Artikel wir kaufen und auf welche wir diesmal verzichten. Oder wir rechnen uns aus, ob es sich finanziell lohnt, mit dem Auto etwas weiter zu einem günstigeren Supermarkt zu fahren und die Produkte dort einzukaufen. Wir rechnen hoch, um schlussfolgern zu können, wie gut ein Angebot über drei, sechs oder neun Monate gesehen wirklich ist, wenn wir überlegen, bei einem Angebot zuzuschlagen und aufzustocken.

Der Nachteil jedoch besteht darin, dass das Knappheits-Mindset unsere Aufmerksamkeitsfähigkeit belastet. Wir gleiten in einen Tunnelblick und werden so unfähig, Dinge wahrzunehmen, die außerhalb dessen liegen, worauf wir gerade hauptsächlich achten. Mullainathan und Shafir sprechen von »mentaler Bandbreite«. Bei einem Computer oder Telefon bestimmt die Netzwerkbandbreite das maximale Datenvolumen, das über Ihre Internetverbindung in einer gewissen Zeit übertragen werden kann. Wenn Sie auf Ihrem Telefon gleichzeitig ein YouTube-Video ansehen, Daten herunterladen und eine Reihe von Browserfenstern geöffnet haben, dann ist die Bandbreite auf dem Gerät ausgelastet. Genauso ist es bei »mentaler Bandbreite«.

In einem Experiment luden die beiden Wissenschaftler Teilnehmer zu einem Test der fluiden Intelligenz ein und ließen sie über folgendes Problem nachdenken:

Stellen Sie sich vor, Ihr Auto hat ein Problem, das eine 300 Dollar teure Reparatur erfordert. Ihre Autoversicherung übernimmt die Hälfte der Kosten. Sie müssen entscheiden, ob Sie das Auto reparieren lassen oder ob Sie das Risiko eingehen und hoffen, dass es noch eine Weile hält. Wie würden Sie eine solche Entscheidung treffen? Wäre es für Sie finanziell gesehen eine leichte oder eine schwierige Entscheidung, die Sie treffen müssten?

Nachdem sie kurz über das Problem nachgedacht hatten, bekamen die Teilnehmer der Studie einen Raven-Matrizentest, in dem kognitive Leistungen auf nonverbale Art getestet werden. Ein Ergebnis der Studie war, dass alle Teilnehmer in der Studie gleichermaßen gut oder schlecht abschnitten. Es gab keinerlei statistisch signifikanten Unterschiede zwischen Menschen mit unterschiedlichen Persönlichkeitsmerkmalen (Alter, Geschlecht, Herkunft) – auch keine Unterschiede zwischen eher ärmeren und eher wohlhabenden Teilnehmern.

In der zweiten Variation desselben Tests jedoch stiegen die hypothetischen Reparaturkosten um ein Zehnfaches auf 3000 Dollar. Und hier zeigten sich Unterschiede zwischen ärmeren und eher wohlhabenden Teilnehmern: Die Wohlhabenden schnitten im Schnitt ebenso gut ab wie alle Teilnehmer der ersten Studie (bei 300 Dollar Reparaturkosten). Die Ärmeren hingegen erzielten im Schnitt schlechtere Ergebnisse. Mullainathan und Shafir führen das darauf zurück, dass Teilnehmer aus ärmeren Haushalten gerade mehr mentale Bandbreite auf das hypothetische Problem verbraucht haben: 1500 Dollar zu finden, ist bei geringeren Einkommen und Rücklagen und womöglich höheren Schulden schwer. Die Abwägung – Reparatur oder Risiko –, die hypothetisch, aber realistisch war, verringerte die mentale Leistungsfähigkeit der ärmeren Menschen.

Die Autoren zeigen mit dieser Forschung, dass ärmere Menschen nicht weniger mentale Bandbreite *haben*, sondern dass *die Erfahrung von Armut* die mentale Bandbreite *reduziert*.

Hierin liegt das Problem vieler Nachrichten: Sie reduzieren unsere mentale Bandbreite, indem sie uns nahelegen, worüber wir nachdenken und worüber wir nicht nachdenken. Und sie reduzieren unsere mentale Bandbreite, indem sie uns nahelegen, *wie* wir über deren Inhalt fühlen sollten. Die eingangs genannten Meldungen aus diversen Zeitungen sind im Kern alarmierend – wir sollen uns Sorgen machen um den Zustand der Aktienmärkte, politische Entscheidungen, das Verhalten oder die Schicksale der Mitmenschen und Ereignisse am anderen Ende der Welt.

Wir werden die Medien nicht komplett ignorieren können. Aber wir können einen besseren Umgang mit ihnen entwickeln. Wir können zum Beispiel lernen, mit schlechten Nachrichten besser umzugehen.

Es ist unrealistisch, zu erwarten, dass wir lernen können, Nachrichten einfach zu ignorieren. Die Medien sind derart dominant und omnipräsent, dass es unmöglich sein wird, sie auszublenden. Und fairerweise muss hinzugefügt werden, dass es nicht allein die Medien sind, die ein Knappheits-Mindset auslösen können. Vielleicht wird es auch durch Ihren Arbeitgeber ausgelöst – zum Beispiel aufgrund einer akuten Sorge über die Auftragslage der Firma, was wiederum zu Sorgen wegen der Jobsicherheit und Work-Life-Balance führen kann. Oder es wird über Gespräche in Ihrer Nachbarschaft ausgelöst, in der einseitig ein aktuelles Thema beleuchtet und das Gesamtbild nicht gesehen wird.

Wir werden die Nachrichten nicht komplett ignorieren können. Aber wir können lernen, mit schlechten Nachrichten *besser* umzugehen.

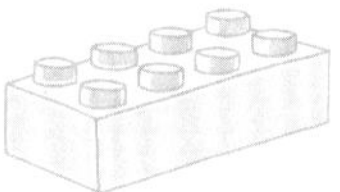

Es gibt mehrere mentale Übungen, die uns helfen, für den Umgang mit schlechten Nachrichten besser gewappnet zu sein. Drei davon sollen in diesem Kapitel vorgestellt werden.

Diese mentalen Übungen kommen nicht aus den Verhaltenswissenschaften. Sie beruhen ebenso wenig auf einem therapeutischen Ansatz. Sie gehen viel weiter zurück: auf die Philosophie des Stoizismus aus der Antike – bis hin zum vierten Jahrhundert vor Christus. Viele der originalen Schriften der Stoa sind verloren gegangen. Die heute bekannten stammen in der Regel von drei Stoikern aus der römischen Kaiserzeit: Seneca, einem politischen Berater und einem der meistgelesenen Schriftsteller seiner Zeit, Epiktet, einem ehemaligen Sklaven und späteren Gründer einer Philosophenschule, und Mark Aurel, dem römischen Kaiser von 161 bis 180.

Stoizismus und Verhaltenswissenschaft sind verschiedene Formen von begründetem Wissen (das eine ist eine Philosophie, das andere eine Wissenschaft). Aber es gibt eine entscheidende Gemeinsamkeit: Bei beiden geht es darum, dass wir uns darin üben, innezuhalten, zu lernen, unsere Reaktionen zu verstehen und zu überdenken. Unter System 1 versteht Kahneman – wir erinnern uns – das durch unsere Instinkte, automatische Reaktionen und Gewohnheiten ausgelöste schnelle Denken. Und unter System 2 versteht er das langsame, rationale Denken. Viele der Übungen der Stoiker bestehen darin, so könnte man es verhaltenswissenschaftlich ausdrücken, mithilfe von System 2 einige der kontraproduktiven Eigenschaften von System 1 zu zügeln.

Der Stoizismus hatte ebenso einen starken Einfluss auf verschiedene moderne Formen der kognitiven Verhaltenstherapie: Albert Ellis erkannte an, dass einige der zentralen Prinzipien der von ihm ins Leben gerufenen Rational Emotive Behavior Therapy »ursprünglich von den Stoikern entdeckt und dargelegt« wurden, und Aaron T. Beck – der Gründer der kognitiven Verhaltenstherapie – erklärte, dass »die philosophischen Ursprünge der kognitiven Therapie auf die stoischen Philosophen zurückgeführt werden können«.[110] Auch bei kognitiver Verhaltenstherapie handelt es sich natürlich um etwas anderes als die Verhaltenswissenschaft. Dennoch gibt es auch hier eine zentrale Gemeinsamkeit: In beiden Wissensformen (der Verhaltens*wissenschaft* und der kognitiven Verhaltens*therapie)* geht man davon aus, dass Gedanken, Gefühle und Instinkte außerhalb unseres Bewusstseins unser Verhalten beeinflussen. Die kognitive Verhaltenstherapie beginnt deshalb mit der Erforschung und Untersuchung unserer Gedanken, um uns dabei zu helfen, uns unserer Annahmen und Grundüberzeugungen bewusst zu werden, bevor wir produktivere und hilfreichere Gedanken im Umgang mit einem Problem anwenden.

Kurzum: Auch wenn es sich bei stoischer Philosophie um eine andere Wissensform als die moderne Verhaltenswissenschaft handelt, halte ich die im Folgenden präsentierten Übungen für sehr konsistent mit den anderen in diesem Buch diskutierten Lösungsvorschlägen.

In der ersten Übung normalisieren wir Krisenzeiten. Natürlich ist es objektiv richtig, Krisenzeiten mit einzukalkulieren. Denn wenn wir im Schnitt älter werden und längere, gesündere Leben leben, dann erhöht dies allein statistisch gesehen die Wahrscheinlichkeit, auch Krisen durchleben zu müssen.

Es gibt diverse Krisenarten, die wir erfahren könnten. In diesem Kapitel angesprochen haben wir schon Wirtschaftskrisen (ausgelöst durch Inflation oder schlechtes Konsumklima) und Finanzkrisen (die Sparer und Investoren durch fallende Kurse an den Aktienmärkten oder schlechte Zinsen im Tagesgeldkonto betreffen). Darüber hinaus gibt es politische Krisen (zum Beispiel solche, die den Unmut in der Bevölkerung entweder auf nationaler oder lokaler Ebene hervorrufen, oder Krieg), Gesundheitskrisen (zum Beispiel ausgelöst durch den Coronavirus oder andere globale und lokale Viren), Umweltkrisen (Dürre- oder Kälteperioden, die das eigene Wohlergehen tangieren) und persönliche Krisen (Scheidung, Krankheitsfälle, Todesfälle).

Wenn uns diese Erlebnisse Sorgen und Angst bereiten, dann wohl unter anderem auch deshalb, weil wir nicht davon ausgegangen sind, davon jemals betroffen zu sein. Hierbei handelt es sich um einen in der Einleitung schon angesprochenen *naiven Optimismus*. Aus welchem Grund hätten nur die Generationen unserer Eltern, Großeltern oder weiter entfernten Vorfahren sich mit solchen negativen Erlebnissen herumschlagen müssen? Die Tatsache ist, dass es Krisen vergleichbarer Art vorher schon gegeben hat und dass es sie immer wieder geben wird. Und wie gesagt: Bei längerer durchschnittlicher Lebensdauer wird die Wahrscheinlichkeit der Erfahrung von Krisenerlebnissen nur erhöht.

Wie bereiten wir uns also auf Krisen vor? Wir können uns *finanziell* darauf vorbereiten, indem wir zum Beispiel Rücklagen und Finanzpolster aufbauen oder bestimmte Versicherungen abschließen, die uns in Zeiten von Krisen absichern (siehe Kapitel 5). Wir können uns *mental* darauf vorbereiten, indem wir im Stillen davon ausgehen, dass Krisen passieren werden.

Diese Haltung kann man trainieren: Stellen Sie im ersten Schritt eine Liste der Gegenstände (zum Beispiel Ihren Fernseher oder Ihr Fahrrad) auf, die Sie mögen, sowie von anderem, das Ihnen wichtig ist (zum Beispiel Ihren Job, Ihre Wohnung oder eine freundschaftliche Beziehung zu Nachbarn). Notieren Sie all dies in der Liste:

ÜBUNG

Schritt 1: Liste an Aspekten Ihres Lebens (z. B. Job oder Wohnung) und Gegenständen (z. B. TV oder Fahrrad), die ich mag:

Im zweiten Schritt denken Sie darüber nach, dass alle Gegenstände auf der Liste nicht für immer bestehen werden. Der Fernseher oder das Fahrrad werden irgendwann kaputtgehen. Der Job ist auch vergänglich oder wird irgendwann vielleicht einmal nicht mehr so viel Spaß machen (zum Beispiel, weil Kollegen gehen, Sie eine neue Chefin bekommen oder Sparmaßnahmen Ihrem Lieblingsprojekt ein Ende bereiten). Die Wohnung wird vielleicht irgendwann vom Vermieter selbst gebraucht, baufällig oder Sie müssen berufsbedingt an einen anderen Ort ziehen. Ja, Sie selbst und alle, die Ihnen lieb sind, sind ebenso wenig für die Ewigkeit gemacht und werden irgendwann einmal nicht mehr auf dieser Welt sein.

Mit einem Training dieser Haltung bereiten wir uns besser auf Krisen vor. Wenn Turbulenzen an den Märkten ausbrechen oder wirtschaftliche Unsicherheit unseren Arbeitsplatz gefährdet, dann profitieren wir davon: Es macht uns gelassener, denn wir wissen, dass es in der Natur der Sache liegt, dass die Dinge unbeständig sind.

Die zweite mentale Übung lädt uns dazu ein, darüber nachzudenken, was wir im Leben beeinflussen können und was nicht. Die Anonymen Alkoholiker greifen auf einen ähnlichen Ansatz in ihrem Gelassenheitsspruch zurück. Darin heißt es: »Gott, gib mir die Gelassenheit, Dinge anzunehmen, die ich nicht ändern kann, den Mut, Dinge zu ändern, die ich ändern kann, und die Weisheit, das eine vom anderen zu unterscheiden.«

Kommen wir auf die Nachrichten zurück: Die meisten Dinge, die die Nachrichten behandeln, liegen nicht in unserer Hand. Wir können nichts dagegen tun, dass die Inflation ein bestimmtes Niveau erreicht oder dass der DAX um eine bestimmte Punktzahl gefallen ist. Ebenso wenig liegen politische Entscheidungen in unserem Einflussbereich. Dasselbe gilt für die Auftragslage der Firma oder ob potenzielle Kunden ein Angebot annehmen.

Winzig kleine Elemente von all dem haben Sie in der Hand: Sie können bei der nächsten Gelegenheit einen anderen Abgeordneten wählen (aber ob Ihr bevorzugter Repräsentant gewinnt, liegt nicht in Ihrer Hand). Sie können der Firma mit Rat und Tat in Ihrem Fachgebiet zur Seite stehen, Überstunden anbieten und alle Hebel in Bewegung setzen, um die Auftragslage zu verbessern. Aber ob deswegen mehr Aufträge geschrieben werden, liegt nicht in Ihrer Hand. Und den potenziellen Kunden können Sie das Ihrer Ansicht nach beste Angebot machen – ob die Kunden es als ein gutes Angebot betrachten, liegt nicht in Ihrem Einflussbereich.

Der arabische Begriff *In schã' Allãh* wird häufig an Satzenden benutzt – er bedeutet wörtlich übersetzt »so Gott will«, wird im Allgemeinen jedoch wie »hoffentlich« verwendet. Beispiele:

- Am Wochenende machen wir unseren Ausflug zum großen Spielplatz, in schã' Allãh.
- Am Ende des Quartals werden wir schwarze Zahlen schreiben, in schã' Allãh.
- Bis ich darauf zugreife, werden die Ersparnisse in meinem ETF-Sparplan auf 100.000 Euro steigen, in schã' Allãh.
- Wenn ich 67 bin, dann habe ich eine ausreichende Anzahl an Entgeltpunkten in meiner staatlichen Rentenversicherung, in schã' Allãh.

Dieses kleine Mantra *In schā' Allāh* erinnert uns daran, dass wir uns vornehmen, was in unserer Hand liegt: Wir können uns vornehmen, zum Spielplatz zu gehen; wir können einen Plan machen, mit dem wir wieder schwarze Zahlen schreiben; wir können regelmäßige Einzahlungen in unsere Altersvorsorge machen und auf bestimmte Wachstumsprognosen hoffen; wir können projizieren, wie viele Entgeltpunkte wir bis zum Alter von 67 sammeln. Aber ob das alles auch so eintrifft, liegt nicht in unserer Hand. Vielleicht kommt ein Sturm auf und zwingt uns dazu, zu Hause zu bleiben; eine zentrale Mitarbeiterin wird krank, und der Geschäftsplan kann entsprechend nicht wie gewollt ausgeführt werden; die Renditen an den Märkten sind für ein paar Jahre nicht besonders hoch, vielleicht sogar negativ; ein neues Gesetz beschließt eine Modifikation der Berechnung von Entgeltpunkten.[111]

Indem Sie sich dieses Mantra immer wieder sagen – ebenso geht »So Gott will« oder »Wenn es das Schicksal zulässt« oder etwas anderes, das eher zu Ihnen passt –, trainieren Sie eine Perspektive, die Sie stets daran erinnert, was Sie beeinflussen können und was nicht.

In einer dritten stoischen Übung versuchen wir innezuhalten bei Emotionen oder Eindrücken, die in uns ausgelöst wurden. Nehmen wir wieder die Nachrichten: Sie verursachen häufig in uns ein Gefühl – zum Beispiel Angst vor Verlust oder Sorge vor unsicheren Zeiten. In den Worten von Epiktet:

»Bemühe dich daher, jedem ärgerlichen Eindruck sofort entgegenzuhalten: ›Du bist nur ein Eindruck und ganz und gar nicht das, was du zu sein scheinst.‹ Dann prüfe und begutachte den Eindruck nach den Regeln, die du kennst, vor allem nach der ersten Regel, ob der Eindruck zu tun hat mit den Dingen, über die wir gebieten oder nicht gebieten, und wenn er mit etwas zu tun hat, über das wir nicht gebieten, dann habe die Antwort zur Hand: ›Es geht mich nichts an.‹«[112]

Begutachten wir diesen Auszug Satz für Satz: Bei einer Emotion oder einem Gefühl wie Angst oder Sorge geben wir uns am besten nicht diesem Eindruck hin, sondern wir sagen uns: »Du bist nur ein Eindruck« – zum Beispiel der Eindruck einer Gefahr, dass die Dinge schlimmer werden oder dass es nicht so weitergehen wird wie geplant. Oder der Eindruck, dass wir gerade unfreundlich an der Kasse behandelt wurden. Oder dass der Chef uns Deadlines setzt, die nicht einzuhalten sind.

Anstatt uns unseren Instinkten und spontanen Reaktionen hinzugeben (Kahneman würde sagen: anstatt System 1 das Ruder übernehmen zu lassen), sollten wir einen Schritt zurücktreten, um Raum für rationale Überlegungen zu schaffen (oder in Kahnemans Worten: System 2 einschalten), um so überstürzte Reaktionen zu vermeiden.

Schließlich sollten wir uns fragen, ob die Dinge, die die emotionale Reaktion gerade hervorgerufen haben, überhaupt in unserem Einflussbereich liegen (Epiktet sagt: ob wir über sie »gebieten oder nicht gebieten«). Denn wenn es sich um Dinge handelt, die ohnehin nicht in unserer Hand liegen, dann lohnt es sich nicht, sich darüber Sorgen zu machen (oder in Epiktets Worten: »dann habe die Antwort zur Hand: ›Es geht mich nichts an.‹«). Warum sollten wir uns Sorgen über Dinge machen, die wir ohnehin nicht beeinflussen können?

Hier ist noch ein persönliches Beispiel dazu, wie wir diese Übungen selbst anwandten: Zwei Blöcke entfernt von unserem Wohnort in der Innenstadt von Edinburgh lebt eine befreundete Familie. Als Folgendes stattfand, war ihre Tochter neun, ihr Sohn fünf. Und der Sohn war der beste Freund unserer Tochter. Mit dem Vater und all unseren Kindern verbrachte ich im Lockdown viele Stunden in Parks und auf Spielplätzen, damit die Mutter – deren Arbeitgeber unflexibler war – mehr Ruhe zum Arbeiten hatte. Aber dann, kurz vor Weihnachten, bekam die Mutter eine schreckliche Nachricht: Knochenkrebs, viertes Stadium. Es sah nicht gut aus.

Natürlich waren wir zunächst geschockt, traurig und machten uns Sorgen um die Familie. Aber wir fassten uns relativ schnell, indem wir uns einiger Fakten vergewisserten: Zunächst war das Schicksal der mit uns sehr gut befreundeten Familie eine starke Erinnerung daran, dass *alles* vergänglich ist. Und dass alles schneller zu Ende sein kann als angenommen. Aber ebenso vergewisserten wir uns der Tatsache, dass es überhaupt nicht in unserem Einflussbereich liegt, wie Chemotherapie und Bestrahlung ihren Krebsverlauf beeinflussen werden. Es liegt noch nicht mal im Einflussbereich der Ärzte selbst. Es liegt allein in der Natur der Sache. Entsprechend war es sinnlos und überflüssig, zu viel mentale Bandbreite auf solche Sorgen zu verwenden.

Vielmehr überlegten wir, was wir tun konnten. Wir konnten alle mögliche Unterstützung anbieten – etwa für sie Essen mitkochen oder die Kinder häufiger bei uns spielen lassen, damit der selbstständige Vater auch noch Zeit zum Arbeiten und Geldverdienen hat; die Kinder morgens zur Schule bringen oder von der Schule abholen, sollten Krankenhausbesuche länger dauern oder die Nebenwirkungen der Chemotherapie verhindern, dass sie dies selbst machen können. Schließlich konnten wir ihnen unsere Wohnung über die Weihnachtsfeiertage anbieten. Wir wären ohnehin bei unserer Familie in Deutschland gewesen. Die dann hier leerstehende Wohnung konnte genutzt werden, um den in Europa verteilten Familienmitgliedern zu ermöglichen, Weihnachten um die Ecke von ihrer Tochter/Schwester/Schwägerin zu verbringen. All diese Dinge, um der Familie in dieser Krisenzeit zur Seite zu stehen, lagen in unserer Hand.

Warum lohnen sich diese mentalen Übungen im Zusammenhang von Finanzplanung und finanziellem Wohlbefinden? Gerade in Krisenzeiten – wenn uns höhere Inflation, höhere Arbeitslosenquoten, geringes Konsumklima, Unruhe an den Märkten oder ähnliche volks- oder betriebswirtschaftliche Phänomene treffen – fällt es uns leicht, viel Aufmerksamkeit auf diese Phänomene zu richten. Und es fällt uns entsprechend schwerer, Aufmerksamkeit zu richten auf *andere Phänomene*, die ebenso wichtig sind – und Dinge, die wir selbst in der Hand haben.

In Zeiten von hoher Inflation zum Beispiel ist es einfach zu bemängeln, dass die S-Bahn-Tickets, Strompreise, Butter etc. schon wieder teurer geworden sind. Bei drohender Arbeitslosigkeit ist es verständlich, dass man sich deswegen und darüber, alle Rechnungen des Alltags begleichen zu können, Sorgen macht. Aber gleichzeitig können wir in solchen Momenten weniger Aufmerksamkeit auf die Dinge richten, die uns Freude und Lebenssinn geben. Ebenso wird es uns in solchen Momenten schwerer fallen, die Bedürfnisse und Anforderungen unseres zukünftigen Selbst zu beachten.

Die oben genannten stoischen Übungen geben uns Gelassenheit, innere Ruhe und machen uns resilient. Oder in den Worten von Mullainathan und Shafir: Sie geben uns »Slack« (vielleicht auf Deutsch: Puffer). Das heißt, sie schaffen mehr Raum für Fragen, die wir uns ebenso stellen sollten, um ein langes, gutes Leben führen zu können.

»Slack« beschreibt nicht nur mehr Raum für mentale Bandbreite. »Slack« kann ebenso unsere finanzielle Lage beschreiben. Rücklagen oder Finanzpolster zum Beispiel geben uns mehr finanziellen Slack. In der oben genannten Testfrage zur Reparatur des Autos ist das bessere Abschneiden von wohlhabenden Menschen in den Intelligenztests die Konsequenz von mehr finanziellem Slack.

Ich halte es für nicht unwahrscheinlich, dass wir mit den angesprochenen stoischen Übungen – vielleicht insbesondere mit der Übung, die uns daran erinnert, dass alles vergänglich ist – eher bereit sind, Rücklagen für schlechte Zeiten aufzubauen oder bestimmte Versicherungen (wie zum Beispiel Berufsunfähigkeits- oder Lebensversicherungen) abzuschließen.

Der Vorteil von Slack – mehr mentale Bandbreite, aber auch Finanzpolster hier und jetzt – kann vielleicht am besten am Umgang mit langfristigen Investitionen zum Beispiel für die Altersvorsorge verdeutlicht werden. In seinem Buch »The Geometry of Wealth« beschreibt Brian Portnoy die Bauchreaktionen[113] von Menschen, die einen Einbruch der Finanzmärkte beobachten. Die Auflistung unten beruht nicht auf harten Evidenzen, sondern eher auf Erfahrungen, die Portnoy über mehr als 20 Jahre als Investor und Ausbilder in der Hedgefonds- und Investmentfondsbranche gesammelt hat.

Höhe des Markteinbruchs	Bauchreaktion	Nächste Schritte
0% bis 5%	»Das mag ich nicht. Aber es ist nicht so schlimm.«	Widmet den Marktgeschehnissen mehr Aufmerksamkeit, tut aber nichts.
5% bis 10%	»Das ist unangenehm. Da stimmt was nicht.«	Schaut sich den Sparplan genauer an, tut aber wahrscheinlich noch immer nichts. Manche allerdings werden kribbelig, und sie werden etwas »Mutiges« machen.
10% bis 15%	»Das ist schlecht.«	Schaut sich noch genauer an, welche Investitionen besser oder schlechter abgeschnitten hätten. Die Entscheidung, zu verkaufen, beruht auf dem Willen, »etwas zu tun« – der Schmerz soll gelindert werden.
15% bis 20%	»Das ist wirklich schlecht.«	Prüft umfassende Änderungen des Portfolios und verkauft (oder kauft) häufig.
20% bis 25%	»Das halte ich nicht aus.«	Panikverkäufe, insbesondere wenn die Verluste 30% übersteigen. Die meisten können diesen Schmerz nicht ertragen.

Mit den oben angesprochenen Mantras der Stoiker können wir Phasen der Unruhe an den Finanzmärkten besser ertragen. Wir vergewissern uns zunächst, dass wir eine emotionale Reaktion zeigen, wenn wir eine bestimmte Nachricht erhalten oder eine bestimmte Verlaufskurve sehen. Wir denken daran, dass Einbrüche an den Märkten immer wieder passieren und dass das graduelle Wachstum, auf das wir gehofft haben und das wir in den letzten Jahren auch immer erfahren haben, unterbrochen werden kann oder vergänglich ist. Wir können nicht davon ausgehen, dass es immer so weitergeht. Und wir erinnern uns schließlich daran, dass wir die Märkte – so wie viele andere finanzielle Planungen – nicht beeinflussen können. Sie liegen nicht in unserem Einflussbereich.

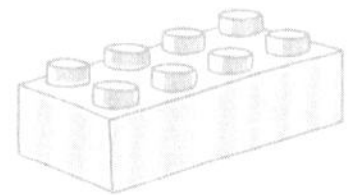

In der Einleitung zu diesem Buch erinnerte ich an die diversen Krisen der letzten Jahre: Nur wenige Wochen nach Neujahr 2020 stiegen auf einmal die Covid-Fallzahlen in Europa. Es folgten Lockdowns, wirtschaftliche Neuverschuldung, sozialer Unmut und vieles mehr. Am 24. Februar 2022 trat Bundeskanzler Olaf Scholz vor die Kameras mit den unverblümten Worten: »Heute ist ein furchtbarer Tag für die Ukraine. Und ein düsterer Tag für Europa. [...] Die Lage ist sehr ernst.« Es folgten die Flüchtlingskrise, Inflation, steigende Energiepreise und nicht zuletzt die Furcht vor der Eskalation des Krieges.

All diese Dinge sind verständlicherweise besorgniserregend. Aber sie sind nicht in unserer Kontrolle – wir müssen lernen, damit umzugehen. Die Menschen in der Ukraine selbst sind vielleicht ein gutes Beispiel dafür, dass dies gelingen kann. In seinem Kriegstagebuch beschreibt der ukrainische Schriftsteller Andrey Kurkov in seinem Eintrag vom 24. März 2022, gerade einen Monat nach dem Beginn der russischen Invasion, warum viele Menschen nicht länger in die Bunker und Schutzräume gehen, wenn die Sirenen heulen. Die unfreiwillig immer kriegserfahreneren Ukrainer lernen nach einer Weile, dass diese Warnungen immer dann ausgelöst werden, wenn die Verteidigungssysteme irgendeine in Russland abgefeuerte Rakete entdecken. Diese Verteidigungssysteme können allerdings nicht vorhersagen, wo genau die Rakete einschlägt. Sie antizipieren lediglich ihre Flugbahn, und in allen Gebieten, die entlang der Flugbahn liegen, werden Sirenen ausgelöst.

Mit diesem Wissen reagieren viele Menschen bald weniger panisch. Sie machen pragmatische Abwägungen, wenn mitten in der Nacht die Entscheidung ansteht, schnell mit Sack und Pack aufzubrechen oder im Bett zu bleiben. Wie würden Sie reagieren, wenn Sie wüssten, dass die Rakete irgendwo auf einer Strecke von Hunderten Kilometern einschlagen könnte und die Wahrscheinlichkeit, dass sie ausgerechnet hier einschlägt, gering ist?

Mit anderen Worten: Die kriegserfahrenen Ukrainer begannen recht schnell, gewisse Risiken zu akzeptieren und zu normalisieren. Sie lernten, mit der Krise zu leben. Nachdem der erste Angriff auf Kiew abgewehrt wurde, kamen die ersten Flüchtlinge in die Hauptstadt zurück. Cafés, Restaurants und Friseurläden öffneten wieder. Die »Financial Times« zitiert den 26-jährigen IT-Spezialisten Mykhailo Sydorenko, der berichtet, dass alle seine Freunde wieder zurück sind. Er äußerte sich zuversichtlich hinsichtlich der Gefahren einer Rückkehr in die ukrainische Hauptstadt. »Jetzt ist es einigermaßen vorhersehbar«, sagte er. »Es gibt immer noch die Möglichkeit von Luftangriffen in Kiew. Aber wir sind bereit, dieses Risiko einzugehen.«[114]

Darum geht es: Wir können lernen, Risiken zu akzeptieren!

Es wird uns hoffentlich nicht so schlimm treffen wie die Menschen in der Ukraine. Aber es ist auch nutzlos, sich darüber Gedanken zu machen. Denn ob der Krieg eskaliert – oder welche neuen Krisen uns erreichen –, können wir nicht beeinflussen. Was wir allerdings mit bestimmter Gewissheit vorhersagen können, ist, dass die nächste Krise kommen wird. Wir werden älter, und wir leben längere, gesündere Leben. Es ist statistisch gesehen nur wahrscheinlich, dass wir *mehr* Krisen erleben werden. Das heißt aber nicht, dass wir diesen Krisen unsere volle Aufmerksamkeit schenken sollen. Wir müssen nicht emotional involviert sein, sodass sich die Krise in unserem geistigen Auge vergrößert und wir Bedeutung, Wert und Dringlichkeit des Problems beginnen zu überschätzen.

Wir sollten eine gesunde Distanz zu diesen Dingen halten. Denn nur ein kleiner Teil der mit ihnen verbundenen Herausforderungen liegt in unserer Hand. Und anstatt unsere mentale Energie auf alle mit der Krise verbundenen Herausforderungen zu verwenden, sollten wir uns dazu motivieren, auf die vielen Dinge zu achten, die unser Leben – heute und in Zukunft – lebenswert machen.

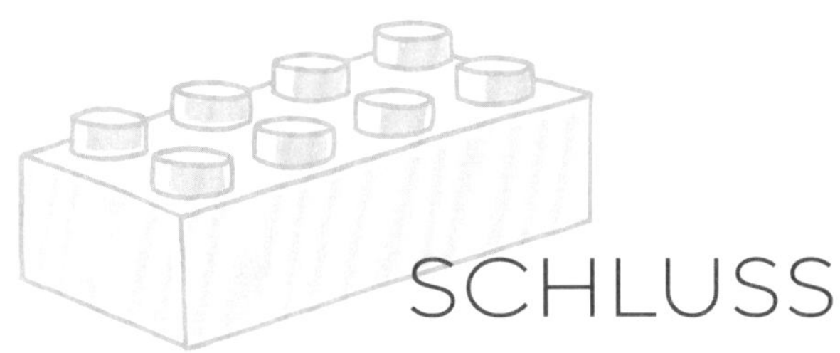

SCHLUSS

Ohne unsere Annahmen, Symbole oder Narrative ist Geld einfach nur ein in einer Gesellschaft allgemein anerkanntes Tausch- und Zahlungsmittel. Beinahe alles um uns herum ist – so betrachtet – Geld: das Sofa, der Stuhl oder die Sitzbank im Bus, auf der Sie vielleicht gerade sitzen. Die Tasse Tee oder Kaffee oder das Glas Wein, das Sie jetzt beim Lesen trinken. Ihre Arbeit wird – wie Sie einmal im Monat, wenn das Gehalt ausgezahlt wird, erfahren – zu Geld. Und gleichermaßen kann so ziemlich alles andere zu Geld werden. Und Geld kann so ziemlich alles werden.

Aber natürlich ist Geld viel mehr als das. Geld ist ein emotionales Thema. Es bereitet fast allen Menschen – ganz gleich auf welcher Einkommensstufe – Sorgen und Stress. Geld ist vielleicht der häufigste Grund für Scheidungen.[115] Fast jeder Mensch denkt, dass alles besser oder einfacher wäre, wenn er oder sie doch ein bisschen mehr Geld hätte.

Es gibt eine Vielzahl von Annahmen über Geld. Erkennen Sie sich in einigen dieser Annahmen wieder?

- Ich brauche ein gutes Gehalt, um sparen zu können.
- Über Geld redet man nicht, Geld hat man.
- Das Gehalt rechtfertigt jede Arbeit.
- Der richtige Umgang mit Geld sollte in der Schule unterrichtet werden.
- Bei Geld hört die Freundschaft auf.

- Man braucht kein Geld zum Glücklichsein.
- Für finanzielle Freiheit braucht man viel Geld.
- Um mehr Geld zu verdienen, muss man alles opfern.
- Um reich zu sein, muss man betrügen und lügen.
- Man sollte heute bescheiden leben, um fürs Alter vorzusorgen.
- Geld ist gleichbedeutend mit Freiheit.
- X kennt sich mit Geld aus, denn sie ist Bankkauffrau.
- Wenn ich erst mal besser verdiene, dann wird alles besser.
- Altersvorsorge betreiben kann ich später auch noch.
- Um zu investieren, muss man einen Berater haben.
- Geld ist von Natur aus böse.
- Geld ist das Einzige, was Stabilität garantiert.
- Mit zu viel Geld werden Kinder zu verwöhnt aufwachsen.

Selbst wenn es nicht Ihre Annahmen sind, so haben Sie sie bestimmt schon irgendwo gehört. Zum Beispiel in uns bekannten Liedern: Die Prinzen beschenkten uns mit »Millionär« (»Ich wär so gerne Millionär, dann wär mein Konto niemals leer«) und »Schwein« (»Du musst ein Schwein sein in dieser Welt«). Aus »Gute Zeiten, schlechte Zeiten« kennen wir vielleicht alle den intriganten Anwalt, Unternehmer und Immobilien-Tycoon Jo Gerner, der es immer wieder mit seinem Geld und seinen Kontakten schafft, seine Interessen durchzusetzen.

All diese uns aus dem Alltag bekannten Geschichten transportieren Annahmen über Geld. Mit einigen dieser Annahmen stimmen wir überein. Mit anderen nicht. Aber welche Annahmen auch immer wir verinnerlichen, sie haben wahrscheinlich praktische Konsequenzen, die unseren Lebensalltag betreffen und auch, wie wir unsere Finanzen angehen.

Unser System 2 weiß häufig, was der richtige Umgang mit Geld ist. Aber Emotionen wie zum Beispiel Scham oder Schuldgefühle verhindern die Verbesserung unserer Situation. Es gibt Studien, die bestätigen, dass Schamgefühle (zum Beispiel aufgrund von Annahmen wie »über Geld redet man nicht, Geld hat man«) die finanzielle Situation sogar verschlimmern, weil Menschen es bei Scham vermeiden, sich mit ihrer finanziellen Situation auseinanderzusetzen[116].

Für einen besseren Umgang mit Geld sollten wir verstehen, welche Annahmen und sinnstiftenden Narrative wir zum Geld entwickelt haben. Denn Geld ist nicht per se gut oder böse.

Sie finden Ihre tieferen Annahmen über Geld – die Bedeutung, die Sie dem Zahlungsmittel beimessen – mit ein wenig Introspektion heraus. Sie können sich zum Beispiel fragen, welche zwei bis drei Personen Sie hinsichtlich Ihrer Einstellung zu Geld am meisten beeinflusst haben, was diese Personen Ihnen beigebracht haben oder welche Botschaften Ihnen von diesen Personen über Geld vermittelt wurden (Ist Geld wichtig? Unwichtig? Mittel zum Zweck? Gut oder böse? Etc.).

Oder Sie könnten diesen Satz vollenden und mit einem Freund oder Ihrem Partner/Ihrer Partnerin diskutieren:

Geld ist ______________________________.

Wenn ich Fokusgruppen oder narrative Interviews führe, dann lade ich die Teilnehmer häufig auch zu kreativeren Überlegungen ein. Dazu stelle ich Fragen wie diese: Wenn Geld eine bekannte Person wäre, welche Person wäre es? Oder: Wenn Geld ein Land wäre, welches Land wäre es? Wenn Geld ein Musikgenre wäre, welches Musikgenre wäre es?

Die auf der nächsten Seite platzierte Unterhaltungskarte lege ich Ihnen unbedingt nahe für ein Abendessen mit Ihrem Partner/Ihrer Partnerin. Viel zu viele Beziehungen sind in die Brüche gegangen, weil wir tiefere Emotionen im Zusammenhang mit Geld – unsere mit dem Zahlungsmittel assoziierten Annahmen, Sorgen und Hoffnungen – nicht verstanden oder nicht mitgeteilt haben. Nehmen Sie sich die Zeit und beantworten Sie sich gegenseitig diese Fragen. Reflektieren Sie dabei, ob Ihre Annahmen hilfreich sind oder nicht. Sowie Sie feststellen, dass Ihre Selbsterzählungen oder Annahmen nicht hilfreich sind, sollten Sie versuchen, diese zu bearbeiten.

UNTERHALTUNGS-KARTE

ZUR VORSPEISE

Was haben Dir Deine Eltern über Geld beigebracht?

War bei Euch zu Hause Geld gut oder böse?

Was ist Deine erste Erfahrung mit Geld?

ZUM HAUPTGERICHT

Worauf bist Du stolz hinsichtlich Deiner finanziellen Situation?

Inwiefern macht Dir Geld Freude und Hoffnung oder vermittelt Dir Ausgewogenheit/Seelenfrieden?

Was macht Dir Sorgen hinsichtlich Deiner finanziellen Situation?

Was bereitet Dir Angst, Schlaflosigkeit oder Hoffnungslosigkeit?

ZUM NACHTISCH

Welchen finanziellen Rat würdest Du Deinem zehn Jahre jüngeren Selbst mitgeben?

Wofür wäre Dein zukünftiges Selbst – in fünf Jahren, zehn Jahren und 15 Jahren – dankbar, wenn Du es heute umsetzen würdest?

Aber nicht nur wir Otto Normalverbraucher haben Annahmen über Geld. Auch die vermeintlichen Finanzexperten – Bankkaufleute, Finanzberater, Schuldenberater, Ökonomen – haben eine bestimmte Haltung zu Geld verinnerlicht. In diesen Annahmen ist Geld tatsächlich eher ein Tausch- und Zahlungsmittel, das man mit bestimmten technischen Mitteln besser managen kann. Entsprechend stellen sie uns, wenn sie uns helfen wollen, einen besseren Umgang mit Geld zu entwickeln, Geldwerkzeuge zur Verfügung: Haushaltsplaner, Geldsparprogramme, Inflationsrechner etc. Sie fokussieren unsere finanziellen Ziele, als ob diese unabhängig von Lebenszielen existieren würden. Sie bedenken nicht, wie unser Gehirn funktioniert.

Auch die Politik versteht nicht, dass es für den richtigen Umgang mit Geld eine Mindset-Seite gibt. Oder anders: Sie reduziert Mindset auf Bildung. Im November 2022 kündigte das Bundesministerium für Bildung und Forschung eine »Nationale Strategie zur ökonomischen Bildung« an. In dem die Kampagne ankündigenden Tweet heißt es: »Von der Altersvorsorge bis zu Zinsen: Wir wollen, dass Menschen besser verstehen, wie die #Wirtschaft funktioniert.«[117]

Natürlich ist ökonomische Bildung von Vorteil. Aber eine nur auf technisches Wissen reduzierte Bildung reicht erwiesenermaßen nicht aus: In einer Metastudie wurde der Zusammenhang zwischen ökonomischer Bildung und Finanzverhalten in 168 wissenschaftlichen Arbeiten untersucht.[118] Die Forscher stellten fest, dass Maßnahmen zur Verbesserung des Finanzwissens nur einen mikroskopisch kleinen Teil des Finanzverhaltens erklären. Und bei einkommensschwachen Gruppen gibt es beinahe gar keinen Effekt. Selbst aufwendige und wohlüberlegte Programme mit vielen Unterrichtsstunden hatten 20 Monate später kaum noch Auswirkungen auf das Verhalten.

In diesem Buch habe ich für einen anderen Ansatz plädiert: für einen besseren Umgang mit Geld müssen wir erst mal die Instinkte, Emotionen, Motivationen, kognitiven Fähigkeiten und Umweltfaktoren kennenlernen, die unsere alltäglichen finanziellen Entscheidungen beeinflussen. Wir leben in einem System und in einer Zeit, in denen alle möglichen Dinge um unsere Aufmerksamkeit konkurrieren. Und immerzu werden wir zu kurzfristigen Entscheidungen angestoßen. Infolgedessen kaufen wir Dinge, die wir nicht brauchen. Wir machen uns Sorgen über Dinge, die nicht in unserer

Hand liegen. Wir behandeln alle möglichen uns groß erscheinenden Probleme mit großer Dringlichkeit hier und jetzt per WhatsApp oder E-Mail. Immerzu drängt die Gegenwart sich auf mit Dingen, die uns behindern.

In den Mindset-Kapiteln dieses Buchs plädierte ich dafür, dass wir viel mehr Zeit darauf verwenden, um zu verstehen, was uns interessiert und was uns motiviert. Wir sollten uns regelmäßig fragen, was uns Lebenssinn gibt und was uns Freude bereitet. Wir sollten uns fragen, warum wir Mitmenschen wegen eines bestimmten Gegenstands, Lebensstils oder eines bestimmten Ereignisses beneiden. Dieses Selbstwissen ist ein viel wahrscheinlicherer Garant für bessere Entscheidungen als alle von der Finanzindustrie entwickelten Geldwerkzeuge. Und wie Zinsen und Zinseszinsen wirklich funktionieren, lernen wir eher, wenn wir eine intrinsische Motivation, einen tieferen Grund haben, es zu verstehen.

Schließlich plädierte ich für langfristiges Denken – oder das, was man vermehrt als »Longevity Literacy« (Langlebigkeitskompetenz) beschreibt. Dabei handelt es sich um mehr als Finanzkompetenz oder ökonomische Bildung. Letztere bezieht sich auf die Fähigkeit, Finanzentscheidungen zu treffen und Finanzinstrumente und -konzepte zu verstehen. Es umfasst Kenntnisse über Finanzplanung, Budgetierung, Investitionen, Steuern und Versicherungen. All das ist gut und nützlich. Aber Langlebigkeitskompetenz geht darüber weit hinaus. Denn sie bezieht sich auf die Fähigkeit, sich auf ein längeres Leben vorzubereiten und die Herausforderungen und Möglichkeiten, die damit verbunden sind, zu verstehen.

Für unsere gesunden, längeren Leben sollten wir unsere Karriere und Finanzen so gestalten, dass wir flexibler und anpassungsfähiger auf Veränderungen reagieren können. Dies kann bedeuten, dass wir unsere Karriere in kleineren Schritten und über einen längeren Zeitraum hinweg aufbauen, statt alles auf einmal – zum Beispiel in den zehn Jahren nach Studienabschluss – zu erreichen. Es kann auch bedeuten, dass man seine Finanzen so gestaltet, dass man in der Lage ist, mehrere Karrierewechsel oder Ruhestandsphasen zu überstehen.

Für Langlebigkeit brauchen wir mehr als klassische Vermögenswerte (wie zum Beispiel Rücklagen, langfristige Ersparnisse aus der privaten Altersvorsorge oder das Eigenheim). Wir brauchen soziale

Netzwerke und eine Fähigkeit, unser Wissen zu aktualisieren. Und auch hier ist Selbstwissen von entscheidender Bedeutung. Mehr noch: Selbstwissen ist ein »Vermögenswert für Langlebigkeit«. Durch Selbstwissen erkennen Sie Ihre eigenen Stärken, Schwächen, Wünsche und Ziele. Und das wiederum ermöglicht es Ihnen, bessere Entscheidungen in Bezug auf Karriere, Finanzen und Gesundheit zu treffen.

Nehmen Sie sich also regelmäßig die Zeit, um sich selbst zu reflektieren und ihre Lebensumstände zu bewerten. Es lohnt sich ebenso, Ihre Fähigkeiten, Interessen und Werte zu kennen. Das klingt vielleicht anspruchsvoll und nach hoch philosophischen Fragen. Aber so ist es nicht gemeint: Wir können viel über uns schlussfolgern, wenn wir uns darüber bewusst sind, dass uns das Ausräumen der Spülmaschine Lebenssinn gibt oder dass es uns Freude macht, Geburtstagskarten selbst zu basteln. Solche einfachen Selbstbeobachtungen aus dem Alltag können uns dabei helfen, zu erschließen, was wir im Leben erreichen wollen und wie wir Ziele erreichen können.

»Die Wiederholung ist die Mutter der Weisheit«, heißt es. Also lassen Sie uns kurz rekapitulieren, was wir besprochen haben. Im nächsten Spottext finden Sie eine Zusammenfassung der zehn Kapitel in Form von zehn Tweets. Als Verhaltenswissenschaftler weiß ich natürlich, dass Tweets besonders gut geeignet sind, um die Aufmerksamkeit von System 1 zu erregen. Also lassen Sie es uns nutzen.

Money-Baustein »Einkommen«:
Streben Sie ein Einkommen an, das »gut genug« ist. Ein immer höheres Einkommen steigert nicht das Wohlbefinden.

Mindset-Baustein »Vergleiche«:
Sie können nicht *nicht* vergleichen. Aber Sie können besser vergleichen. Vergleichen Sie strategisch, zum Beispiel indem Sie sich Vorbilder suchen.

Money-Baustein »Cleverer Konsum«:
Cleverer Konsum bedeutet, Kaufanreize erkennen zu lernen, bewusst einzukaufen und Instinkte und Emotionen zu kontrollieren.

Mindset-Baustein »Selbstwissen«:
Verstehen Sie Ihre tieferen Bedürfnisse. Und achten Sie auf die Dinge, Erlebnisse und Aktivitäten, die Ihnen im Alltag Lebenssinn und Lebensfreude bereiten.

Money-Baustein »Finanzpolster«:
Halten Sie drei Monate Ihres Nettogehalts in schnell verfügbaren Tagesgeldkonten. Nutzen Sie das EAST-Modell, um Rücklagen aufzubauen.

Mindset-Baustein »Langer Zeithorizont«:
Stellen Sie eine starke Verbindung zu Ihrem zukünftigen Selbst her: Wo werden Sie sein? Mit wem werden Sie Zeit verbringen? Was werden Sie Tag für Tag tun?

Money-Baustein »Altersvorsorge«:
Ohne private Altersvorsorge an den Kapitalmärkten klappt der traditionelle Ruhestand nicht. Einfache Faustregeln helfen bei der richtigen Anlagestrategie.

Mindset-Baustein »Lebensplanung«:
Für eine längere Lebensdauer und ungewisse Zukunft müssen wir flexibler, anpassungsfähiger und lernbereiter werden.

Money-Baustein »Vermögenswerte für Langlebigkeit«:
Für erfolgreiches Altern brauchen wir nicht allein Sachwerte. Wir brauchen auch soziale Netzwerke, Lernfähigkeit und Selbstwissen.

Mindset-Baustein »Krisenbewusste Gelassenheit«:
Krisen sind normal. Sie sind unvermeidbar. Das liegt nicht in unserer Hand. Aber in unserer Hand liegt es, einen besseren Umgang mit Krisen zu entwickeln.

In Kapitel 1 plädierte ich dafür, dass Sie nicht stets ein besseres Einkommen anstreben sollten. Sondern dass Sie ein Einkommen anstreben sollten, das »gut genug« ist. Es kann schwierig sein, den Moment zu bestimmen, in dem das Einkommen als »ausreichend« betrachtet wird. Studien deuten jedoch darauf hin, dass dieser Punkt möglicherweise niedriger ist, als man denkt – vielleicht reicht die einfache Faustregel aus dem Kapitel. Im täglichen Leben sollte man sich fragen, wozu man tatsächlich mehr Geld benötigt, wenn der Instinkt nach mehr verlangt. Obwohl Geld das Leben erleichtert und, wenn richtig ausgegeben, Glück bringen kann, kann man oft feststellen, dass die gegenwärtige Situation bereits »gut genug« ist, ähnlich wie Uwe Seeler bei seinen Überlegungen zu einem Wechsel nach Mailand.

In Kapitel 2 ging es darum, dass soziale Vergleiche normal sind und sowohl positive als auch negative Auswirkungen haben können. Die Prospekt-Theorie zeigt, dass Referenzpunkte für Vergleiche dynamisch sind. Einfach ausgedrückt, wir wollen nicht immer dasselbe. Um besser mit Emotionen wie Neid und Eifersucht umzugehen, sollte man sie normalisieren, die eigenen Referenzpunkte hinterfragen und sich auf Vorbilder konzentrieren. Soziale Medien verstärken Vergleiche, weshalb es wichtig ist, sich bewusst mit den eigenen Vergleichen auseinanderzusetzen und positive Vorbilder auszuwählen, um ein gesünderes Verhältnis zu den eigenen finanziellen Entscheidungen zu entwickeln.

In Kapitel 3 dann sprachen wir über »cleveren Konsum«: Cleverer Konsum bezieht sich auf die Fähigkeit, Kaufentscheidungen erfolgreich oder geschickt zu handhaben, anstatt rein rational zu agieren. Merkmale von cleverem Konsum sind: das Erkennen der zweideutigen Intentionen von Kaufangeboten, Löschen automatisch hinterlegter Geldkartendaten und Shopping-Apps, Einräumen von Bedenkzeiten vor dem Kauf und Erstellen von »Wenn-dann-Plänen« zur besseren Vorbereitung auf tückische Kaufsituationen. Ziel von cleverem Konsum ist es, spontane und unnötige Käufe zu vermeiden und bewusster mit Konsumentscheidungen umzugehen.

In Kapitel 4 ging es darum, dass Selbstwissen wichtig ist, um ein besserer Konsument zu sein. Selbstwissen hilft, tieferliegende Bedürfnisse zu erkennen und zu berücksichtigen. Spartipps und finanzielle Lösungen allein können zwar Geld sparen, aber langfristigen Erfolg erzielen diese nur, wenn Sie Ihre wahren Bedürfnisse berücksichtigen. Introspektion ermöglicht es zum Beispiel, große Ausgaben auf ihren tieferen Sinn zu überprüfen und zu entscheiden, ob sie wirklich notwendig sind. Es geht darum, das Gleichgewicht zwischen finanzieller Effizienz und persönlichem Glück zu finden. Mit der richtigen Einstellung und Selbstwissen kann man bewusster konsumieren, Geld sparen und gleichzeitig zufrieden und glücklich sein.

In Kapitel 5 riet ich dazu, mindestens drei Nettogehälter als Rücklage zu haben, um finanzielle Sicherheit zu gewährleisten. Um Finanzpolster aufzubauen, empfahl ich das EAST-Modell: Einfachheit (zum Beispiel automatische Überweisungen auf ein Tagesgeldkonto), Attraktivität (Erinnerungen und Etappenziele), Soziales (gemeinsame Aktionen mit Freunden) und Zeitlichkeit (konkrete Zeitpunkte wählen und »Wenn-dann-Pläne«). Durch diese Ansätze kann man den Aufbau von Rücklagen vereinfachen, motivierender gestalten und kontinuierlich verfolgen, um langfristig finanziell abgesichert zu sein.

Die ersten fünf Kapitel behandelten den besseren Umgang mit Geld in der Gegenwart. Und wir berücksichtigten diverse Ergebnisse und Erkenntnisse aus verhaltenswissenschaftlichen Studien. In den letzten fünf Kapiteln ging es darum, eine langfristige Perspektive für die Zukunft zu entwickeln. Wir waren immer noch verhaltenswissenschaftlich inspiriert. Aber wir erweiterten unseren Horizont, indem wir auch Ansätze der Psychologie und Philosophie berücksichtigten.

In Kapitel 6 ging es um die Bedeutung der Fähigkeit, die eigene Zukunft visualisieren zu können. Menschen, die eine konkrete Verbindung zu ihrer Zukunft haben, gehen verantwortungsvoller mit Geld um, haben weniger Schulden und bessere Altersvorsorge. Visualisierungstechniken wie das digitale Altern von Fotos oder die Bedienung von Vorbildern oder Rollenmodellen können helfen, sich besser mit dem zukünftigen Selbst zu identifizieren. Eine weitere gut erforschte und vielversprechende Methode besteht darin, sich selbst Fragen über die Zukunft zu stellen, um konkrete Vorstellungen über das eigene Leben in zehn Jahren zu entwickeln. Diese Fragen könnten auch in einem Brief an das eigene zukünftige Selbst artikuliert werden.

Kapitel 7 begründete zunächst, dass einfache Faustregeln sich als effektive Methode eignen, um mit Unsicherheit und Risiken im Bereich der Altersvorsorge umzugehen. Tatsächlich können Faustregeln häufig bessere Ergebnisse liefern als ein höheres Maß an Wissen. Zwei Faustregeln in diesem Kapitel diskutierten die benötigten Einkünfte im Ruhestand und den Anteil des Nettogehalts, der renditeorientiert angelegt werden sollte. In einigen Investitionsfaustregeln behandelten wir unter anderem die Minimierung der laufenden Kosten, die Anpassung des Aktienanteils an das Lebensalter und die regelmäßige Einzahlung von Beiträgen. Das Thema Altersvorsorge ist komplex. Und guter individueller Rat ist, sprichwörtlich, teuer. Aber die hier behandelten Faustregeln sind ein guter Startpunkt.

Kapitel 8 hinterfragte das traditionelle Drei-Stufen-Leben (Ausbildung, Erwerbsleben, Ruhestand) und stellte das Multi-Stage-Life als aktuelleres Lebensmodell vor. In diesem Modell sind Bildungs-,

Erwerbs- und Freizeitphasen flexibler über das gesamte Leben verteilt. Wir werden in Zukunft häufiger Bildungs- und Erwerbsphasen durchlaufen, schrittweise in den Ruhestand gleiten und zwischendurch vermehrt Ruhezeiten einlegen (vielleicht einlegen müssen). Wir benutzten, um das richtige Mindset mit dem Multi-Stage-Life zu beschreiben, die Metapher einer Kletterwand, bei der man verschiedene Routen wählt und nicht geradlinig voranschreitet. Es wurde argumentiert, dass zukünftige Entscheidungen unter Berücksichtigung mehrerer möglicher zukünftiger Selbst und der Flexibilität im Multi-Stage-Life getroffen werden sollten.

Kapitel 9 betonte die Bedeutung verschiedener materieller und immaterieller Vermögenswerte im Multi-Stage-Life. Neben ökonomischem, kulturellem und sozialem Kapital sowie Gesundheit, sind weitere Fähigkeiten und Kenntnisse erforderlich, um in der zukünftigen Arbeitswelt erfolgreich zu sein. Wissen muss kontinuierlich erneuert und angepasst werden, statt es nur in der ersten Ausbildungsphase anzuhäufen. Neue immaterielle Vermögenswerte wie die Fähigkeit zur Projektierung und Selbstwissen sind entscheidend, um in einem flexiblen und diversen Lebensmodell zurechtzukommen, das dem Klettern an einer Kletterwand ähnelt und ständige Anpassung und Reflexion erfordert. Kurzum, das richtige Mindset selbst wird ein entscheidender Vermögenswert.

Kapitel 10 betonte die Notwendigkeit, Krisen im Allgemeinen und bestimmte Risiken im Besonderen akzeptieren zu lernen. Es wurde gezeigt, wie das Knappheits-Mindset (ein einseitiger Fokus auf Risiken und Krisen) unsere Aufmerksamkeit einschränkt. Durch stoische Übungen (die erstaunlich nahe an einigen Grundannahmen der Verhaltenswissenschaften sind) können wir einen besseren Umgang mit Krisen erlernen. Drei in dem Kapitel untersuchte Übungen umfassen:

1. Krisen normalisieren, indem wir uns immer wieder an die Vergänglichkeit von Besitztümern und Beziehungen erinnern
2. Gelassenheit entwickeln, indem wir lernen, zwischen Dingen zu unterscheiden, die wir beeinflussen können, und denen, die wir nicht ändern können

3. Innehalten bei Emotionen, um Raum für rationale Überlegungen zu schaffen und überstürzte Reaktionen zu vermeiden

Von allen hier angesprochenen Blöcken ist der »Lange Zeithorizont« vielleicht der wichtigste Baustein. Wie im sechsten Kapitel besprochen, haben wir in unseren Forschungen festgestellt, dass wir mit einer konkreten Verbindung zu unserem zukünftigen Selbst ein ganz anderes Finanzverhalten an den Tag legen: Es ist dann wahrscheinlicher, dass wir die empfohlenen Rücklagen haben, wir legen höhere Beiträge fürs Alter zur Seite, wir haben geringere Schulden und vieles mehr.

Der Grund leuchtet ein: Mit einer konkreten und für uns aussagekräftigen Verbindung zu unserem zukünftigen Selbst können wir alle Eindrücke im Hier und Jetzt anders einschätzen. Die Gegenwart hat bei denen, die langfristig denken, eine geringere Chance, sich aufzudrücken. Und Gegenwarts-Bias, wie wir gesehen haben, erklärt so viele Probleme.

Für diese Verbindung zum zukünftigen Selbst jedoch brauchen wir auch viele der anderen Bausteine: In unserer Forschung stellten wir fest, dass die Komponente, die am ehesten bestimmt, ob wir einen langfristigen Zeithorizont haben, das Selbstwissen über die Dinge, Erlebnisse und Aktivitäten ist, die uns Lebenssinn und Freude geben. Lassen Sie mich das nochmal anders ausdrücken: Für eine Verbindung zum zukünftigen Selbst brauchen wir nicht ein bestimmtes Einkommen oder ein gewisses Alter. Wir brauchen vor allem eine Vorstellung davon, was uns Freude und Lebenssinn gibt. Und natürlich leuchtet auch das sofort ein: Warum sollten wir unser zukünftiges Selbst verstehen, wenn wir noch nicht einmal unser gegenwärtiges Selbst verstehen?

All das heißt auch, dass wir nicht nur an morgen denken sollten. Wir leben heute! Und wir sollten auch heute ein schönes Leben haben. »Heute verlorengegangenes Glück ist für immer verlorengegangenes Glück«[119], wie Paul Dolan sagt. In den USA gibt es eine Welle neuer verhaltenswissenschaftlicher Studien, die sich mit der Frage beschäftigen, wie man Sparer dazu bringt, ihr Geld auszugeben. Das Problem: Eine ganze Generation von Amerikanern hat sich inzwischen daran gewöhnt, einen Großteil ihres Einkommens fürs Alter zu sparen. Und jetzt, wo sie alt sind, können sie nicht ihr Verhalten ändern, um sich dazu durchzuringen, aufs Ersparte zuzugreifen und davon zu leben. Diese Menschen sind auf einem guten Weg, die reichsten Menschen auf dem Friedhof zu werden. Nicht die glücklichsten.

In der Einleitung sprach ich davon, dass man Menschen nicht nahelegen kann, sich keine Geldsorgen zu machen, aber dass man sich *bessere* Sorgen machen kann. Am ehesten verdeutlicht wird dieses Argument – *bessere* Sorgen statt keine Sorgen – anhand des hier vorgeschlagenen Umgangs mit Krisen. In der Tat schlittern wir, wie eingangs besprochen, seit einigen Jahren von einer Krise in die nächste. »Flüchtlingskrise«, »Euro-Krise«, Corona und so weiter. Auf der anderen Seite – denken Sie an die letzten 50 Jahre, die letzten 100, die letzten 1000 usw. – hat es Krisen schon immer gegeben. Unsere Zeiten sind vielleicht weniger besonders als angenommen oder als die Nachrichten es erscheinen lassen.

Wenn wir uns *bessere* Sorgen machen, dann überlegen wir, was in unserem Einflussbereich liegt und was nicht. Die Entwicklungen im Donbass, die Reibereien zwischen China und Taiwan, die Entwicklung der Märkte, die Auftragslage der Firma, die Preise von Lebensmitteln in den Supermärkten – all diese Dinge unterliegen nicht unserer Kontrolle. Also lohnt es sich gar nicht, sich darüber Sorgen zu machen. Die folgenden Dinge hingegen liegen in Ihrer Hand: ein ausreichendes Einkommen anzustreben, bessere Vergleiche zu unternehmen, Rücklagen aufzubauen, Altersvorsorge zu betreiben, Fähigkeiten und Wissen zu aktualisieren, darauf zu achten, was uns heute Freude bereitet und Lebenssinn gibt, und uns zu fragen, was uns in Zukunft Freude und Lebenssinn geben könnte. Es lohnt sich, sich darüber Sorgen zu machen.

Bei diesem Buch handelt es sich um einen Ratgeber zu finanziellen Fragen. Aber es handelt sich nicht um den Rat eines Finanzexperten. Ebenso wenig handelt es sich um den Rat eines Gurus: Ich vertrete hier kein tiefes Verständnis einer Weisheit oder begründe eine Lehre aufgrund einer von mir gemachten Erfahrung. Ich arbeitete immer mit wissenschaftlichen Erkenntnissen, das heißt systematischen Beobachtungen, Messungen und Experimenten, die auf eine in einer Disziplin anerkannte Methode zurückgehen. Die

Disziplin, auf die ich zurückgriff, ist die in Deutschland leider noch recht unbekannte Verhaltenswissenschaft – eine Vermengung von Ökonomie, Psychologie und anderen Sozialwissenschaften. Und so hoffe ich, dass dieses Buch den Mehrwert dieser Perspektive verdeutlichen konnte.

Wir können es bedauern, dass Politik und Finanzexperten aller Art diese Perspektive (noch) nicht gut genug kennen oder verstehen. Es ist schade, dass es in der etablierten Denkweise kein Verständnis, ja noch nicht einmal ein Vokabular gibt für die Emotionen, Instinkte, Gewohnheiten, unhinterfragten Verhaltensweisen, kognitiven Fähigkeiten, Umweltfaktoren und vieles mehr, die unseren Umgang mit Geld bestimmen. Vielleicht leistet dieses Buch einen Beitrag dazu, dies zu ändern. Den Impuls dazu zu geben, das lag in meiner Hand, indem ich meine Gedanken und Erfahrungen dazu für Sie hier festhielt. Aber ob es einen Paradigmenwechsel in der Politik und im Finanzwesen auslöst, liegt nicht in meiner Hand.

Ebenso wenig liegt es in meiner Hand, ob die hier angesprochen Techniken von Ihnen angewandt werden. Das liegt in Ihrer Hand!

Jetzt sind Sie dran!

DANKSAGUNG

Bei allen in diesem Buch entwickelten Gedanken handelt es sich um meine eigenen. Sie spiegeln nicht die Ansichten meines Arbeitgebers, Aegon UK, wider. Dennoch gilt mein erster Dank den vielen Kollegen in der Firma. Heraus sticht unser Chief Marketing Officer Andy Manson, der im Frühjahr 2020 das Potenzial sah, das dieses Verständnis von Financial Wellbeing in der bis dahin einseitigen Debatte hatte. Andy und viele Kollegen im Team – Tracey Clifton, Al Rhind, Laura Shanks und andere – haben das britische Äquivalent dieses Konzepts handfester und praktikabler gemacht. Und sie haben dazu beigetragen, dass es die große Resonanz in Großbritannien gefunden hat.

Ebenso heraus sticht Iain O'Connor – mein direkter Vorgesetzter –, der mich überhaupt erst dazu anregte, dieses Buch für den deutschen Markt zu verfassen. Ich danke auch meinen Mitarbeiterinnen im Team, Tereza Anderson, Claire Shanks und Emily Shipp, und meinem Mitarbeiter Mauro Renna. Beim gemeinsamen Mittagessen haben wir viele der in diesem Buch angesprochenen Punkte diskutiert – die drei haben für mich häufig auch die aktuellsten und relevantesten Referenzen gefunden.

Darüber hinaus hatte ich in den letzten Jahren das Privileg, viele der in diesem Buch zitierten Autoren persönlich kennenzulernen. Diese Begegnungen haben mich geprägt und vieles klarer gemacht. Häufig zurück denke ich an Begegnungen mit Hal Hershfield, Sarah Newcomb und Brian Portnoy. Immer wieder lehrreich und unterhaltsam sind die Begegnungen mit Neil Bage. Und ebenso dankbar bin ich dem Gründer und Vorstand des Institute for Financial Wellbeing, Chris Budd.

Ich bin dankbar dafür, dass der renommierte GABAL Verlag das Potenzial dieses Buchs gesehen und gleich das Gespräch mit mir gesucht hat, nachdem ich das Manuskript einreichte. Danken möchte ich auch Ulrich Selich, seit vielen Jahren Lektor und Korrektor im Holtzbrinck Verlag (Handelsblatt), der das Lektorat übernommen hat. Alle verbliebenen Ungereimtheiten gehen auf meine Kappe.

Da ich einen Vollzeitjob, eine Familie, die Rolle des Elternsprechers in der Grundschule und andere Rollen habe, war ich in der Zeit des Buchschreibens abends oft ausgelaugt und emotional abwesender als sonst. Danke für das Verständnis und die Unterstützung an meine Frau Josi und meine Kinder Robbie und Mathilda. Dieses Buch zu schreiben, hat mir nicht immer Freude bereitet. Aber es hat mir Lebenssinn gegeben.

ÜBER DEN AUTOR

Dr. Thomas Mathar leitet bei Aegon UK, einem der führenden Anbieter von Investitions- und Finanzdienstleistungen Großbritanniens, das Centre for Behavioural Research. Das Team aus Psychologen und Verhaltenswissenschaftlern hilft Menschen, bessere langfristige Entscheidungen zu treffen. Unter anderem bauen sie derzeit zusammen mit Forschern der University of Edinburgh ein Mindset-Tool, das Menschen hilft, intrinsisch motiviertes, zukunftsorientiertes Verhalten zu entwickeln.

Er war Mitglied der Arbeitsgruppe »Redesigning Retirement« des World Economic Forum und ist häufiger Keynote-Speaker auf einschlägigen Konferenzen, zum Beispiel des Institute of Financial Wellbeing. Bei Aegon UK entwickelte er ein Programm für Finanz- und Vermögensberater, das es diesen ermöglicht, »Wellbeing Maximiser« zu werden, statt nur »Performance Maximiser« zu sein. In Deutschland hört man ihn in Podcasts und über seine Website *www.10bausteine.de.*

Er lebt mit seiner Familie – seiner Frau und siebenjährigen Zwillingen – in Edinburgh.

ANMERKUNGEN UND REFERENZEN

Einleitung

1 Aumeier, Peter: Konsumlaune bleibt »historisch niedrig«. Mainz: ZDF-Nachrichten vom 27. Oktober 2022, online auf https://www.zdf.de/nachrichten/politik/gfk-index-krise-winter-100.html.

2 Die Information stammt aus einer von Steven Wendel unternommenen Studie, die auf der Action Design Website zugänglich ist: https://www.action-design.org/behavioral-teams-directory#home/?view_6_page=1&view_6_filters=%5B%7B%22value%22%3A%22United%20States%22%2C%22field%22%3A%22field_5%22%2C%22operator%22%3A%22contains%22%7D%5D.

3 Eurotransplant: Deutschland – Kennzahlen. Leiden: 2022, online auf https://www.eurotransplant.org/region/deutschland.

4 Deutscher Bundestag: Abgeordnete führen Orientierungsdebatte zur Organspende. Berlin: 2018, online auf https://www.bundestag.de/dokumente/textarchiv/2018/kw48-de-organspende-580078.

5 Creditreform Wirtschaftsforschung: SchuldnerAtlas Deutschland 2022 – Überschuldung von Verbrauchern. Neuss: 2022, online auf https://www.boniversum.de/fileadmin/user_upload/aktuelles/schuldner-atlas/2022/2022-11-09-CR-S-Atlas-DEU-2022-Bericht-FINAL.pdf.

Kapitel 1: Money Baustein »Einkommen«

6 Scheid, Norbert: Uwe und ein blondes Mädchen namens Ilka. Hamburg: Hamburger Abendblatt vom 3. November 1986, S. 17, online auf https://www.abendblatt.de/archive/1986/pdf/19861103.pdf/ASV_HAB_19861103_HA_017.pdf.

7 Kicker: »Herr Seeler? Das sagt keiner!« Nürnberg. Kicker vom 20. Oktober 2016, online auf https://www.kicker.de/herr-seeler-das-sagt-keiner-662793/artikel#:~:text=%22Mehr%20als%20ein%20Steak%20am,%2C%20was%20will%20ich%20mehr%22.

8 Meyer-Odewald, Jens: Uwe Seeler flogen die Herzen zu: Er tat es für die Menschen. Hamburg: Hamburger Abendblatt vom 21. Juli 2022, online auf https://www.abendblatt.de/sport/fussball/hsv/article235957923/uwe-seeler-nachruf-hsv-legende-flogen-herzen-zu.html.

9 Ahrens, Peter: Tschüss, Uwe. Nachruf auf Fußballidol Seeler. Hamburg: Der Spiegel vom 27. Juli 2022, online auf https://www.spiegel.de/sport/fussball/uwe-seeler-ist-tot-tschuess-uwe-nachruf-a-ff981470-c590-44fe-a5ff-de4062a-edc87.

10 Statistisches Bundesamt: Einkommen, Einnahmen und Ausgaben in den Gebietsständen. Wiesbaden: 2022, online auf https://www.destatis.de/DE/Themen/Gesellschaft-Umwelt/Einkommen-Konsum-Lebensbedingungen/Einkommen-Einnahmen-Ausgaben/Tabellen/gebietsstaende-lwr.html; Statistisches Bundesamt: Einkommensverteilung (Nettoäquivalenzeinkommen). Wiesbaden: 2022, online auf https://www.destatis.de/DE/Themen/Gesellschaft-Umwelt/Einkommen-Konsum-Lebensbedingungen/Lebensbedingungen-Armutsgefaehrdung/Tabellen/einkommensverteilung-mz-silc.html.

11 Statistisches Bundesamt: 2,6 Millionen Menschen konnten 2021 aus Geldmangel ihre Wohnung nicht angemessen heizen. Pressemitteilung des Statistischen Bundesamts vom 21. Oktober 2022. Wiesbaden: 2022, online auf https://www.destatis.de/DE/Presse/Pressemitteilungen/2022/10/PD22_N063_639.html.

12 Reibling, Nadine; Jutz, Regina: Energiearmut und Gesundheit. Die Bedeutung von Wohnbedingungen für die soziale Ungleichheit im Gesundheitszustand. In: Großmann, Katrin; Schaffrin, André; Smigiel, Christian: Energie und soziale Ungleichheit. Zur gesellschaftlichen Dimension der Energiewende in Deutschland und Europa. Wiesbaden: Springer VS, 2017.

13 OECD: What are equivalence scales? Paris: 2022, online auf https://www.oecd.org/els/soc/OECD-Note-EquivalenceScales.pdf.

14 Ein weiterer Grund ist, dass Deaton und Kahneman in dem erwähnten Artikel feststellten, dass das Wohlbefinden ab einem Jahreseinkommen pro Haushalt von 75.000 US-Dollar seinen Höhepunkt erreicht. 75.000 US-Dollar waren im Jahr der Veröffentlichung des Artikels ungefähr 18 % höher als das Medianeinkommen.

15 Nakazato, Naoki; Schimmack, Ulrich; Shigehiro, Oishi: Effect of Changes in Living Conditions on Well-Being: A Prospective Top-Down Bottom-Up Model. New York: Springer Nature, Social Indicators Research 100, S. 115–135, 2011.

16 Dunn, Elizabeth; Norton, Michael: Happy Money: So verwandeln Sie Geld in Glück. Kulmbach: Books4Success, 2014.

17 Von Berg, Ulrich: Von Goals und Girls. Über George Best. Berlin: 11 Freunde, 2022, online auf https://11freunde.de/p/club/reportage/von-goals-und-girls-31689180.html.

Kapitel 2: Mindset-Baustein »Vergleiche«

18 Backovic, Lazar; Koenen, Jens: Wie hoch ist das Gehalt der Eurowings-Kapitäne? Düsseldorf: Handelsblatt, 2022, online auf https://www.handelsblatt.com/karriere/pilot-gehalt-wie-hoch-ist-das-gehalt-der-eurowings-kapitaene/28575330.html.

19 Festinger, Leon: A Theory of Social Comparison Processes. London: Human Relations 7(2), S. 117–140, 1954.

20 Appadurai, Arjun: The Capacity to Aspire: Culture and the Terms of Recognition. In: Rao, Vijayendra; Walton, Michael: Culture and Public Action. Palo Alto: Stanford University Press, 2004.

21 Beaman, Lori; Duflo, Esther; Pande, Rohini; Topalova, Petia: Female Leadership Raises Aspirations and Educational Attainment for Girls: A Policy Experiment in India. Washington, DC: Science 335(6068), S. 582–586, 2012.

22 La Ferrara, Eliana; Chong, Alberto: Television and Divorce: Evidence from Brazilian Novelas. Oxford: Journal of the European Economic Association 7(2/3), Proceedings of the Twenty-Third Annual Congress of the European Economic Association, 2009.

23 La Ferrara, Eliana; Chong, Alberto; Duryea, Suzanne: Soap Operas and Fertility: Evidence from Brazil. Washington, DC: American Economic Journal: Applied Economics 4(4), 2012.

24 Jensen, Robert; Oyster, Emily: The Power of TV – Cable Television and Women's Status in India. Cambridge, MA: National Bureau of Economic Research, 2007, online auf https://www.nber.org/papers/w13305.

25 Winkelmann, Rainer: Conspicuous Consumption and Satisfaction – Working Paper. Zürich: University of Zurich, Department of Economics, Zurich, 2011, online auf https://doi.org/10.5167/uzh-51534.

26 Agarwal, Sumit; Mikhed, Vyacheslav; Scholnick, Barry: Does Inequality Cause Financial Distress? Evidence from Lottery Winners and Neighboring Bankruptcies – Working Papers. Philadelphia: Federal Reserve Bank of Philadelphia, 2016, online auf https://papers.ssrn.com/sol3/papers.cfm?abstract_id=2731562.

27 Newcomb, Sarah: How Social Comparisons Affect Your Client's Financial Well-Being. Chicago: Morningstar, 2018, online auf https://www.morningstar.com/insights/2018/02/27/social-comparisons.

28 Kahnemann, Daniel: Thinking, Fast and Slow. 1. Auflage. London: Penguin Books, 2011, S. 280.

29 Brown, Brené: Atlas of the Heart: Mapping Meaningful Connection and the Language of Human Experience. London: Vermillion Publishing, 2021.

Kapitel 3: Money-Baustein »Cleverer Konsum«

30 Die ganze Dokumentation des Online-Content-Netzwerks Funk mit dem Titel »Amazon Sucht: Julia shoppt ohne Kontrolle« findet man hier auf YouTube: https://www.youtube.com/watch?v = UiT_7rHqjVY&ab_channel = reporter.

31 Creditreform Wirtschaftsforschung: SchuldnerAtlas Deutschland 2022 – Überschuldung von Verbrauchern. Neuss: 2022, online auf https://www.boniversum.de/fileadmin/user_upload/aktuelles/schuldner-atlas/2022/2022-11-09-CR-S-Atlas-DEU-2022-Bericht-FINAL.pdf.

32 Tröger, Nina: Kaufsucht in Österreich. Wien: Arbeiterkammer, 2017, online auf https://www.arbeiterkammer.at/infopool/wien/Kaufsucht_2017_07_06.pdf.

33 Gladstone, Joe J.; Jachimowicz, Jon M.; Greenberg, Adam Eric; Galinsky, Adam D.: Financial Shame Spirals: How Shame Intensifies Financial Hardship. New York: Organizational Behavior and Human Decision Processes 167, 2021.

34 Ogilvy Change; Money & Pension Service: How to Use Behavioural Science to Increase the Uptake of Debt Advice. London, 2021, online auf https://moneyandpensionsservice.org.uk/wp-content/uploads/2021/07/how-to-use-behavioural-science-to-increase-the-uptake-of-debt-advice.pdf.

35 Jones, Mark: Two-Thirds of People Don't Know Difference Between Google Paid and Organic Search Results. Bristol: Marketing Tech, 2018, online auf https://www.marketingtechnews.net/news/2018/sep/06/two-thirds-people-dont-know-difference-between-google-paid-and-organic-search-results.

36 Dholakia, Uptal: Does It Matter Whether You Pay With Cash Or A Credit Card? New York: Psychology Today, 2016, online auf https://www.psychologytoday.com/us/blog/the-science-behind-behavior/201607/does-it-matter-whether-you-pay-cash-or-credit-card.

Kapitel 4: Mindset-Baustein »Selbstwissen«

37 Redaktion koeln.de: Neumarkt (Innenstadt). Köln: 2022, online auf https://www.koeln.de/koeln/einkaufen/das-sind-die-14-shopping-hotspots-von-koeln_neumarkt_L1129607_1129612.html#: ~ :text = Der%20Neumarkt%20ist%20zentral%20gelegen,TK%20Maxx%2C%20rituals%20und%20Only.

38 The School of Life: Great Thinkers. London: The School of Life, 2016, S. 137.

39 Newcomb, Sarah: Loaded: Money, Psychology, and How to Get Ahead Without Leaving Your Values Behind. Hoboken, NJ: Wiley, 2016.

40 Dolan, Paul: Absichtlich glücklich: Wie unser Tun das Fühlen verändert. Augsburg: Pattloch Verlag, 2015.

Kapitel 5: Money-Baustein »Finanzpolster«

41 Grimm, Katharina: Geldanlage: Fuffies im Club – warum die Kneipen-Sparclubs eine Renaissance erleben. Hamburg: Der Stern, 2022, online auf https://www.stern.de/wirtschaft/geld/sparclub-in-kneipen--die-renaissance-der-tresen-sparer-7491170.html.

42 Statistisches Bundesamt: Ein Fünftel der Bevölkerung in Deutschland hatte 2021 ein Nettoeinkommen von unter 16300 Euro im Jahr. Wiesbaden: 2022, online auf https://www.destatis.de/DE/Presse/Pressemitteilungen/2022/10/PD22_N062_63.html.

43 Behavioural Insight Team: EAST – Four Simple Ways to Apply Behavioural Insight. London: 2015, online auf https://www.bi.team/wp-content/uploads/2015/07/BIT-Publication-EAST_FA_WEB.pdf.

44 Die Bundeswahlleiterin: Deutsche im Ausland, online auf https://www.bundeswahlleiterin.de/europawahlen/2024/informationen-waehler/deutsche-im-ausland.html.

45 Partridge, Kenneth: On Payday, Consumers Feel a License to Spend. New York: Columbia Business School, 2016, online auf https://www8.gsb.columbia.edu/articles/ideas-work/payday-consumers-feel-license-spend.

46 Kast, Felipe; Meier, Stephan; Pomeranz, Dina: Saving More in Groups: Field Experimental Evidence from Chile. New York: Journal of Development Economics, 2018.

47 Halpern, David: Inside the Nudge Unit: How Small Changes Can Make a Big Difference. London: W.H. Allen, 2016.

48 Shotton, Richard: The Choice Factory: 25 Cognitive Biases that Influence What We Buy. Petersfield, Hampshire: Harriman House, 2018, S. 37.

49 Pink, Daniel: When: The Scientific Secrets of Perfect Timing. Edinburgh: Canongate Books, 2019.

50 Nava Ashraf stellt das Konzept in diesem öffentlichen Vortrag ab Minute 25 vor: https://www.youtube.com/watch?v=ceCdX8Sd16s&t=1679s&ab_channel=SFUPublicSquare.

51 Warren, Elizabeth; Warren Tyagi, Amelia: All Your Worth – The Ultimate Lifetime Money Plan. New York: Free Press, 2005.

52 Thaler, Richard H.; Benartzi, Shlomo: Save More Tomorrow: Using Behavioral Economics to Increase Employee Saving. Chicago: Journal of Political Economy 112(S1), 2004.

53 Gharad, Bryan; Karlan, Dean S.; Nelson, Dean S.; Scott, Nelson: Commitment Devices. Paolo Alto: Annual Review of Economics, 2010.

54 Schilbach, Frank: Alcohol and Self-Control: A Field Experiment in India. Nashville: American Economic Review, 2019.

Kapitel 6: Mindset Baustein »Langer Zeithorizont«

55 Visualisation – the secrets: Visualization used by Michael Phelps. 2020, online auf https://youtu.be/3-mm90LFPqU.

56 Craik, Fergus .I.M.; Moroz, Tara M.; Moscovitch, Morros; Stuss, Donald T.; Winocur, Gordon; Tulving, Endel; Kapur, Shitij: In Search of the Self: A Positron Emission Tomography Study. Washington, DC: Psychological Science 10(1), 1999; Kelley, William M.; Macrae, Neil C.; Wyland, Carrie L.; Caglar, Seyma; Inati, Sara, Heatherton, Todd F.: Finding the Self? An Event-Related fMRI Study. Cambridge, MA: Journal of Cognitive Neuroscience 14(5), 2002.

57 Es handelt sich um den cingulären Cortex. Dies ist ein Teil des Gehirns, der eine wichtige Rolle bei der Verarbeitung von Emotionen, Aufmerksamkeit, kognitiver Kontrolle und Entscheidungsfindung spielt. Es ist eine Region, die sich entlang der Mittellinie des Gehirns befindet und aus mehreren Subregionen besteht. Der cinguläre Cortex ist auch bekannt für seine Verbindung zu anderen Teilen des Gehirns, einschließlich des limbischen Systems und des präfrontalen Cortex, die wichtige Rollen bei der Regulierung von Emotionen und Verhaltensweisen spielen.

58 Ersner-Hershfield, Hal; Wimmer, Elliott G.; Knutson, Brian: Saving for the Future Self: Neural Measures of Future Self-Continuity Predict Temporal Discounting. Oxford: Social Cognitive and Affective Neuroscience 4(1), 2009.

59 Hershfield, Hal E.; Goldstein, Daniel G.; Sharpe, William F.; Fox, Jesse; Yeykelvis, Leo; Carstensen, Laura L.; Bailenson, Jeremy: Increasing Saving Behavior Through Age-Progressed Renderings of the Future Self. Chicago: Journal of Marketing Research 48, 2009.

60 Merril Edge: Face Retirement. 2014, online auf https://vimeo.com/83454660.

61 Das Tool vom britisch Lebensversicherungs- und Pensionsanbieter ist hier zugänglich: https://www.scottishwidowsyourfutureself.co.uk.

62 Robalino, Juan David; Fishbane, Alissa; Goldstein, Daniel G.; Hershfield, Hal E.: Saving for Retirement: A Real-World Test of Whether Seeing Photos of one's Future Self Encourages Contributions. Washington, DC: Behavioral Science & Policy, 2022.

63 Bernard, Tanguy; Dercon, Stefan; Orkin, Kate; Taffesse, Alemayeshu: The Future in Mind: Aspirations and Forward-Looking Behaviour in Rural Ethiopia. London: Centre for Economic Policy Research, 2014.

64 Masters, Julie L.; Holley, Lyn M.: A Glimpse of Life at 67: The Modified Future-Self Worksheet. Philadelphia: Educational Gerontology, 2006.

65 Schacter, Daniel L.; Addis, Donna R.; Buckner, Randy L.: Remembering the Past to Imagine the Future: The Prospective Brain. London: Nature Reviews Neuroscience 8, 2007.

66 Wylie, Christopher: Ferngesteuert: Wie die Demokratie durch Social Media untergraben wird. Berlin: Berlin Verlag, 2021.

Kapitel 7: Money-Baustein »Altersvorsorge«

67 Latour, Bruno: Wir sind nie modern gewesen. Frankfurt: Suhrkamp Verlag, 1997, S. 77.

68 Bower, Bruce: Simple Heresy – Rules of Thumb Challenge Complex Financial Analyses. Washington, DC: Science News, 2011.

69 Grötker, Ralf: Simple Lösungen bei komplexen Entscheidungen. Verhaltensforschung vereinfacht Entscheidungsfindung. Hamburg: 2014, online auf https://www.joachim-herz-stiftung.de/fileadmin/Redaktion/Projekte/Wirtschaft/Wirtschaftswissenschaften_quer_denken/summerinstitute_die-zeit_20140703.pdf.

70 Gigerenzer, Gerd: Risiko – Wie man die richtigen Entscheidungen trifft. Gütersloh: C. Bertelsmann, 2013.

71 Pischke, Theodor; Meunier, Susanne; Eigner, Christian: Private Altersvorsorge: Individueller Vorsorgebedarf – Persönlicher Finanz-Fahrplan – Praxisbeispiele für jede Lebenslage. Berlin: Stiftung Warentest, 2018.

72 Klotz, Martin: So vermeidest Du Geldsorgen im Alter. Berlin: Finanztip Verbraucherinformationen GmbH, 2022, online auf: https://www.finanztip.de/altersvorsorge.

73 Bundesregierung: Mehr Fortschritt wagen – Bündnis für Freiheit, Gerechtigkeit und Nachhaltigkeit. Koalitionsvertrag zwischen SPD, Bündnis 90 / Die Grünen und FDP. Berlin: 2021, S. 73, online auf https://www.bundesregierung.de/resource/blob/974430/1990812/1f422c60505b6a88f8f3b3b5b8720bd4/2021-12-10-koav2021-data.pdf?download=1.

74 Pischke, Theodor; Meunier, Susanne; Eigner, Christian: Private Altersvorsorge: Individueller Vorsorgebedarf – Persönlicher Finanz-Fahrplan – Praxisbeispiele für jede Lebenslage. Berlin: Stiftung Warentest, 2018, S 28.

75 Aktion pro Aktie (eine Aktion von Comdirect, Consorbank, flatexDERIGO und ING Deutschland): Aktienkultur in Deutschland. Bevölkerungsbefragung 2022. Quickborn, Norderstedt und Frankfurt am Main: 2022, online auf https://www.aktion-pro-aktie.de/wp-content/uploads/2022/10/Berichtsband-ProAktie-220926-Aktienkultur-in-Deutschland-2022.pdf.

76 Zinnecker, Sara: So schließen Sie die Rentenlücke. Berlin: Finanztip Verbraucherinformationen GmbH, 2022,online auf https://www.finanztip.de/blog/so-schliessen-sie-die-rentenluecke/#:~:text=Als%20Daumenregel%20gilt%3A%20Wenn%20Sie,ausgerichteten%20Aktienfonds%20und%20gutes%20Festgeld.

77 Leider gibt es meines Wissens keine guten vergleichbaren Angebote im deutschsprachigen Raum. Die Zielfonds oder Lebenszyklusfonds der Deka, Allianz oder von Fidelity sind meiner Einschätzung nach leider viel zu teuer. Auf meiner Website www.10bausteine.de diskutiere ich manchmal neuere Angebote.

78 Im Blog meiner Website www.10bausteine.de bespreche ich einen weiteren Depotanbieter. Vanguard steht – so bezeichnen sie sich selbst – für »langweilige Geldanlage«.

79 Kinnel, Russell: Fund Fees Predict Future Success or Failure. Chicago: 2016, online auf https://www.morningstar.com/articles/752485/fund-fees-predict-future-success-or-failure.

80 Raghavendra, Rau: USS Historic Returns Analysis. Cambridge: 2021, online auf https://www.staff.admin.cam.ac.uk/system/files/download/uss_and_historic_returns.pdf.

81 Schulaka, Carly: 40th Anniversary Highlight: Exploring the Trinity Study. Denver: Journal of Financial Planning 32(11), 2019.

82 Consumer Financial Protection Bureau: Building Blocks Teacher Guide: Picturing Your Future Self. Washington, DC: 2022, online auf https://www.consumerfinance.gov/consumer-tools/educator-tools/youth-financial-education/teach/activities/picturing-your-future-self.

83 Consumer Financial Protection Bureau: Building Blocks Student Worksheet: Picturing Your Future Self. Washington, DC: 2022, online auf https://files.consumerfinance.gov/f/documents/cfpb_building_block_activities_picturing-your-future-self_guide.pdf.

Kapitel 8: Mindset-Baustein »Lebensplanung«

84 Mann, Thomas: Der Zauberberg – Erster Band. Berlin: S. Fischer Verlag, 1924, S. 36.

85 Zugegeben, diese Einleitung dient eher als literarische Technik. Es ist wahr, um die Zeit betrug die durchschnittliche Lebenserwartung in Deutschland unter 40 Jahre. Aber natürlich ist diese Zahl ein wenig irreführend, denn wenn man erst einmal das 40. Lebensjahr erreicht hatte, bestand eine gute Chance, dass man sogar über 60 Jahre alt wurde. Dennoch verdeutlicht dieses Beispiel eindrucksvoll, dass die Menschen damals generell eine kürzere Lebensspanne hatten. Neben der Veranschaulichung der geringeren Lebenserwartung erlaubt mir diese Geschichte auch ein Schlaglicht auf das Rentensystem von damals zu werfen. Aufgrund der niedrigeren Lebenserwartung qualifizierten sich nur wenige Menschen für die staatliche Rente. Viele von ihnen erreichten nicht einmal das Rentenalter, und diejenigen, die es erreichten, genossen nur eine kurze Zeit im Ruhestand. Diese historische Perspektive zeigt, wie sehr sich unsere Lebensumstände und das soziale Sicherheitsnetz im Laufe der Zeit verändert haben, und es erinnert uns daran, wie wertvoll ein langes Leben und ein gut funktionierendes Rentensystem sind.

86 Deutsche Rentenversicherung: Statistiken und Berichte. Berlin: 2023, online auf https://www.deutsche-rentenversicherung.de/DRV/DE/Experten/Zahlen-und-Fakten/Statistiken-und-Berichte/statistiken-und-berichte_node.html.

87 Rosling, Hans: Factfulness – Ten Reasons We're Wrong About the World – and Why Things Are Better Than You Think. New York, NY: Flatiron Books, 2018, S. 55.

88 AXA: AXA Deutschland-Report 2018: »Ruhestandsplanung und Ruhestandsmanagement«. Köln: 2018, S. 10, online auf https://www.axa.de/site/axa-de/get/documents_E569780105/axade/medien/versteckte-seiten/deutschland-report/kernergebnisse-axa-deutschland-report-2018.pdf.

89 Gratton, Lynda; Scott, Andrew: Morgen werden wir 100: Wie unser langes Leben gelingt. Hamburg: Edition Körber, 2018.

90 Statistisches Bundesamt: Erwerbstätigkeit älterer Menschen. Wiesbaden: 2022, online auf https://www.destatis.de/DE/Themen/Querschnitt/Demografischer-Wandel/Aeltere-Menschen/erwerbstaetigkeit.html.

91 Ich beziehe mich auf die sogenannten »vorzeitigen Abschläge« bei Renteneintritt vor Erreichen der Regelaltersgrenze. Das bedeutet, dass die Rente um 0,3 % für jeden Monat gekürzt wird, den man vorzeitig in Rente geht. Diese Abschläge sind in der Regel dauerhaft, das heißt, sie beeinflussen die Höhe der Rente auch in späteren Jahren. Durch den Aufschub des Renteneintritts kann man diese Abschläge reduzieren oder vermeiden und somit eine höhere Rente erhalten.

92 Newcomb, Sarah: How Advisors Can Bring Focus to Client Conversations. Chicago: 2022, online auf https://www.morningstar.com/articles/1085800/how-advisors-can-bring-focus-to-client-conversations.

93 Duckworth, Angela: GRIT. Die neue Formel zum Erfolg: Mit Begeisterung und Ausdauer ans Ziel. Gütersloh: Bertelsmann Verlag, 2017.

94 Csikszentmihalyi, Mihaly: Flow. Das Geheimnis des Glücks. Stuttgart: Klett-Cotta Verlag, 2017.

95 Cohen, Geoffrey L.; Sherman, David K.: The Psychology of Change: Self-Affirmation and Social Psychological Intervention. Palo Alto: Annual Review of Psychology 65, S. 333–371, 2014.

Kapitel 9: Money-Baustein »Vermögenswerte für Langlebigkeit«

96 Vaupel, James; Hofäcker, Dirk: Das lange Leben lernen. Wiesbaden: Springer, Zeitschrift für Erziehungswissenschaften 12, S. 383–407, 2009.

97 Portnoy, Brian: The Geometry of Wealth: How to Shape a Life of Money and Meaning. Petersfield: Harriman House, 2018, S. 96.

98 Deutsches Institut für Wirtschaftsforschung: Vermögen in Deutschland legen deutlich zu, Ungleichheit verharrt auf hohem Niveau. Berlin: 2022, online auf https://www.diw.de/de/diw_01.c.679995.de/vermoegen_in_deutschland_le...rharrt_auf_hohem_niveau.html.

99 Statistisches Bundesamt: Datenreport 2021 – Sozialbericht für Deutschland, Gesamtausgabe. Wiesbaden: 2022, S. 262, online auf https://www.destatis.de/DE/Service/Statistik-Campus/Datenreport/Downloads/datenreport-2021.pdf?__blob=publicationFile.

100 Luan, Shengua; Schooler, Lael J.; Gigerenzer, Gerd: A Signal-Detection Analysis of Fast-and-Frugal Trees. Washington, DC: Psychological Review Apr 118(2), S. 316–338, 2011.

101 Chui, Michael; Manyika, James; Miremadi, Mehdi: Where Machines Could Replace Humans – and Where They Can't (Yet). New York, NY: McKinsey Quarterly, 2016, online auf https://www.mckinsey.com/~/media/McKinsey/Business%20Functions/McKinsey%20Digital/Our%20Insights/Where%20machines%20could%20replace%20humans%20and%20where%20they%20cant/Where-machines-could-replace-humans-and-where-they-cant-yet.pdf.

102 Autorengruppe Bildungsberichterstattung: Bildung in Deutschland 2020 – Ein indikatorengestützter Bericht mit einer Analyse zu Bildung in einer digitalisierten Welt. Bielefeld: 2021, S. 190, online auf https://www.bildungsbericht.de/de/bildungsberichte-seit-2006/bildungsbericht-2020/pdf-dateien-2020/bildungsbericht-2020-barrierefrei.pdf.

103 Cavendish, Camilla: ChatGPT Will Force School Exams Out of the Dark Ages. London: Financial Times vom 20. Januar 2023.

104 Holt-Lunstad, Juliane; Smith, Timothy B.; Layton, Bradley J: Social Relationships and Mortality Risk: A Meta-Analytic Review. San Francisco: PLoS Med 7(7), 2010.

Kapitel 10: Mindset-Baustein »Krisenbewusste Gelassenheit«

105 Berg, Kim: Was Deutschland interessiert. Frankfurt am Main: deutschland.de, 2021, online auf https://www.deutschland.de/de/topic/kultur/medien-in-deutschland-zahlen-zur-nutzung. deutschland.de ist ein Service der Fazit Communication GmbH, Frankfurt am Main, in Zusammenarbeit mit dem Auswärtigen Amt, Berlin.

106 De Botton, Alain: Die Nachrichten: Eine Gebrauchsanweisung. Frankfurt am Main: Fischer Taschenbuch Verlag, 2015.

107 Our World in Data: From $1.90 to $2.15 a Day: The Updated International Poverty Line. Oxford: 2021, online auf https://ourworldindata.org/from-1-90-to-2-15-a-day-the-updated-international-poverty-line.

108 Normansell, Karys M.; Wisco, Blair E.: Negative Interpretation Bias as a Mechanism of the Relationship Between Rejection Sensitivity and Depressive Symptoms. Abingdon: Cognition and Emotion 31(5), S. 950–962, 2017.

109 Mullainathan, Sendhil; Shafir, Eldar: Knappheit: Was es mit uns macht, wenn wir zu wenig haben. Frankfurt am Main: Fischer Verlag, 2013.

110 Robertson, Donald; Codd, Tim: Stoic Philosophy as a Cognitive-Behavioral. New York City: The Behavior Therapist, 42(2), 2019, online auf https://medium.com/stoicism-philosophy-as-a-way-of-life/stoic-philosophy-as-a-cognitive-behavioral-therapy-597fbeba786a.

111 Pigliucci, Massimo: How to be a Stoic – Ancient Wisdom for Modern Living. New York: Penguin, 2017, S. 213.

112 Epiktet (aus dem Griechischen übersetzt von Kurt Steinmann): Handbüchlein der Moral. Stuttgart: Reclam, 2019, S. 8.

113 Portnoy, Brian: The Geometry of Wealth: How to Shape a Life of Money and Meaning. Petersfield: Harriman House, 2018, S. 158.

114 Hall, Ben; Olearchyk, Roman: Homesick Ukrainians Flood Back to Their War-Torn Country. London: Financial Times vom 2. Mai 2022.

Schluss

115 Dass Geld einer der häufigsten Scheidungsgründe ist, lässt sich nicht mit öffentlichen Statistiken belegen (zumindest nicht in Deutschland, Österreich oder der Schweiz), aber es gibt diverse sekundäre Indikatoren, die darauf hinweisen. Die genauen Gründe für Scheidungen sind natürlich eigentlich vielfältig, und es ist schwierig, einen einzelnen Faktor als den Hauptgrund zu isolieren. In Deutschland sind die häufigsten Gründe für Scheidungen neben finanziellen Problemen auch persönliche Differenzen, mangelnde Kommunikation, Untreue und emotionaler oder psychischer Missbrauch. Es gibt jedoch einige Studien und Artikel, die die Rolle von Geldproblemen in Beziehungen und Scheidungen untersuchen. Zum Beispiel untersucht die Studie von Jeffrey Dew, Sonya Britt und Sandra Huston den Zusammenhang zwischen finanziellen Fragen und Scheidungen in den Vereinigten Staaten. Diese Langzeitstudie konzentriert sich nicht speziell auf Deutschland, bietet aber einen Einblick in die Rolle von Geldproblemen in Beziehungen. Dew, Jeffrey; Britt, Sonya; Huston, Sandra: Examining the Relationship Between Financial Issues and Divorce. Minneapolis: Family Relations 61(4), S. 615–628, 2012.

116 Gladstone, Joe J.; Jachimowicz, Jon M.; Greenberg, Adam Eric; Galinsky, Adam D.: Financial Shame Spirals: How Shame Intensifies Financial Hardship. Amsterdam: Organizational Behavior and Human Decision Processes 167, S. 42–56, 2021.

117 @BMBF_Bund: »Von der Altersvorsorge bis zu Zinsen: Wir wollen, dass Menschen besser verstehen, wie die #Wirtschaft funktioniert. Dazu werden wir eine Nationale Strategie zur Ökonomischen Bildung auflegen und bereits im nächsten Jahr zwei Millionen Euro einsetzen.« Tweet vom 10. November 2022 – zuletzt aufgerufen am 3. März 2023.

118 Fernandes, Daniel; Lynch Jr., John G.; Netemeyer, Richard G.: Financial Literacy, Financial Education, and Downstream Financial Behaviors. Catonsville: Management Science 60(8), S. 1861–1883, 2014.

119 Dolan, Paul: Happiness By Design – Finding Pleasure and Purpose in Everyday Life. London: Penguin UK, 2015, S. 194.